*Anonymus*

# Neues praktisches Badisches Kochbuch

*Anonymus*

**Neues praktisches Badisches Kochbuch**

*ISBN/EAN: 9783944350493*

*Auflage: 1*

*Erscheinungsjahr: 2013*

*Erscheinungsort: Bremen, Deutschland*

KOCHBUCH
VERLAG

Neues praktisches

# Badisches Kochbuch,

oder

vollständige und bewährte

## Anleitung

zur schmackhaftesten und wohlfeilen Zubereitung aller Suppen, Gemüse, Fleisch-, Fisch-, Mehl- und Eierspeisen, Backwerke, Pasteten, Gelées, Crêmes, Compots, warmer und kalter Getränke, des Eingemachten u. s. w.

Nebst einem

**Speisezettel für's ganze Jahr.**

---

Neunte vermehrte und verbesserte Auflage

mit einem

Anhang nützlicher Haus- u. Wirthschaftsmittel.

---

Karlsruhe,

Druck und Verlag von Malsch und Vogel.

1866.

# Vorwort.

## zur zweiten Auflage.

---

Die beifällige Aufnahme, welche das neue Badische Kochbuch gefunden hat, und welche schon jetzt eine zweite Auflage nöthig machte, gewährt mir die erfreuliche Ueberzeugung, daß meine Bemühungen, durch diese Arbeit einigen Nutzen zu stiften, anerkannt worden sind. Auf Wunsch der Verlagshandlung habe ich mich daher auch gerne dazu verstanden, diese neue Auflage durch einige Zusätze und neue Recepte noch zu bereichern, das Ganze nochmals einer sorgfältigen Prüfung zu unterwerfen und einige nöthige Verbesserungen vorzunehmen.

Sachverständige Hausfrauen und Köchinnen werden sich leicht überzeugen, daß das vorliegende Kochbuch nicht allein dem Bedürfniß einer guten bürgerlichen Küche, sondern auch den Anforderungen an die höhere Kochkunst entspricht, und daß die größtmöglichste Sparsamkeit bei Herstellung der Speisen berücksichtigt worden ist.

Möge nun dieß Kochbuch auch in dieser neuen Auflage meinen Landsmänninnen und allen Freundinnen der Kochkunst als ein nützlicher und zuverlässiger Rathgeber willkommen sein.

Baden-Baden, im April 1842.

Die Verfasserin.

# Vorwort

## zur neunten Auflage.

Kaum sind zwei Jahre verflossen seit dem Erscheinen der achten Auflage dieses nützlichen Kochbuchs und schon ist eine weitere, die neunte Auflage nöthig geworden; auch diese wurde vielfach verbessert.

Die steigende Verbreitung und die fortwährend günstige Beurtheilung, welche dieses Kochbuch überall findet, sind mir eine erfreuliche Aufmunterung gewesen, dasselbe des Beifalls noch würdiger zu machen.

Baden-Baden, im Januar 1866.

Die Verfasserin.

# Register.

(Die Zahlen zeigen die Seiten an.)


Aal . . . . . . . . . . . . . . . . . 62
— blau zu sieden . . . . . . . . . . . 63
— in gelber Sauce . . . . . . . . . . 61
— mit Salbei . . . . . . . . . . . . . 61
Ananas-Compot . . . . . . . . . . . 183
Ananas-Erdbeeren einzumachen . . . . . 266
Anis-Brod . . . . . . . . . . . . . 246
Aepfel-Auflauf . . . . . . . . . 123. 124
Apfel-Brei . . . . . . . . . . . . . 114
Apfel-Charlotten . . . . . . . . . . 129
Apfel-Compot . . . . . . . . . . . . 181
Apfel-Gelée . . . . . . . . . . . . 198
Apfel-Knöpflein . . . . . . . . . . 229
Apfel-Krapfen . . . . . . . . . . . 200
Apfel-Kuchen . . . . . . . . . . . . 215
— anderer Art . . . . . . . . . 215
Apfel-Küchlein . . . . . . . . . . . 229
Apfel-Mus . . . . . . . . . . . . . 115
Apfel-Omelettes . . . . . . . . . . 115
Apfel-Pudding . . . . . . . . . . . 139
Apfel-Schnitze . . . . . . . . . . . 237

Apfel-Torte . . . . . . . . . . . . . 209
— von geriebenen Aepfeln . . . . 209
Aprikosen in Branntwein . . . . . . . . 268
Aprikosen in Zucker . . . . . . . . . 268
Aprikosen-Auflauf . . . . . . . . . 124
Aprikosen-Compot . . . . . . . . . 180
Aprikosen-Gelée . . . . . . . . . . 195
Aprikosen-Mark . . . . . . . . . . 269
Aprikosen-Torte . . . . . . . . . . 210
Artischocken . . . . . . . . . . . 31
Aspic oder saure Gelée . . . . . . . . 179
Auerhahn, gebraten . . . . . . . . . 151
Aufgezogene Suppe . . . . . . . . . 4
Austern, auf dem Rost bereitet . . . . . 76
Austern-Suppe . . . . . . . . . . . 12

Basen-Knöpflein als Beilage . . . . . . 223
Baumwoll-Suppe . . . . . . . . . . 8
Becassinen, gebraten . . . . . . . . 153
Beefsteaks . . . . . . . . . . . . 21
— in Sardellen-Sauce . . . . . . 102
Belgrader Brod . . . . . . . . . . 240
Berliner Pfannenkuchen . . . . . . . 240
Bier, warmes . . . . . . . . . . . 289
Bier-Suppe . . . . . . . . . . . . 14
Birnen-Compot . . . . . . . . . . 182
Bischoff . . . . . . . . . . . . . 290
Biscuit . . . . . . . . . . . . . . 211
— auf schnelle Art . . . . . . . . 211
— auf schnellste Art . . . . . . . 211
— von Rosinen . . . . . . . . . 212
— von Chocolade . . . . . . . . 212
Biscuitchen, kleine . . . . . . . . . 259
Biscuit-Pudding . . . . . . . . . . 138
Blanc manger von 3 Farben . . . . . . 192
— — von Citronen . . . . . . 193
Blitzkuchen . . . . . . . . . . . . 213
Blumenkohl mit Buttersauce . . . . . . 37

Blumenkohl im Backofen zubereitet . . . . 38
Blumenkohl-Salat . . . . . . . . . . 167
Blut-Pfirsiche in Zucker . . . . . . . . 267
— in Dunst einzumachen . . . 230
— auf beste Art einzumachen . . 273
Bœuf à la mode . . . . . . . . . . . 22
Bohnen in Essig eingemacht . . . . . . . 282
— eingemachte . . . . . . . . . 39. 283
— grüne . . . . . . . . . . . 38
— weiße . . . . . . . . . . . 40
— in Salz . . . . . . . . . . . 283
Bohnen-Salat . . . . . . . . . . . 166
Borasch-Sauce . . . . . . . . . . . 149
Bouillon, gewöhnliche . . . . . . . . 1
Brand-Pudding . . . . . . . . . . . 140
Braunschweiger Kuchen . . . . . . . . 222
Brei für Kinder . . . . . . . . . . 114
— von Aepfeln . . . . . . . . . 114
— von Citronen . . . . . . . . . 114
— von Gries . . . . . . . . . . 113
— von Kartoffeln . . . . . . . . 44
— von Mandeln . . . . . . . . . 113
— von Reis . . . . . . . . . . 113
— von Sago . . . . . . . . . . 113
— von Zwetschgen . . . . . . . . 114
Brennessel-Gemüse . . . . . . . . . 40
Brenten . . . . . . . . . . . . . 240
Brieslein in einem Vol-au-vent . . . . 87
Brockelerbsen . . . . . . . . . . . 31
Brod, Belgreder . . . . . . . . . . 240
— Kissinger . . . . . . . . . . 258
— Sächsisches . . . . . . . . . 247
— Wiener . . . . . . . . . . . 224
— Ulmer . . . . . . . . . . . 242
Brodtorte mit Kartoffeln . . . . . . . 203
Brunnenkressen-Gelée . . . . . . . . 197
Brunnenkressen-Salat . . . . . . . . 167
Bückinge mit Eiern . . . . . . . . . 76

Bürsching, gedämpfte . . . . . . . . . 73
— in einer Sauce . . . . . . 73
— zu backen . . . . . . . . 73
Butter-Biscuit . . . . . . . . . . 212
Butter-Biscuitchen . . . . . . . . 250
Butter-Bretzeln . . . . . . . . . . 221
Butter-Brödchen . . . . . . . . . . 246
Butter-Knödel mit Mehl . . . . . . . 18
Butter-Ring . . . . . . . . . . . 246
Butter-Knöpflein . . . . . . . . . . 17
Butter-Sauce . . . . . . . . . . . 147
Butter-Teig . . . . . . . . . . . 24 198
— anderer Art . . . . . . . 199
— geriebener . . . . . . . . 199
— weingebackener . . . . . 24. 199

Champagner-Punsch . . . . . . . . . 287
Champignons . . . . . . . . . . . 48
Champignons einzumachen . . . . . . 286
— zu Rindfleisch einzumachen . . 286
Charlotte russe . . . . . . . . . . 191
Charlotten in Essig . . . . . . . . 280
Theaudeau . . . . . . . . . . . . 290
Chocolade-Leckerlein . . . . . . . . 255
Chocolade mit Milch . . . . . . . . 286
— mit Wasser . . . . . . . . . 287
Chocolade-Auflauf . . . . . . . . . 125
Chocolade-Crême . . . . . . . . . . 185
Chocolade-Küchlein . . . . . . . . 254
Chocolade-Listchen . . . . . . . . 252
Chocolade-Pudding . . . . . . . . . 141
Chocolade-Souflée . . . . . . . . . 125
Chocolade-Torte . . . . . . . . . . 206
Cibeben, gebackene . . . . . . . . 237
Citronat-Auflauf . . . . . . . . . . 126
Citronat-Torte . . . . . . . . . . 204
Citronenbrod . . . . . . . . . . . 245
— anderer Art . . . . . . . . 245

Citronen-Brei . . . . . . . . . . . 114
Citronen-Crême . . . . . . . . . . 189
Citronen-Gelée . . . . . . . . . . 197
Citronen-Sauce . . . . . . . . . 144. 145
Codiveau-Knödel . . . . . . . . . . 18
Compot von Aepfeln . . . . . . . . . 181
— von Ananas . . . . . . . . . 183
— von Aprikosen . . . . . . . . 180
— von Birnen . . . . . . . . . 182
— von gefüllten Aepfeln . . . . . . 181
— von gelben Rüben . . . . . . . 180
— von Kirschen . . . . . . . . . 180
— von Pfirsichen . . . . . . . . 180
— von Prünellen . . . . . . . . 182
— von Quitten . . . . . . . . . 183
— von Reineclaudes und Mirabellen . 184
— von süßen Pomeranzen . . . . . 183
— von Traubenbeeren . . . . . . 184
— von Zwetschgen . . . . . . . . 182
Confect von Quitten . . . . . . . . 262
— zum Glaciren . . . . . . . . 261
Crême, gebackene . . . . . . . . . 130
— von Chocolade . . . . . . . . 185
— in Schmalz gebacken . . . . . . 231
— mit Karmel . . . . . . . . . 186
— mit Mandeln . . . . . . . . . 186
— mit Vanille und Chocolade . . . 184
— von Citronen . . . . . . . . . 189
— von Erdbeeren . . . . . . . . 188
— Franco-Belge . . . . . . . . . 189
— von Himbeeren . . . . . . . . 188
— von Kaffee . . . . . . . . . 187
— von Kirschen . . . . . . . . . 187
— von Orangen . . . . . . . . . 188
— von Punsch . . . . . . . . . 188
— Russischer . . . . . . . . . . 192
— von Reis . . . . . . . . 190. 191
— von Thee . . . . . . . . . . 187

Crême von Wein . . . . . . . . . . . 130
— Kabinets- . . . . . . . . . . . 193
Crême-Schnitten . . . . . . . . . . . 233
Crême-Souflée . . . . . . . . . . . 124
Crême-Torte . . . . . . . . . . . 205
Crocant . . . . . . . . . . . 242
— von gebrannten Mandeln . . . . . 242
Croquet von Eiern . . . . . . . . . . 51
— von Gansleber . . . . . . . . 50
— von Kalbfleisch . . . . . . . . 49
— bon Kapaun . . . . . . . . . 50
— von Stockfisch . . . . . . . . . 51
Crouton zu Schnepfen . . . . . . . . . 154

Dampfnudeln . . . . . . . . . . . . 120

Eier, gebackene . . . . . . . . . . . 111
— gefüllte . . . . . . . . . . . 112
— harte und wachsweiche . . . . . . . 111
— mit Aspic . . . . . . . . . . . 178
— verlorene . . . . . . . . . . . 112
— verrührte . . . . . . . . . . . 111
— weichgesottene . . . . . . . . . . 111
Eier-Croquet . . . . . . . . . . . 51
Eier-Gerste, gebackene . . . . . . . . 118
Eiergersten-Suppe . . . . . . . . . . 9
Eier-Knödel . . . . . . . . . . . 17
Eierschnee . . . . . . . . . . . 112
Eier-Suppe, verlorene . . . . . . . . 9
Einlauf-Suppe . . . . . . . . . . 5
Endivien-Gemüse . . . . . . . . . . 34
Englischer Kuchen . . . . . . . . . 212
Englischer Salat . . . . . . . . . 164
Ente, wilde, in Sardellen-Sauce . . . . . 79
— wilde, gebraten . . . . . . . . . 157
— zahme, mit Kastanien . . . . . . . 157
— mit Gurken . . . . . . . . . . 87
Erbsen, dürre . . . . . . . . . . . 39

Erbsen, grüne, einzumachen . . . . . . . 284
— grüne, einzumachen, anderer Art . 284
Erbsen-Suppe, dürre . . . . . . . . . 7
— grüne . . . . . . . . . 6
Erdbeeren-Crême . . . . . . . . . . 188
Erdbeeren-Gelée . . . . . . . . . . . 195

Farce, warme, zu Welschhahn und Kapaun . 155
Fasan, gebraten . . . . . . . . . . . 151
— gedämpfter . . . . . . . . . . 80
Fastenbretzel-Suppe . . . . . . . . . 12
Fastenpastetchen . . . . . . . . . . 27
Fastnachts-Küchlein . . . . . . . . 227
— oder Scherben . . . . . 228
Feld-Hühner . . . . . . . . . . . . 78
— mit Trüffeln gefüllt . . . . . 152
Feldhuhn-Suppe . . . . . . . . . . . 6
Fingerlein . . . . . . . . . . . . . 229
Fisch-Knöpflein . . . . . . . . . . 18
Fisch-Suppe . . . . . . . . . . . . 9
Flädlein, gefüllte . . . . . . . . . . 116
— gefüllte, in der Fleischbrühe . . . 107
— gefüllte mit Aepfel . . . . . . . 117
— in der Milch . . . . . . . . 116
— mit einer Zimmtkruste . . . . . 128
Flädlein-Auflauf . . . . . . . . . . 127
Flädlein-Suppe . . . . . . . . . . . 8
Flan renversé . . . . . . . . . . . 131
Fleischklöse von übrigem Fleisch . . . . . 108
Fleisch-Pastetchen . . . . . . . . . 28
Fleisch-Torte, süße . . . . . . . . . 217
Fleisch-Vögel . . . . . . . . . . . . 98
— mit Morcheln-Sauce . . . . . 98
Forellen, blau abgesotten . . . . . . . 63
— gebackene . . . . . . . . . . 65
— gedämpfte . . . . . . . . . . 64
— in einer Butter-Sauce . . . . . . 64
— mit rothem Wein . . . . . . . 64

Franco-Belge . . . . . . . . . . . . . 189
Französische Suppe . . . . . . . . . . . 9
Französische Torte . . . . . . . . 206. 207
Freimaurer-Brod . . . . . . . . . . . 250
Fricadellen . . . . . . . . . . . . . 52
Fricando von Kalbfleisch . . . . . . . 161
Frosch-Schenkel . . . . . . . . . . . 101
— gebackene . . . . . . . . 57
Früchte in kleine Gläschen einzumachen . . 266

Gangfisch mit Eiern . . . . . . . . . 76
Gans, gebratene, mit Kastanien gefüllt . . 156
— wilde, gebraten . . . . . . . . . 152
Gansleber, gebackene . . . . . . . . . 54
— mit Trüffel-Sauce . . . . . . 102
Gansleber-Croquet . . . . . . . . . . 50
Gansleber-Pasteten in Terrinen . . . . . 173
Gansleber-Pastetchen . . . . . . . . . 27
Gansleber-Purée . . . . . . . . . . . 172
Gans-Pfeffer . . . . . . . . . . . . 88
Gebackener Mond . . . . . . . . . . 234
Geduld-Täfelchen . . . . . . . . . . 260
Gefrorenes von Ananas . . . . . . . . 264
— von Aprikosen . . . . . . . 265
— von Chocalade . . . . . . . 264
— von Citronen . . . . . . . . 263
— von Erdbeeren . . . . . . . 265
— von Himbeeren . . . . . . . 265
— von Kaffee . . . . . . . . . 264
— von Orangen . . . . . . . . 262
— von Pfirsichen . . . . . . . 265
— von Punsch . . . . . . . . 263
— von Vanille . . . . . . . . 263
Gelbe Rüben . . . . . . . . . . . . 31
Gelberüben-Compot . . . . . . . . . 180
Gelberüben-Salat . . . . . . . . . . 166
Gelée, sauere . . . . . . . . . . . 179
— von Aepfeln . . . . . . . . . . 198

Gelée von Aprikosen . . . . . . . . . . 195
— von Brunnenkressen . . . . . . . 197
— von Citronen . . . . . . . . . 197
— von Erdbeeren . . . . . . . . . 195
— von Himbeeren . . . . . . . . . 194
— von Johannisbeeren . . . . . . . 194
— von Kaffee . . . . . . . . . . 197
— von Kirschen . . . . . . . . . 194
— von Orangen . . . . . . . . . 196
— von Punsch . . . . . . . . . . 197
— von Quitten . . . . . . . . . 198
Gemüse von Brennnessel . . . . . . . 40
— von Endivien . . . . . . . . . 34
— von Reis . . . . . . . . . . 49
— von Sauerampfer . . . . . . . 35
Gersten-Suppe . . . . . . . . . . . 3
Girlitzen oder Judenkirschen in Essig . . . 279
Glühwein . . . . . . . . . . . . . 290
Granat von Kalbfleisch . . . . . . . 96
Gries-Auflauf mit Obst . . . . . . . 124
Griesbrei . . . . . . . . . . . . . 113
Gries-Klöße . . . . . . . . . . 19. 119
Gries-Pudding mit Kirschen . . . . . . 140
Gries-Suppe . . . . . . . . . . . . 8
Groß-Eier . . . . . . . . . . . . . 237
Grundeln, gebackene . . . . . . . 74. 235
Grüne Bohnen . . . . . . . . . . . 38
Grüne Erbsen-Suppe . . . . . . . . . 6
Grüne Kern-Suppe . . . . . . . . . . 8
Gugelhopf . . . . . . . . . . . . . 218
— erprobter Art . . . . . . . . 218
— noch anderer Art . . . . . . . 219
— mit Rosinen . . . . . . . . . 219
Gurken, gefüllte . . . . . . . . . . 47
— in einer Sauce . . . . . . . . 46
— in Essig . . . . . . . . 280. 281
— in Salz . . . . . . . . . . . 281
Gurken-Salat mit Speck . . . . . . . 164

Gurken-Sauce . . . . . . . . . . . 147
Gurken geschält und geblättelt . . . . . . 281
Guß-Torte . . . . . . . . . . 202. 203

Hachies-Pastetchen . . . . . . . . . . 29
Hahn, welscher, farcirt . . . . . . . . . 176
— — gebraten . . . . . . . . . 155
— — mit Kartoffeln gefüllt . . . 156
— — mit Trüffeln gefüllt . . . 155
Hahnen, junge, als Ragout . . . . . . . 84
Hammelsbug, eingebeizt . . . . . . . . 99
Hammelshirn . . . . . . . . . . . 99
Hammels- und Schweinenieren . . . . . . 100
Hammelsrippen, gedämpft . . . . . . . . 99
— gewöhnliche Art . . . . . 60
— in Champignons . . . . . 100
— grillirt . . . . . . . . 60
Hammelsschlägel, gebeizt . . . . . . . . 158
— gedämpft . . . . . . . 158
Hammelswürste oder Blunzen . . . . . . 102
Hammels-Zungen in Kräutersauce . . . . . 99
— in Sardellensauce . . . . 98
Hannöverischer Kuchen . . . . . . . . . 222
Haselhühner . . . . . . . . . . . 80
— gebraten . . . . . . . . . . 153
Haselnuß-Brod . . . . . . . . . . 259
Hasen, gebraten . . . . . . . . . . 160
Hasenpfeffer . . . . . . . . . . . 81
Hasen-Ragout . . . . . . . . . . . 81
Häublein, goldene . . . . . . . . . 227
Hecht à la Hollandaise . . . . . . . 67
— auf englische Art . . . . . . . . 68
— mit Austern . . . . . . . . . . 69
— Gelée . . . . . . . . . . . . 78
— mit Krebssauce . . . . . . . . . 69
— mit Sardellen . . . . . . . . . 69
— zu backen . . . . . . . . . . . 70
Hefen-Biscuit . . . . . . . . . . . 225

Hefen-Bretzeln . . . . . . . . . . . 224
Hefen-Brödchen . . . . . . . . . . . 224
Hefen-Kuchen . . . . . . . . . . . . 220
Hegen-Mark . . . . . . . . . . . . 270
Hegen-Sauce . . . . . . . . . . . . 144
Heidelbeeren in Zucker . . . . . . . 272
Heidelbeer-Suppe . . . . . . . . . . 15
Heidelbeer-Torte . . . . . . . . . . 211
Himbeeren in Zucker . . . . . . . . 272
Himbeer-Auflauf . . . . . . . . . . 132
Himbeer-Crême . . . . . . . . . . . 188
Himbeer-Essig . . . . . . . . . . . 292
Himbeer-Gelée . . . . . . . . . . . 194
Himbeer-Saft in Zucker . . . . . . . 282
Himbeer-Sauce . . . . . . . . . . . 146
Himbeer-Torte . . . . . . . . . . . 210
Hirn-Schnitten . . . . . . . . . . 52. 53
Hirn-Suppe . . . . . . . . . . . . 5
Hirschziemer mit einer Kruste und Kirschensauce 159
Hobelspähne . . . . . . . . 238. 251. 252
Holder-Küchlein . . . . . . . . . . 234
Hopfen . . . . . . . . . . . . . . 32
Hopfen-Salat . . . . . . . . . . . 165
Hopferlein . . . . . . . . . . . . 245
Hoppel-Poppel . . . . . . . . . . . 289
Hühner, junge, gebackene . . . . . . 54
— — gebratene . . . . . . 157
— — gefüllt . . . . . . . 157
— — mit Brockelerbsen . . . . 85
— — mit Champignon-Sauce . . 85
— — mit Krebsen . . . . . . 85
— — in vol-au-vent . . . . . 85
Hühnerfleisch-Knödel . . . . . . . . 19
Hühnerleber-Knödel . . . . . . . . . 20
Humbes . . . . . . . . . . . . . . 120

Ingwer in Zucker . . . . . . . . . . 261
Jägerschnitten . . . . . . . . . . . 251

Johannisbeeren in Zucker . . . . . . . . 271
Johannisbeer-Gelée . . . . . . . . . 194
Johannisbeer- und Himbeer-Gelée . . . . . 266
Johannisbeer-Sauce . . . . . . . . . 146
Johannisbeer-Torte . . . . . . . . . . 211
Johannisbeer-Wein . . . . . . . . . . 291
Italienische Nudeln . . . . . . . . . 104
Judenkirschen in Essig . . . . . . . . . 279
Jus . . . . . . . . . . . . . . 1

Kabeljau mit Butter-Sauce . . . . . . . 75
— mit Kartoffeln . . . . . . . . 74
Kachelmus . . . . . . . . . . . . 132
Kaffee-Brödchen . . . . . . . . . . 224
Kaffee-Brödlein . . . . . . . . . . 121
Kaffee-Crême . . . . . . . . . . . 187
Kaffee-Gelée . . . . . . . . . . . 197
Kaffee mit Milch . . . . . . . . . . 288
Kaiserbrod . . . . . . . . . . . . 257
Kaiserkuchen . . . . . . . . . . . 131
Kalbfleisch, eingemachtes . . . . . . . 88
Kalbfleisch-Croquet . . . . . . . . . 49
Kalbfleisch-Pastetchen . . . . . . . . 25
Kalbfleisch-Ragout . . . . . . . . . 95
— mit Spargeln . . . . . 97
Kalbs-Brieslein . . . . . . . . . . . 92
— gebackene . . . . . . . . 53
Kalbsbrust, gefüllte . . . . . . . . . 161
Kalbsfilet von gehacktem Fleisch . . . . . 60
Kalbsfüße, gebackene . . . . . . . . 54
— in einer braunen Sauce . . . . 91
— in weißer Sauce . . . . . . . 92
Kalbsgekröse . . . . . . . . . . . 92
Kalbsherz, gedämpftes . . . . . . . . 55
— gefülltes . . . . . . . . . 55
Kalbsherzen in brauner Sauce . . . . . . 93
Kalbshirn . . . . . . . . . . . . 91
— gebackenes . . . . . . . . . 53

Kalbshirn mit schwarzer Butter . . . . . 91
Kalbshirn-Pastetchen . . . . . . . . 28
Kalbskopf, abgezogener . . . . . . . . 90
— mit der Haut gebrüht . . . . 89
— mit der Haut in rothem Wein gebrüht 90
Kalsleber, gebackene . . . . . . . . . . 55
— gedämpfte . . . . . . . . . 92
— gespickte . . . . . . . . . . 93
Kalbsohren mit Champignon . . . . . 89
Kalbsrippen, auf dem Rost gebraten . . . 59
— en papillots . . . . . . . . 59
— gedämpfte . . . . . . . . 97
— mit feinen Kräutern . . . . 59
— mit Gurken-Sauce . . . . 97
Kalbsroulade . . . . . . . . . . . 94
Kalbsschlegel, gebeizt . . . . . . . . 159
— gebraten . . . . . . . . . 159
Kalbszunge . . . . . . . . . . . . . 89
— grillirt . . . . . . . . . . 56
Kalte Schale von Aprikosen . . . . . . 16
— — von Kirschen . . . . . . 16
— — von Schwarzbrod . . . . . . 15
Kapaun, farcirt . . . . . . . . . . . 175
— gebraten . . . . . . . . . . 157
— gedämpft . . . . . . . . . . 82
— mit Gansleber . . . . . . . . 83
— mit Kräuter-Sauce . . . . . . . 83
Kapaun-Croquet . . . . . . . . . . . 50
Kapern-Sauce . . . . . . . . . . . 22
Kapuziner . . . . . . . . . . . . . 282
Karmel-Crême . . . . . . . . . . . 186
Karpfen auf polnische Art . . . . . . 72
— gespickt . . . . . . . . . . . 70
— in brauner Sauce . . . . . . . 71
— in Gelée . . . . . . . . . . 77
— in rothem Wein . . . . . . . . 70
— zu backen . . . . . . . . . . 72
Kartoffeln, gedämpfte . . . . . . . . 43

Kartoffeln, gefüllte . . . . . . . . . . 44
— geröstete . . . . . . . . . 43
— in einer Sauce . . . . . . 43
— mit Häring . . . . . . . 45
— mit Sardellen . . . . . . . 46
— mit Senf . . . . . . . . 45
— mit Milch . . . . . . . . 44
— saure . . . . . . . . . . 45
Kartoffel-Auflauf . . . . . . . . . 126
Kartoffel-Brei . . . . . . . . . . 44
Kartoffel-Klöse . . . . . . . . 105. 106
Kartoffel-Knödel . . . . . . . . . . 19
Kartoffel-Pastetchen . . . . . . . . . 30
Kartoffel-Pfeutelein . . . . . . . . . 234
Kartoffel-Pudding . . . . . . . . . 141
— mit Mandeln . . . . . . 141
Kartoffel-Salat mit Häring . . . . . . 164
Kartoffel-Suppe . . . . . . . . . . 7
Kartoffel-Torte . . . . . . . . . . 206
Kartoffel-Törtlein . . . . . . . . . 128
Kartoffel-Würste . . . . . . . . . . 231
Käs-Klöse . . . . . . . . . . . 119
Käs-Kuchen . . . . . . . . . . . 215
— süßer . . . . . . . . . . 216
Kastanien-Suppe . . . . . . . . . 12
Kerbel-Suppe . . . . . . . . . . 5
Kern-Suppe, grüne . . . . . . . . 8
Kindsbrei . . . . . . . . . . . . 114
Kirschen in Bouteillen . . . . . . . . 273
— in Dunst einzumachen . . . . . 273
— in Essig . . . . . . . . . 279
— in Zucker . . . . . . . . . 272
Kirschen-Büschlein . . . . . . . . . 236
Kirschen-Compot . . . . . . . . . . 180
Kirschen-Crême . . . . . . . . . . 187
Kirschen-Gelée . . . . . . . . . . 194
Kirschen-Kuchen . . . . . . . . . . 213
— anderer Art . . . . . . . 213

Kirschen-Kuchen mit geriebenem Teig . . . . 214
— ohne Guß . . . . . . . . 214
Kirschen-Mus . . . . . . . . . . . . 132
Kirschen Omeletten . . . . . . . . . . 115
Kirschensaft . . . . . . . . . . . . . 293
Kirschen-Sauce . . . . . . . . . . . . 144
Kirschen-Suppe, dürre . . . . . . . . . 15
Kirschen-Torte . . . . . . . . . . . . 209
Kissinger Brod . . . . . . . . . . . . 258
Kleien-Küchlein . . . . . . . . . . . 241
Klöse von Gries . . . . . . . . . . . 119
— von Käs . . . . . . . . . . . . 119
Knödel, aufgezogene, in Suppen . . . . . 19
— von Hühnerfleisch . . . . . . . 19
— von Hühnerleber . . . . . . . . 20
Kohlraben . . . . . . . . . . . . . . 34
— gefüllte . . . . . . . . . . . 34
Krammetsvögel, gebraten . . . . . . . 153
— mit Aspic . . . . . . . 179
Kräuter-Sauce . . . . . . . . . . . . 146
Kräuter-Suppe, durchgetrieben . . . . . . 5
Kraut-Salat . . . . . . . . . . . . . 166
Krebse gut zu kochen . . . . . . . . . 76
Krebs-Klöse . . . . . . . . . . . . . 20
Krebs-Pasteichen . . . . . . . . . . 25 26
Krebs-Pudding . . . . . . . . . . . . 109
Krebs-Suppe . . . . . . . . . . . . . 3
Krebs-Strudeln . . . . . . . . . . . 118
Kuchen, siehe die betreffenden Rubriken.
— Braunschweiger . . . . . . . . 222
— Englischer . . . . . . . . . . 212
— Hannöverischer . . . . . . . . 222
— Leipziger . . . . . . . . . . 222
Küchlein, Pfälzer . . . . . . . . . . 238

Laperdan . . . . . . . . . . . . . . 75
Laubfrösche . . . . . . . . . . . . . 107
Leber-Klöse . . . . . . . . . . . . . 105

Lebkuchen, gute . . . . . . . . . . . . . 244
— Baseler . . . . . . . . . . 243
— weiße . . . . . . . . . . 244
Leipziger Kuchen . . . . . . . . . . 222
Lendenbraten . . . . . . . . . . . . . 162
Lerchen, gebratene . . . . . . . . . . 154
— in Sauce . . . . . . . . . . . 80
Lerchen-Suppe . . . . . . . . . . . . 6
Limonade . . . . . . . . . . . . . . 291
Linsen . . . . . . . . . . . . . . . 39
Linsen-Suppe . . . . . . . . . . . . . 10
Linzer-Torte . . . . . . . . . . . . . 201
Lummel . . . . . . . . . . . . . . 103
— in Sardellen-Sauce . . . . . . . 102
Lummelbraten . . . . . . . . . . . . 162
Lungen-Mus . . . . . . . . . . . . . 93

Macaroni . . . . . . . . . . . . . . 104
Mädchen-Zöpfe . . . . . . . . . . . . 226
Maître d'hotel liée . . . . . . . . . . 146
Majonais für Fisch und Geflügel . . . . 150
Makronen . . . . . . . . . . . 255. 256
— blinde . . . . . . . . . . . 256
Mandelade . . . . . . . . . . . . . 288
Mandeln, gebackene . . . . . . . . . . 236
— anderer Art . . . . . . 236. 255
— geröstete . . . . . . . . . . 255
Mandel-Auflauf . . . . . . . . . . . 126
Mandel-Brei . . . . . . . . . . . . . 113
Mandel-Brief . . . . . . . . . . . . 200
Mandelbrod . . . . . . . . . . . . . 241
— anderer Art . . . . . . . . 258
— auf dem Feuer . . . . . . . 258
— bitteres . . . . . . . . . . 223
Mandel-Crême . . . . . . . . . . . . 186
Mandelhäuflein . . . . . . . . . . . 253
Mandel-Hippen . . . . . . . . . . . . 247
— mit Tragant . . . . . . . . 248

Mandel-Hippen anderer Art . . . . . . . . 248
Mandelknöpflein . . . . . . . . . . . 228
Mandel-Körbchen . . . . . . . . . 235
Mandelkranz mit Crême . . . . . . . . 126
Mandel Küchlein . . . . . . . . 251. 260
Mandelmilch . . . . . . . . . . . . 291
Mandelmilch-Essenz . . . . . . . . . 291
Mandel-Pudding . . . . . . . . . . 137
Mandel-Sauce . . . . . . . . . 145. 149
Mandel-Schnitten . . . . . . . . 134. 232
Mandel-Suppe, süße . . . . . . . . . 14
Mandel-Torte . . . . . . . . . . . . 201
— anderer Art . . . . . . . 202
— noch anderer Art . . . . . 202
Mandel-Waffeln . . . . . . . . . . . 249
Mandeln, gebackene . . . . . . . . . 236
Mangold-Stiele . . . . . . . . . . . 40
Mark-Knöpflein . . . . . . . . . . . 17
Marsquit . . . . . . . . . . . . . 256
Maulbeeren in Zucker . . . . . . . . 275
Maulbeersaft . . . . . . . . . . . . 293
Maulbeer-Torte . . . . . . . . . . . 211
Maultaschen . . . . . . . . . . . . 108
Meerrettig . . . . . . . . . . . . . 24
— roher . . . . . . . . . . . 24
Mehlpudding . . . . . . . . . . . . 142
Mehlspeise, Ulmer . . . . . . . . . . 117
Melonen in Essig . . . . . . . . . . 278
— in Zucker . . . . . . . . . 275
Milchbrodschnitten . . . . . . . . . 58
Milchbrodsuppe, geröstete . . . . . . . 10
Milch-Crême, warme . . . . . . . . . 130
Milch-Mocken . . . . . . . . . . . 121
Milchspeise von Makronen . . . . . . . 135
Milchnockerln . . . . . . . . . . . 119
Milch-Schnitten . . . . . . . . . . . 121
Mirabellen in Zucker . . . . . . . . . 271
Mirabellen-Compot . . . . . . . . . . 184

Mirenken . . . . . . . . . . . . . . 253
Mond, gebackener . . . . . . . . 234
Morcheln als Gemüse . . . . . . . 41
— mit Rahm . . . . . . . . . 41
Morcheln-Sauce . . . . . . . . . . 147
Mus von Aepfeln . . . . . . . . . 115
— von Schwarzbrod . . . . . . . 115
— von Zwieback . . . . . . . . 115
— von Zibeben . . . . . . . . . 114
Muskatzinnen . . . . . . . . . . . 252

National-Pudding . . . . . . . . . 137
Nieren, saure . . . . . . . . . . . 94
Nierenbraten . . . . . . . . . . . . 161
Nieren-Schnitten, gebackene . . . . . 57
Nudeln à la Demidoff . . . . . . . 129
Nudeln, abgeschmelzte . . . . . . . 103
— in der Milch . . . . . . . . 116
— italienische . . . . . . . . 104
Nudel-Pudding . . . . . . . . . . . 139
Nudel-Suppe . . . . . . . . . . . . 4
Nuß-Liqueur . . . . . . . . . . . . 293
Nüsse, grüne, in Zucker . . . . . . 277

Obstsorten, drei zusammen, in Zucker . . . . 276
Ochsenaugen . . . . . . . . . . . . 111
Ochsenfleisch zu sieden . . . . . . . 21
Ochsenmaul-Salat . . . . . . . . . . 167
Ochsenzunge . . . . . . . . . . . . 103
— en papillotes . . . . . . . 56
— grillirt . . . . . . . . . . 56
Oliven-Sauce . . . . . . . . . . . . 147
Omelettes au confiture . . . . . . . 116
Omelettes, aufgezogene . . . . . . . 110
— auf gewöhnliche Art . . . . . 109
— französische . . . . . . . . 110
— von Aepfeln . . . . . . . . 115
— von Fleisch . . . . . . . . 110

Omelettes von Kirschen . . . . . . . . 115
Omelettes-Souflée . . . . . . . . . 115
Orangen-Brod . . . . . . . . . . 248
Orangen-Compot . . . . . . . . . 183
Orangen-Gelée . . . . . . . . . . 196

Pabst . . . . . . . . . . . . . . 290
Pastetchen (Fasten-) . . . . . . . . 27
— von Brieslein . . . . . . . . 26
— von Gansleber . . . . . . . . 27
— von Fleisch . . . . . . . . . 28
— von Hachies . . . . . . . . . 29
— von Kalbfleisch . . . . . . . 25
— von Kalbshirn . . . . . . . . 28
— von Kartoffeln . . . . . . . . 30
— von Krebsen . . . . . . . . . 25
— — anderer Art . . . . 26
— von Reis . . . . . . . . . . 29
Pastete, kalte, von Fasan . . . . . . . 172
— — von Feldhühnern . . . . . 171
— — von Gansleber . . . . . . 170
— — — in Terrinnen . 173
— — von Hasen . . . . . . . . 172
— — von Kapaun . . . . . . . 172
— — von Wildpret . . . . . . . 171
— warme, von Fischotter . . . . . 169
— — von Fleisch . . . . . . . 169
— — von Stockfisch . . . . . . 168
Pfälzer-Brod . . . . . . . . . . . 250
Pfälzer-Küchlein . . . . . . . . . 238
Pfannenkuchen, Berliner . . . . . . . 240
— gefüllte . . . . . . . 110
— von Rosinen . . . . . . 134
Pfanzerl-Suppe . . . . . . . . . . 4
Pfeffernüsse, Offenbacher . . . . . . . 257
Pfeffernüßlein . . . . . . . . . . 257
Pfeutelein . . . . . . . . . . . . 234
Pfirsiche in Branntwein . . . . . . . 267

Pfirsiche in Zucker . . . . . . . . . . 267
— zu füllen und zu backen . . . . . 238
Pfirsich-Torte . . . . . . . . . . . . 210
Pfirsich-Compot . . . . . . . . . . . 180
Pfitzauf . . . . . . . . . . . . . . 143
Plum-Pudding . . . . . . . . . 135. 136
Pöckelfleisch zu machen . . . . . . . 178
Pomeranzen-Auflauf, süßer . . . . . . 127
Pomeranzen-Brod . . . . . . . . . . 254
Pomeranzen-Brödlein, lange . . . . . . 242
Pomeranzen-Compot . . . . . . . . . 183
Pomeranzen-Crême . . . . . . . . . . 188
Poularde, gedämpft . . . . . . . . . . 82
— mit Kräuter-Sauce . . . . . . 83
— mit Gansleber . . . . . . . . 83
Preiselbeeren, als Beilage zum Ochsenfleisch . 277
Preßkopf mit Aspic . . . . . . . . . . 177
Prinz Friedrichsbackerei . . . . . . . 208
Prioche . . . . . . . . . . . . . . 217
Prünellen-Compot . . . . . . . . . . 182
Pudding au Citrone zu 2 Formen . . . . 142
— englischer . . . . . . . . . . 136
— holländischer . . . . . . . . . 135
— von Aepfeln . . . . . . . . . 139
— von Biscuit . . . . . . . . . 138
— von Chocolade . . . . . . . . 141
— von gefüllten Flädchen . . . . . 140
— von Gries mit Kirschen . . . . 140
— von Kartoffeln . . . . . . . . 141
— von Kartoffeln, mit Mandeln . . 141
— von Krebsen . . . . . . . . . 109
— von Mandeln . . . . . . . . . 137
— von Nudeln . . . . . . . . . 139
— von Reis . . . . . . . . . . 139
— von Schwarzbrod . . . . . . . 138
— von Spinat . . . . . . . . . . 108
— von Wecken . . . . . . . . . 138
Punsch von Champagner . . . . . . . 289

Punsch von Orangen . . . . . . . . . . 289
Punsch-Crême . . . . . . . . . . 188
Punsch-Gelée . . . . . . . . . . 197
Punsch-Küchlein . . . . . . . . . 260
Punsch-Torte . . . . . . . . . . 208
Purée von Gansleber . . . . . . . . . 172

Quitten-Compot . . . . . . . . . 183
Quitten-Confect . . . . . . . . . 262
Quitten-Gelée . . . . . . . . . 198
Quitten-Liqueur . . . . . . . . . 294
Quitten-Mark . . . . . . . . . 269
Quitten-Schaum, warmer . . . . . . . 133
Quitten-Schnitze . . . . . . . . . 270

Ragout von Cotelettes à la Nelson . . . . 100
— von Kalbfleisch . . . . . . . . 95
— von Kalbfleisch, mit Spargeln . . 97
— von farcirten Ochsengaumen . . . 94
— à la Richelieu . . . . . . . . 101
Rahm-Auflauf, saurer . . . . . . . 133
Rahm-Strudeln . . . . . . . . . 117
Rahm-Sulz . . . . . . . . . . 133
Rahm-Torte . . . . . . . . . . 206
Rahm-Törtlein . . . . . . . . . 200
Rahm-Würstlein, sauere . . . . . . . 58. 230
Reh-Ragout . . . . . . . . . . 81
Rehschlägel, gebeizt . . . . . . . . 159
Rehziemer, gebraten . . . . . . . . 159
Reineclaudes in Zucker . . . . . . . 271
Reineclaudes-Compot . . . . . . . 184
Reis mit Arac . . . . . . . . . . 123
— mit Erbsen-Purée . . . . . . . . 2
— mit Jus . . . . . . . . . . 2
— mit Marasquino . . . . . . . . 191
— mit Mirenken . . . . . . . . . 121
— à la Malta . . . . . . . . . 122
Reis-Auflauf . . . . . . . . . . 122

Reis-Brei . . . . . . . . . . . . . . 113
Reis-Content . . . . . . . . . . . . 288
Reis-Crême . . . . . . . . . . . . 190
Reis-Gemüse . . . . . . . . . . . . 49
Reis-Pastetchen . . . . . . . . . . . 29
Reis Pudding beste Art . . . . . . . 139
Reis-Schnitten . . . . . . . . . . . 232
Reis-Suppe . . . . . . . . . . . . 2
— auf gewöhnliche Art . . . . 2
Reis-Torte . . . . . . . . . . . . 204
Reis-Würstlein . . . . . . . . . . 228
Remulade, grüne . . . . . . . . . 149
— ordinäre . . . . . . . . 150
Rettig-Salat . . . . . . . . . . . 166
Rinds- oder Ochsenzunge . . . . . . 103
Ringkuchen oder Theebrod . . . . . . 221
Ringlo-Torte . . . . . . . . . . . 210
Rindsrippen, auf dem Rost gebraten . . . 163
— gedämpfte . . . . . . . . 163
Rissolen von Fischen . . . . . . . . 50
— von Krebsen . . . . . . . . 51
Roastbeef . . . . . . . . . . . . 21
Rosenkohl . . . . . . . . . . . . 33
Rosenkohl-Salat . . . . . . . . . . 168
Rothe-Rüben-Salat . . . . . . . . . 166
Rothkraut . . . . . . . . . . . . 41
Rüben, gelbe . . . . . . . . . . . 31
— weiße . . . . . . . . . . . 32
— — einzumachen . . . . . . . 283
Rübenkeim-Salat . . . . . . . . . 167
Rübensuppe . . . . . . . . . . . 12
Russischer Crême . . . . . . . . . 192
Russischer Salat . . . . . . . . . . 165

Sächsisches Brod . . . . . . . . . . 247
Saftbrühe, braune . . . . . . . . . 1
Sago-Auflauf . . . . . . . . . . . 125
Sagobrei . . . . . . . . . . . . . 113

Sago-Sauce . . . . . . . . . . . . . 145
Sago-Suppe . . . . . . . . . . . . . 3
— mit Milch . . . . . . . . 14
— mit Wein . . . . . . . . 14
Salat à l'Italien . . . . . . . . . . 164
— englischer . . . . . . . . . . 164
— russischer . . . . . . . . . . . 165
Salate, verschiedene, siehe die besonderen Artikel
Salmen, à la Hollandaise . . . . . . . 66
— gebratene . . . . . . . . . . 65
— mit Gelée . . . . . . . . . . 78
— gesottene . . . . . . . . . . 65
Sand-Torte . . . . . . . . . . . . 205
Sardellen zu backen . . . . . . . . . 77
Sardellen-Sauce . . . . . . . . . . 22
— mit Kapern . . . . . . . 148
Saubohnen . . . . . . . . . . . . . 36
Sauce, kalte . . . . . . . . . . . 23. 148
— — zu Feldhühnern . . . . . 149
— zu Pasteten . . . . . . . . . 148
— à la majonaise zu Fisch u. Geflügel 150
— kalte zum Rindfleisch . . . . . . 151
— verschiedene, siehe die betreffenden Rubriken.
Sauerampfer-Gemüse . . . . . . . . . 35
Sauerampfer-Sauce . . . . . . . . . . 22
Sauerampfer-Suppe . . . . . . . . . 5
Sauerkraut . . . . . . . . . . . . . 42
— mit Kapaun . . . . . . . . 42
— einzumachen . . . . . . . . 282
Schalotten-Küchlein . . . . . . . . . 106
Scheiterhaufen . . . . . . . . . . . 143
Schellfisch . . . . . . . . . . . . . 75
Scherben . . . . . . . . . . . . . 228
Schinken, gesottener . . . . . . . . . 177
Schinken-Nudeln . . . . . . . . . . 104
Schleien mit feinen Kräutern . . . . . . 74
— zu braten . . . . . . . . . 74
Schnecken, gefüllte . . . . . . . . . 57

Schnecken in Sauce . . . . . . . . . . 101
Schnecken-Nudeln . . . . . . . . . . 225
Schnecken-Salat . . . . . . . . . . . 165
Schneeballen . . . . . . . . . . . . 232
Schnepfen . . . . . . . . . . . . . 79
— gebratene mit Crouton . . . . . 154
Schnitten mit rothem Wein . . . . . . . 130
Schnitz-Brod . . . . . . . . . . . . 226
Schotto . . . . . . . . . . . . 144. 290
Schupfnudeln . . . . . . . . . . . . 106
Schwarzbrod-Auflauf . . . . . . . . . 127
Schwarzbrod-Mus . . . . . . . . . . 115
Schwarzbrod-Pudding . . . . . . . . . 138
Schwarzbrod-Suppe . . . . . . . . . 13
Schwarzbrod-Torte . . . . . . . . . . 203
Schwarzwild . . . . . . . . . . . . 82
Schwarzwildpret mit Aspic . . . . . . 176
Schwarzwurzeln . . . . . . . . . . . 30
Schwefelschnitten . . . . . . . . . . 259
Schweinenieren . . . . . . . . . . . 100
Schweinerippen . . . . . . . . . . . 61
Schweineschlägel, gebraten . . . . . . 159
Schweinskopf, wilder, farcirt . . . . . 174
Sellerie-Salat . . . . . . . . . . . . 167
Senf-Sauce . . . . . . . . . . . . . 23
Souflage . . . . . . . . . . . . . . 249
Spanferkel, gefülltes . . . . . . . . . 162
Spanische Torte . . . . . . . . . . . 208
Spargeln nebst Sauce . . . . . . . . . 33
Spargel-Salat . . . . . . . . . . . . 165
Spätzlein . . . . . . . . . . . . . 104
Spiegelbrod . . . . . . . . . . . . 231
Spinat . . . . . . . . . . . . . . . 35
Spinat-Pudding . . . . . . . . . . . 108
Springerlein . . . . . . . . . . . 244. 245
Spritzengebackenes . . . . . . . . . . 235
Steinpilze . . . . . . . . . . . . . 48
Steinpilzsuppe . . . . . . . . . . . 10

Stockfisch, gedämpfter . . . . . . . . 66. 67
— mit Bechamell . . . . . . . 67
Stockfisch-Croquet . . . . . . . . . 51
Strauben . . . . . . . . . . . . . 238
Sträublein . . . . . . . . . . . . 227
Sulz-Küchlein . . . . . . . . . . . 247
Suppe à la Reine . . . . . . . . . 7
— à la Tortue oder Schildkrötensuppe . 11
— aufgezogene . . . . . . . . . 4
Suppen, verschiedene, siehe die betreffenden Artikel.

Tabaksrollen . . . . . . . . . . . . 233
Tauben, gefüllte . . . . . . . . . . 158
— junge, gedämpft . . . . . . . . 87
— — in einem vol-au-vent . . . 86
— in brauner Morcheln-Sauce . . . 87
— wilde . . . . . . . . . . . . 79
Thee, grüner oder schwarzer . . . . . . 287
— reformirter . . . . . . . . . 287
Theebackwerk . . . . . . . . . . . 240
Theebrod . . . . . . . . . . . . . 221
Thee-Crême . . . . . . . . . . . . 187
Theestangen mit Vanille . . . . . . . . 220
Thomat-Sauce . . . . . . . . . . . 23
Torte, französische . . . . . . . . . 206
— — anderer Art . . . . . . 207
— spanische . . . . . . . . . . . 208
Torten, siehe die betreffenden Benennungen.
Törtlein von Kartoffeln . . . . . . . . 128
Trauben in Branntwein . . . . . . . . 274
— in Zucker . . . . . . . . . . 274
Traubenbeeren-Compot . . . . . . . . 184
Trauben-Kuchen . . . . . . . . . . 214
Trichter-Nudeln . . . . . . . . . . . 104
Trüffeln . . . . . . . . . . . . 48. 49
Trüffeln einzumachen . . . . . . . . 285
Trüffel-Sauce . . . . . . . . . . . 148
Turbot . . . . . . . . . . . . . . 75

Ulmer Brod . . . . . . . . . . . . . 242

Vanille-Crême . . . . . . . . . . . 185
Vanille-Sauce . . . . . . . . . . . 145
Verlorene Eier-Suppe . . . . . . . . . 9
Vermicelli oder italienische Nudelsuppe . . 13

Wachteln . . . . . . . . . . . . . 79
— gebratene . . . . . . . . . . . 154
Waffeln, gefüllte . . . . . . . . . 201
— mit Bierhefe . . . . . . . . . . 219
— mit Mandeln . . . . . . . . . . 220
— mit Rosinen . . . . . . . . . . 220
Wasserbretzeln . . . . . . . . . . 239
Weck-Auflauf . . . . . . . . . . . 128
Wecke, gefüllte . . . . . . . . . . 134
Weck-Knöpflein, gezupfte . . . . . . 16
— anderer Art . . . . . . . . 17
Weck-Pudding . . . . . . . . . . . 138
Wein-Crême . . . . . . . . . . . . 130
Weingebackenes . . . . . . . . . . 199
Wein-Mocken . . . . . . . . . . . 120
Weinmus . . . . . . . . . . . . . 132
Wein-Sauce, braune . . . . . . . . 146
Wein-Schnitten . . . . . . . . . . 120
Wein-Suppe . . . . . . . . . . . . 13
Weiße Rüben . . . . . . . . . . . 32
Weißkraut, gedämpftes . . . . . . . 37
— gefülltes . . . . . . . . . . . 36
— in einer Butter-Sauce . . . . . 36
Welscher Hahn, farcirt . . . . . . . 176
— — gebraten . . . . . . . 155
— — mit Kartoffeln gefüllt . . . 156
— — mit Trüffeln gefüllt . . . 155
Welschkorn in Essig . . . . . . . . 282
Wiener Brod . . . . . . . . . . . 224
Wiener Brödlein . . . . . . . . . . 249
Wild-Enten-Suppe . . . . . . . . . 6

Wild-Schweinskopf, farcirt . . . . . . . . 174
Windküchlein . . . . . . . . . . . . . 250
Wirsingkraut . . . . . . . . . . . . . 36
Würstchen . . . . . . . . . . . . . . 58
Würstlein, sauere mit Rahm . . . . . . . 58

Zibeben, gebackene . . . . . . . . . . 237
Zibeben-Mus . . . . . . . . . . . . . 114
Zimmt-Brod . . . . . . . . . . . . . 260
Zimmt-Küchlein . . . . . . . . . . . . 254
Zimmt-Rollen . . . . . . . . . . . . 233
Zimmt-Stern . . . . . . . . . . . . . 243
Zimmt-Waffeln . . . . . . . . . . . . 249
Zuckerbretzeln . . . . . . . . . . . . 255
Zuckerhippen . . . . . . . . . . . . . 248
Zuckerschoten . . . . . . . . . . . . . 33
Zuckersträublein oder goldene Häublein . . 227
Zuckerteig zu Obstkuchen . . . . . . . . 246
Zunge, geräucherte, zu sieden . . . . . 177
Zwetschgen, gebackene . . . . . . . . . 237
— in Essig . . . . . . . . . 278
— in Zucker . . . . . . . . . 274
Zwetschgen-Brei . . . . . . . . . . . 114
Zwetschgen-Compot . . . . . . . . . . 182
Zwetschgen-Kuchen . . . . . . . . . . 215
Zwetschgen-Marmelade . . . . . . . . . 276
Zwieback, Straßburger . . . . . . . . 259
Zwieback-Mus . . . . . . . . . . . . 115
Zwieback-Pudding . . . . . . . . . . . 142
Zwiebel-Kuchen . . . . . . . . . . . . 216
Zwiebel-Sauce . . . . . . . . . . . . 23

Speise-Zettel für alle Tage des Jahres . . 295

Anhang . . . . . . . . . . . . . . . 313

# Bouillon und Suppen.

## 1. Gewöhnliche Bouillon.

Nimm 2 Pfund Ochsenfleisch, 1 Pfund zerhauene Knochen, auch etwas von einem alten Huhn, setze alles zusammen mit 3 Maß Wasser auf ein starkes Feuer und schäume es rein ab. Thue dann Selleriewurzel, 1 gelbe Rübe, etwas Wirsing, Petersilienwurzel, 1 Stengel Lauch, Kerbelkraut, nebst beliebigem Salz dazu. Schäume dies und lasse es langsam kochen, bis das Fleisch weich ist, und seihe es durch ein feines Haarsieb; so kann man es dann in Tassen oder auch als Suppe geben.

## 2. Jus oder braune Saftbrühe.

Schneide 2 Pfund Rindfleisch, 1½ Pfund Kalbfleisch und etwas Schinken in fingerdicke Scheiben, setze es mit ¼ Pfund Butter, in Scheiben geschnittener Zwiebel, einer gelben Rübe, Petersilienwurzel, einigen Pfefferkörnern und Gewürznelken, in einem Casserol auf das Feuer und lasse es eine schöne braune Farbe bekommen, schütte alsdann das Fett rein ab und fülle es mit 2 Maß kaltem Wasser oder kalter Fleischbrühe auf, schäume es fleißig ab und lasse es langsam kochen, bis das Fleisch weich ist und lasse die Brühe durch ein Haarsieb laufen; sie kann dann nach Belieben verwendet werden.

## 3. Reis-Suppe.

Nimm ½ Pfund Reis, reinige und wasche ihn, brühe ihn mit kochendem Wasser 2 bis 3 Mal ab, thue ein Stück Butter hinein, rühre ihn damit ab, fülle ihn nach und nach mit Fleischbrühe auf und lasse ihn weich kochen; auch kann man eine Zwiebel, mit 2 Nelken gespickt, mitkochen lassen und ihn beim Anrichten mit 3 bis 4 Eiergelb nebst Muskatnuß anrühren.

## 4. Reis mit Jus.

Dieser wird auf dieselbe Art zubereitet wie obiger, nur muß er ganz bleiben und statt mit weißer Bouillon mit Jus aufgefüllt werden.

## 5. Reis-Suppe auf gewöhnliche Art.

Nimm ½ Pfund Reis, reinige und wasche ihn, stelle ihn dann mit etwas kaltem Wasser zum Feuer bis er kocht, schütte hierauf das Wasser ab und mache es noch zweimal auf gleiche Weise, nimm dann ein eigroß Butter und rühre den Reis damit ab, fülle ihn sodann nach und nach mit Fleischbrühe auf und lasse ihn weich kochen. Eine Stunde vor dem Anrichten rühre ein Teigchen von einem schwachen Kochlöffel voll Mehl und etwas Milch hinein und lasse den Reis noch recht kochen; beim Anrichten kann man etwas Muskatnuß und Schnittlauch darauf geben.

## 6. Reis mit Erbsenpurée.

Wenn der Reis abgebrüht ist, wird er mit einem Stückchen Butter gedämpft und mit Fleischbrühe nach und nach weich und dick gekocht, jedoch nicht verrührt. richte ihn dann mit verdünntem Erbsenpurée an, Siehe Nr. 22.

## 7. Sago-Suppe.

Wasche den Sago 3 bis 4 Mal in heißem Wasser und setze ihn mit etwas kaltem Wasser auf's Feuer; ist er dick gekocht, dann rühre ihn mit einem Stück Butter ab, fülle ihn mit Fleischbrühe nach und nach auf und lasse ihn 2 Stunden kochen; beim Anrichten rühre ihn mit einigem Eiergelb und sauerm Rahm an.

## 8. Gersten-Suppe.

Setze ½ Pfund Gerste mit einem Schoppen kaltem Wasser auf's Feuer, ist sie dick gekocht, dann rühre sie mit einem Stück Butter ab, gieße Fleischbrühe dazu und lasse sie langsam kochen; eine Stunde vor dem Anrichten rühre ein Teigchen von einem Kochlöffel voll Mehl und etwas Milch hinein, auch kann man fein gehackte Petersilie und Schnittlauch darauf geben.

## 9. Krebs-Suppe.

Nimm zu einer guten Suppe etwa 50 Suppenkrebse, wasche sie sorgfältig und koche sie ¼ Stunde in Salzwasser, gieße hierauf das Salzwasser davon, schneide die Schnäutze ab, die Schwänzlein aber breche aus und schäle sie sorgfältig; den übrigen Körper stoße nun zu einem Teig; gib jetzt ¼ Pfund Butter in ein Casserol, thue die gestoßenen Krebse nebst einem Kochlöffel voll Mehl hinein und lasse es eine Zeit lang dämpfen, bis die Butter roth wird, gieße nun gute Fleischbrühe darauf und lasse sie kochen, hierauf hebe die Butter davon ab, treibe die Brühe durch ein Haarsieb und stelle sie wieder auf Kohlen bis sie kocht. Einige Minuten vor dem Anrichten thue geröstete Weckschnitten hinein. Nun thue die abgeschöpfte Krebsbutter in die Suppenschüssel, rühre 6 Eiergelb, etwas sauern Rahm, etwas Muskatnuß und fein gehackte Petersilie daran, schütte die Suppe unter beständigem Rühren hinein und lege die Schwänze darauf. Es können alle Arten Klöße oder dick gekochter Reis dazu gegeben werden.

## 10. Pfanzerl-Suppe.

Rühre ¼ Pfund Butter schaumig, nimm 3 Eier, 4 Eßlöffel voll Mehl, rühre immer ein Ei und einen Eßlöffel Mehl hinein, streiche ein Auflaufblech mit Butter aus, fülle die Masse hinein und lasse es auf Kohlen oder im Backofen schön gelb werden, feuchte es sodann mit kaltem Wasser an, schneide es in viereckige Stückchen und koche es in guter Fleischbrühe auf.

## 11. Aufgezogene Suppe.

Schneide 1 oder 2 Kreuzerwecke in Schnitten, wie zum Rösten, verrühre dann 5 Eier tüchtig mit ½ Schoppen süßem oder sauerm Rahm, thue klein geschnittenen Schnittlauch oder Petersilie, Salz, Muskatnuß daran, lege die Schnitten darein, bestreiche ein Casserol stark mit Butter, lege die geweichten Schnitten darauf und lasse es auf Kohlen oder im Backofen aufziehen, doch darf es nicht zu braun werden. Hierauf sticht man es mit einem Löffel heraus und thut es in eine Suppenschüssel, schüttet gute Fleischbrühe darüber, verrührt das Gelbe von 4 Eiern mit etlichen Löffeln sauerm Rahm und gießt es über die Suppe.

## 12. Nudel-Suppe.

Nimm 2 bis 3 Löffel voll feines Mehl und 2 bis 3 Eier, wirke dies untereinander zu einem Teig und arbeite solchen so lange, bis er recht glatt ist; dann wird er in mehrere Stücke zerschnitten und ganz dünn gewalzt, auf ein reines Tuch gelegt, bis er abgetrocknet ist, zusammengerollt und nach Belieben fein geschnitten und in der Fleischbrühe aufgekocht.

## 13. Kerbel-Suppe.

Der Kerbel wird gelesen und rein gewaschen, alsdann fein gehackt, und in ein wenig frischer Butter mit einem Kochlöffel voll Mehl gedämpft, mit Fleischbrühe abgelöscht und aufgekocht, dann über geröstetes Weißbrod angerichtet und 3 Eiergelb nebst 3 Eßlöffel voll saurem Rahm daran gerührt.

## 14. Sauerampfer-Suppe.

Wird ganz auf dieselbe Art bereitet wie die Kerbel-Suppe.

## 15. Einlauf-Suppe.

Für 6 bis 8 Personen nimm eine Handvoll Weißmehl und etwas Salz, rühre es in einer Schüssel mit süßer Milch wie einen Spatzenteig glatt an, schlage 6 bis 7 Eier daran, bis es dünn wie ein Flädleinteig ist, lasse es durch einen Suppenseiher in gute Fleischbrühe laufen; wenn sie gekocht, reibe Muskatnuß darein und servire sie.

## 16. Durchgetriebene Kräuter-Suppe.

Reinige 2 Stengel Lauch, 1 Selleriewurzel, 2 gelbe Rüben, 3 Kartoffeln, ½ Kopf Wirsing, eine Handvoll Petersilie und eben so viel Kerbelkraut, nebst 3 Händevoll Brockelerbsen, schneide dieses alles recht fein, setze es dann mit einem Stück Butter auf das Feuer und lasse es weich dämpfen, gieße alsdann Fleischbrühe daran und lasse es kochen, schneide wenn das Wurzelwerk ganz weich ist, Schwarzbrod hinein, lasse es auch mitkochen und treibe es hernach durch einen Durchschlag und beim Anrichten legire es mit 3 Eiergelb und sauerm Rahm.

## 17. Hirn-Suppe.

2 Kalbshirn werden mit heißem Wasser gehäutet,

fein gehackt, dann Zwiebel und Petersilie in Butter weich gedämpft, das Hirn nebst einem Kochlöffel voll Mehl hinein gethan, und wenn es alles zusammen gedämpft hat, so lösche es mit der nöthigen Fleischbrühe ab, richte es über gebähte Weckschnitten an und legire es mit zwei Eiergelb und etwas sauerm Rahm.

## 18. Feldhuhn-Suppe.

1 oder 2 gereinigte und ausgenommene Feldhühner werden mit etwas Schinken, einigen kleingeschnittenen Zwiebeln, einigen Pfefferkörnern, Gewürznelken, etwas Thimian und ein Ei groß Butter in einem passenden Geschirr schön braun gedämpft; nimm dann die Feldhühner aus dem Geschirr und rühre 3 bis 4 Kochlöffel voll Mehl in das Fett, worin die Hühner waren, lasse es ein wenig dämpfen, die Feldhühner aber stoße sammt dem Körper zu einem Teig, thue sie alsdann zu dem gedämpften Mehl, fülle es mit der nöthigen Jus auf, schneide 2 Wecke in dünne Scheiben darein und lasse es 1/2 Stunde mitkochen, treibe alsdann alles durch ein Haarsieb, setze sie nochmals auf's Feuer und richte sie über würflich geröstetes Brod an.

## 19. Wild-Enten-Suppe.

Auf dieselbe Art.

## 20. Lerchen-Suppe.

Deßgleichen.

## 21. Grüne Erbsen-Suppe.

Nimm ein Meßlein ausgebrockte grüne Erbsen, setze sie mit kaltem Wasser, etwas Salz, einer Handvoll Petersilie, Sellerieblätter und einigen jungen gelben Rüben auf das Feuer und lasse sie weich kochen, schütte alsdann das Wasser ab und treibe sie durch ein Haarsieb, verdünne sie dann mit der nöthigen Fleischbrühe und richte sie über geröstetes Brod an.

## 22. Dürre Erbsen-Suppe.

Nimm ½ Meßlein dürre Erbsen, reinige sie, setze sie mit kaltem Wasser zum Feuer und lasse sie mit etwas Selleriewurzel, Gelberüben und Zwiebeln weich kochen; hierauf treibe sie durch ein Haarsieb, verdünne sie mit Fleischbrühe und richte sie über gewürfeltes, in Butter geröstetes Brod an.

## 23. Kartoffel-Suppe.

Nimm für 8 Personen 8 bis 10 Kartoffeln, schneide jede in 4 Stücke und koche sie in Fleischbrühe weich, treibe sie hernach durch ein Haarsieb und dämpfe etwas fein gehackte Petersilie, Zwiebel, Sellerie-Blätter in Butter weich und thue einen Kochlöffel voll Mehl und die durchgetriebenen Kartoffeln hinein, fülle sie mit der nöthigen Fleischbrühe auf, legire sie mit 3 Eierdottern und sauerm Rahm und richte sie über gewürfeltes in etwas Butter geröstetes Brod an.

## 24. Suppe á la Reine.

Zwei alte Hühner werden mit Wasser beigesetzt und nebst Sellerie, Lauch, Petersilienwurzel und 1 gelben Rübe weich gekocht. Man läßt dann etliche Zwiebeln nebst Sellerie in Scheiben geschnitten in einem Stück Butter weich dämpfen, füllt dieses mit Hühnerbrühe auf, schneidet 2 Semmel darein und läßt es eine Zeitlang kochen, löst alsdann das Fleisch der weich gekochten Hühner ab und stößt es sammt 6 hart gesottenen Eiergelb zu einem Teig, rührt es dann mit 1 Schoppen süßem Rahm zu den gekochten Semmeln und treibt es nebst etwas Muskatnuß und Salz durch ein Sieb. Die Suppe darf nun nicht mehr kochen, sondern nur noch warm gehalten und dann über geröstetes Brod angerichtet werden.

## 25. Grüne Kernen-Suppe.

Ein halb Pfund grüne Kernen werden mit etwas kaltem Wasser beigesetzt; wenn es eingekocht ist wird es mit einem Stückchen Butter abgerührt, mit Fleischbrühe nach und nach aufgefüllt und mit Petersilie, Sellerieblättern und 1 gelben Rübe zusammengebunden weich gekocht, sodann durch ein Haarsieb getrieben, mit 2 Eiergelb und sauerm Rahm legirt und über geröstetes Weißbrod angerichtet.

## 26. Baumwoll-Suppe.

Für ungefähr 6 Personen wird ¼ Pfund Butter leicht gerührt, hierauf 4 Eier darein geschlagen; wenn diese wohl gerührt sind, werden 5 kleine Kochlöffel voll Mehl, Salz, Muskatnuß und 4 Eßlöffelvoll süßer Rahm dazu gethan; sobald die Fleischbrühe kocht, wird der Teig mit dem Kochlöffel hineingezettelt und gerührt bis sie wieder kocht. Die Suppe darf nun nicht lange mehr kochen.

## 27. Gries-Suppe.

Lasse 2 Hände voll Gries in kochende Fleischbrühe laufen, doch muß beständig darin gerührt werden, bis er kocht; beim Anrichten thue 2 Eiergelb und sauern Rahm daran.

## 28. Flädlein-Suppe.

Nimm 6 Kochlöffel voll Mehl, rühre es mit ein wenig Milch glatt, schlage hierauf 4 Eier daran und verdünne es mit Milch zu einem dünnen Omelettenteig, bestreiche alsdann die Omelettenpfanne mit einer Speckbatte und backe die Flädlein recht dünn, schneide sie wie grobe Nudeln und koche sie in guter Fleischbrühe auf.

## 29. Eiergersten-Suppe.

Mache einen recht festen Nudelteig und reibe ihn auf dem Reibeisen, lasse die geriebene Gerste alsdann trocknen, in die kochende Fleischbrühe laufen und einige Minuten kochen.

## 30. Verlorne Eier-Suppe.

2 Kreuzer-Wecke werden gewürfelt geschnitten, verrühre alsdann 6 bis 7 Eier in einer Schüssel, lasse 4 Loth Butter darin vergehen, thue ein wenig Salz, Muskatnuß, etwas Schnittlauch, dann die geschnittenen Wecke hinein und lasse es eine Viertelstunde ruhen, sodann setze so viel Fleischbrühe als nöthig auf, wenn sie kocht, bringe Obiges in einem Klumpen hinein und lasse es langsam kochen.

## 31. Französische Suppe.

Man nehme wie die Jahreszeit es gibt, 2 Lauchstengel, 1 Selleriewurzel, 2 Petersilienwurzeln, eben so viel gelbe Rüben, einige Schwarzwurzeln, ein Stöckchen Endivien, 3 Kartoffeln, einen halben Kopf Wirsing, 3 Hände voll grüne Erbsen, etwas Blumen- oder Rosenkohl, schneide dieses alles recht fein in halbfingerlange Stückchen und dämpfe es mit einem Stückchen Butter weich, fülle es hierauf mit der nöthigen Fleischbrühe auf und lasse es noch recht kochen; ¼ Stunde vor dem Anrichten thue man gebähte Weckschnitten hinein.

## 32. Fisch-Suppe

Schneide von einem zweipfündigen Karpfen oder Hecht, nachdem er sorgfältig gereinigt und ausgenommen ist, das Fleisch der Länge nach von den Gräthen herunter; diese sammt dem Kopfe, ¼ Pfund Schinken, einige Zwiebeln, Sellerie- und Petersilienwurzeln werden in einem Stücke Butter einige Minuten gedämpft, hierauf 2 Kochlöffel voll Mehl darein gerührt, mit der nöthigen Fleischbrühe aufgefüllt, einige Gewürznelken, etwas Thymian und ein Lorbeerblatt daran gethan, und nachdem solches tüchtig gekocht hat, wird es durch ein Haarsieb getrieben. Das Fischfleisch wird in kleine Würfel geschnitten und nebst fein gehackten Zwiebeln und Petersilie in ein wenig Butter wohl gedämpft, die durchgetriebene Brühe daran gegossen und noch eine halbe Stunde durchgekocht; beim Anrichten werden einige Eiergelb daran gerührt und die Suppe über geröstetes Brod angerichtet.

## 33. Geröstete Milchbrod-Suppe.

Einige harte Milchbrode werden gerieben und in einem passenden Geschirr in einem Stückchen Butter gelb geröstet, mit der nöthigen Fleischbrühe aufgefüllt und so eine Viertelstunde aufgekocht; beim Anrichten rühre einige Eiergelb und etwas sauern Rahm nebst Schnittlauch und Muskatnuß daran.

## 34. Steinpilz-Suppe.

Etwas feingehackter Peterling wird in einem Eigroß frischer Butter einige Minuten gedämpft, sodann werden eine starke Hand voll Steinpilze sauber gewaschen und klein gewiegt und sammt etwas gestoßenem Pfeffer zu dem gedämpften Peterling gethan und auch noch einige Minuten damit gedämpft; man füllt es nun mit so viel Fleischbrühe auf als nöthig ist und läßt es noch eine Viertelstunde damit kochen. Beim Anrichten werden 4 Eiergelb daran gerührt und die Suppe über gebähte Weckschnitten angerichtet.

## 35. Linsen-Suppe.

Man setzt ¼ Meßlein Linsen mit kaltem Wasser zum Feuer, thut Selleriewurzel, Petersilienwurzel und gelbe Rüben dazu und läßt sie kochen, bis sie weich sind, dann werden sie durch ein Haarsieb getrieben, hierauf werden ein wenig feingehackte Zwiebel, nebst einem Kochlöffel voll Mehl in Butter gedämpft, die durchgetriebenen Linsen hinein gerührt und mit der zur Suppe nöthigen Fleischbrühe aufgefüllt, noch ein wenig damit aufgekocht und über würfelig geschnittenes und in Schmalz geröstetes Brod angerichtet.

## 36. Suppe à la Tortue oder Schildkröten-Suppe.

Nimm (in Ermanglung der Schildkröten) einen gebrühten Kalbskopf, 3 Pfund Ochsenfleisch, 1 altes Huhn, ¼ Pfund Schinken, 1 Handvoll Schalotten, 1 Selleriewurzel, 2 Petersilienwurzeln, 2 Gelberüben, einen halben Kopf Wirsing, einige Pfefferkörner, Gewürznelken, etwas Muskatblüthe, eine in Scheiben geschittene Citrone, und etwas Salz, setze dieses alles in einem passenden Geschirr mit 4 Maaß kaltem Wasser zum Feuer, schäume es fleißig ab und lasse es langsam kochen bis der Kalbskopf weich ist, nimm ihn alsdann heraus, löse das Fleisch von den Knochen ab und schneide es in kleine viereckige Stückchen, den abgelösten Knochen lege nun wieder in die Brühe und lasse ihn nebst dem übrigen Fleisch so lange fortkochen, bis das Fleisch ganz weich und die Brühe kurz eingekocht ist. Lasse jetzt ¼ Pfund Butter zergehen, rühre 4 starke Kochlöffel voll Mehl hinein und röste es auf dem Feuer hellbraun, schütte hierauf einige Löffel voll Jus nebst der eingekochten Brühe durch ein Haarsieb daran und lasse es so 1 Stunde recht kochen, hebe hierauf das Fett rein ab, thue den geschnittenen Kalbskopf nebst 1 Bouteille Madeira darein und lasse die Suppe noch ein wenig damit aufkochen, nun thue beliebige Klöschen (siehe Klöschen) und in Würfel geschnittene Trüffeln in die Schüssel und richte die Suppe darüber an.

## 37. Kastanien-Suppe.

Schäle 5 bis 6 Hände voll Kastanien und koche sie nebst einem in Scheiben geschnittenen Weck und ein wenig Butter in der Fleischbrühe weich, nimm dann das Gelbe von 6 hart gesottenen Eiern und treibe es sammt den Kastanien durch ein Haarsieb, fülle es mit der nöthigen Fleischbrühe auf, thue etwas Muskatnuß, Salz und noch eine Handvoll gekochte Kastanien daran und richte die Suppe über geröstete Weck an.

## 38. Fasten-Bretzel-Suppe.

Lege 6 Fasten-Bretzeln in kaltes Wasser bis sie ganz weich sind, drücke sie aus und koche sie mit ein wenig Fleischbrühe und einem Stückchen Butter auf, treibe sie alsdann durch ein Haarsieb, verrühre einige Eiergelb mit etwas sauerm Rahm und ein wenig Muskatnuß und richte die Suppe unter beständigem Rühren darüber an.

## 39. Austern-Suppe.

Es werden verhältnißmäßig Austern auf dem Rost gebraten, dann verwiegt man ein halb abgesottenes Kalbsbrieslein, nebst Zwiebeln und Petersilien ganz fein und stößt dieß mit der Hälfte der Austern im Mörser zu einem Brei; nun läßt man verhacktes Nierenfett, in der Größe eines Hühnereies, heiß werden, dünstet das Verwiegte darin, legt einige gebähte Brodschnitten dazu, gießt gute Fleischbrühe daran und läßt dieß zusammen ½ Stunde kochen; beim Anrichten verrührt man das Gelbe von 5 Eiern, gießt die Suppe durch ein Haarsieb daran, thut einige Löffel Jus dazu und legt die übrigen Austern auf die Suppe.

## 40. Rüben-Suppe.

Nimm 12 gelbe und 4 weiße Rüben, schneide sie nebst ¼ Pfund Schinken in dünne Blättchen und dämpfe dieses in ¼ Pfund Butter schön gelb und weich, alsdann fülle es zur Hälfte mit Jus, zur Hälfte mit weißer Bouillon auf und lasse es noch ½ Stunde langsam miteinander kochen, treibe es hierauf durch ein Haarsieb, thue noch etwas Salz hinein, röste etwas Weißbrod in Butter schön gelb, thue es in die Suppenschüssel und schütte die Suppe darüber.

### 41. Schwarzbrod-Suppe.

Schneide ½ Pfund Schwarzbrod klein zusammen und koche es mit einem Ei groß Butter, einigen zusammengebundenen Petersilien- und Sellerieblättern in weißer Bouillon weich, treibe sie dann durch ein Haarsieb und salze sie, verrühre nun 6 Eiergelb nebst etwas Muskatnuß und schütte die Suppe unter beständigem Rühren hinein.

### 42. Vermicelli oder italienische Nudel-Suppe.

1 Pfund Vermicelli werden in Salzwasser einige Minuten gekocht, alsdann abgegossen, in ein dazu schickliches Geschirr gethan und so viel als nöthig Jus kochend darüber gegossen, etwas gestoßener Pfeffer und Salz daran gethan und eine halbe Stunde langsam gekocht, beim Anrichten wird etwas geriebener Parmesankäs darauf gestreut.

---

## Süße Suppen und kalte Schaalen.

### 43. Wein-Suppe.

Nimm 1 Eßlöffel voll feines Mehl, 4 Eiergelb, ¼ Pfund gestoßenen Zucker, etwas Citronenschale, eine Messerspitze Zimmt und rühre dieses mit 2 Schoppen weißem Wein, ½ Schoppen Wasser und 2 Eßlöffel voll süßem Rahm in einer Casserole glatt an, thue eine Nuß groß Butter hinein, nimm es auf's Feuer und lasse es unter beständigem Rühren ein Mal aufkochen und richte sie über würfelig geschnittenes Weißbrod an.

## 44. Sago-Suppe mit Wein.

¼ Pfund Sago wird etliche Mal durch laues Wasser gewaschen und alsdann mit einem Schöpflöffel kaltem Wasser zur Hitze gebracht; wenn dieses eingekocht ist, gießt man ½ Maaß rothen Wein nach und nach daran, thut etwas Zimmt, das abgeriebene Gelbe von einer Citrone und ¼ Pfund Zucker hinein. Dieses zusammen läßt man kochen, bis es die Dicke von einer Gerstensuppe hat. Will man die Suppe nicht so stark haben, so gieße man ½ Schoppen Wasser dazu. Sie muß in einem ganz reinen Geschirr gekocht werden

## 45. Sago-Suppe mit Milch.

Man setzt den Sago mit einem Stückchen Butter und Wasser an's Feuer, läßt ihn einkochen, füllt ihn dann mit warmer Milch auf, thut ein Stückchen Zucker, welches an einer Citrone abgerieben worden ist, dazu; kocht dieß langsam weich und streut beim Anrichten etwas Zimmt darauf.

## 46. Bier-Suppe.

2 Bouteillen Bier lasse mit 12 Loth Zucker, etwas Zimmt und Citronenschale aufkochen, nimm aber sorgfältig den Schaum, den das Bier wirft, ab. Beim Anrichten verrühre 6 Eiergelb mit etwas sauerm Rahm, rühre es an die Suppe und richte sie über geröstetes Brod an.

## 47. Süße Mandel-Suppe.

Man stößt eine Handvoll geschälte Mandeln recht

fein, thut eine Handvoll Zucker dazu und röste dieses zusammen in einer messingenen Pfanne hellgelb. Schüttet alsdann Milch daran, so viel man Suppe haben will, thut ein wenig Zimmt darein und läßt es mit diesem eine Zeitlang aufkochen; dann verrührt man das Gelbe von etlichen Eiern, rührt die Suppe nach und nach daran und richtet sie über gebähte Brodschnitten an.

## 48. Dürre Kirschen-Suppe.

3 bis 4 Hände voll dürre Kirschen werden fein gestoßen, sodann ein Stückchen geschnittener Weck dazu gethan, mit 2 Schoppen Wasser aufgefüllt, recht verkocht und dann durch ein Haarsieb getrieben. Füge alsdann eine Bouteille rothen Wein, 1/4 Pfund Zucker, die Schale von einer Citrone und etwas ganzen Zimmt hinzu, lasse es eine Viertelstunde gut kochen und richte es über gelb geröstetes Weißbrod an.

## 49. Heidelbeer-Suppe

Nimm reife Heidelbeeren, setze sie mit 1/4 Pfund Zucker zum Feuer (sie werden selbst Brühe ziehen) Wenn sie weich sind, treibe sie durch ein Haarsieb, gib zu dem Durchgetriebenen Zimmt und von einer halben Citrone das Abgeriebene, nebst 2 Schoppen Wein, lasse alles eine Viertelstunde kochen und richte die Suppe über gebähte Weißbrodschnitten an.

## 50. Kalte Schaale von Schwarzbrod.

1 Pfund geriebenes Schwarzbrod, 1 Pfund Rosinen, welche gut gewaschen und mit einem Glas Wein gut eingekocht sind, nebst 1/2 Pfund gestoßenem Zucker, etwas gestoßenem Zimmt, etwas fein gehackter Citronenschale und 2 Bouteillen weißem Wein menge recht untereinander und stelle es kalt, bis es zur Tafel geht.

### 51. Kalte Schaale von Aprikosen.

Nimm 24 Stück Aprikosen; die Hälfte davon schäle recht schön und schneide sie in 2 Theile, dann koche sie mit 1/4 Pfund Zucker und einem Glaß weißen Wein gelinde, damit die geschälten Aprikosen ganz bleiben; auch nimm von allen 24 Aprikosen die Kerne geschält dazu, die andere Hälfte aber drücke sammt der Schale durch ein Haarsieb, dann thue das Durchgetriebene mit 2 Schoppen weißem Wein gut verrührt in einen Suppentopf mit 1/4 Pfund gestoßenem Zucker, etwas gestoßenem Zimmt, etwas fein gehacktem Citronat, nebst 1/2 Kaffeetasse Kirschenwasser und die vorher gekochten Aprikosen, decke sie zu und stelle es kalt bis zum Anrichten.

### 52. Kalte Schaale von Kirschen.

1 Pfund Kirschen wird von den Stielen gereinigt, fein gestoßen und mit einem zusammengeschnittenen Weck, etwas Citronenschale, Zimmt, 1/2 Schoppen Wasser eine Viertelstunde recht miteinander verkocht; treibe dieß durch ein Haarsieb, thue es in eine schickliche Schüssel, gieße 2 Schoppen rothen Wein mit 1/2 Pfund Zucker und etwas Zimmt darüber. Alsdann nimm 1 Pfund saure Kirschen, entledige sie der Steine und Stiele und koche sie mit 1/4 Pfund Zucker kurz ein. Thue sie dann auch nebst einem Eßlöfel voll Kirschenwasser zu dem Obengenannten, decke sie gut zu, und stelle sie kalt bis zum Anrichten.

---

## Klöße zu Suppen.

### 53. Gezopfte Weckknöpflein.

Man zopft von 3 Kreuzer-Wecken das Weiche heraus, brüht es mit 1/4 Pfund heißer Butter an, läßt es kalt werden, und rührt es dann mit 3 ganzen Eiern und etwas Muskatnuß eine Viertelstunde, legt es mit dem Löffel hübsch klein in die langsam kochende Fleischbrühe und giebt es zu jeder beliebigen Suppe.

## 54. Weckknöpflein anderer Art.

3 Wecke werden abgerieben, dann in Wasser eingeweicht und wieder ausgedrückt, in 4 Loth Butter gedämpft und wenn sie erkaltet sind mit 4 bis 5 Eiern abgerührt, etwas Salz, Muskatnuß und Schnittlauch hinein gethan, in die kochende Fleischbrühe gelegt und gekocht.

## 55. Butterknöpflein.

1/4 Pfund Butter wird weiß gerührt, dann werden 3 Eier und 6 Eßlöffelvoll geriebenes Milchbrod (immer 1 Ei und 2 Löffel Brod) hinein gerührt, auch etwas Schnittlauch, Muskatnuß und Salz daran gethan, runde Kügelchen daraus gemacht, in die Fleischbrühe gelegt und gekocht.

## 56. Markknöpflein.

Rühre 4 Loth zerlassenes Ochsenmark mit 4 Loth Butter schön weiß, rühre nach und nach 4 ganze Eier und 4 Eßlöffel voll geriebenes Milchbrod, 2 Eßlöffel voll Mehl, etwas Muskatnuß und Salz hinein, mache mit der Hand runde Klöschen daraus und probire sie in kochender Fleischbrühe, ob sie beisammen bleiben; wenn nicht, so gib noch etwas geriebenes Milchbrod dazu.

## 57. Eierknödel.

6 ganze Eier werden in einem Topf recht untereinander geschlagen, thue Salz, Muskatnuß und einen Schoppen süßen Rahm hinein, schlage dieses abermals

recht unter einander, stelle es in kochendes Wasser und lasse das Wasser so lange kochen, bis die Masse fest ist, stich hernach mit dem Löffel die Klöse heraus und lege sie in die Suppe.

## 58. Butterknödel mit Mehl.

Nimm ¼ Pfund Butter, rühre sie weiß, thue 3 Eier mit 3 Löffel voll Mehl nach und nach hinein, auch etwas Muskatnuß und Salz, und rühre dieß recht gut, dann lege sie mit dem Löffel in langsam kochende Fleischbrühe und koche sie.

## 59. Fischknöpflein.

Löse die Gräten von einem Pfund Hechtfleisch recht rein ab, stoße solches in einem steinernen Mörser nebst 2 Ei groß frischer Butter, einem in Milch eingeweichten und wieder ausgedrückten Weck, dem Gelben von 3 Eiern, etwas feingehackten Schalottenzwiebeln, Petersilie, Thymian, Salz und Muskatnuß eine Viertelstunde lang, mache sodann aus dieser Farce runde Klöschen und koche sie in kochender Fleischbrühe eine Viertelstunde lang, sie können dann in Suppen oder als Beilage zu Ragout gegeben werden.

## 60. Codiveau-Knödel.

1 Pfund rohes Kalbfleisch wird mit ½ Pfund Nierenfett fein gehackt, nimm dann etwas feingehackte Schalottenzwiebeln, Petersilie, 2 ausgedrückte Wecken in Milch eingeweicht, ein Eigroß Butter, etwas Salz und Muskatnuß, stoße alles eine Viertelstunde recht unter einander, rühre 3 Eier recht gut darunter, mache runde Knödel daraus und koche sie in siedender Fleischbrühe und gieb sie in Suppe oder als Fülle in Pastetchen.

## 61. Kartoffel-Knödel.

Einige abgekochte und wieder erkaltete Kartoffeln werden auf dem Reibeisen gerieben und mit so viel Butter als Kartoffeln und gleiches Gewicht Eier in einem Mörser recht fein zerstoßen, nebst etwas Salz, Muskatnuß und Schnittlauch unter einander gemengt, mit einem Löffel in die Fleischbrühe gelegt und gekocht oder in Rindschmalz recht schön gelb gebacken.

## 62. Aufgezogene Knödel in Suppen.

Nachdem 2 Loth Butter weiß gerührt sind, werden 2 ganze Eier nebst einem Eßlöffelvoll Mehl, 1 Eßlöffel geriebenes Milchbrod, Salz, Muskatnuß, Schnittlauch und ein wenig süßer Rahm darein gerührt, bestreiche eine kleine Form mit Butter und Semmelmehl, fülle den Teig darein und backe ihn mit dem Aufzugdeckel schön gelb; nimm dann das Gebackene heraus, schneide es in kleine Stückchen und richte die Suppe darüber an.

## 63. Knödel von Hühnerfleisch.

Das Brustfleisch von einem alten Huhn oder Kapaun wird roh abgeschabt und fein gehackt, mit einem Stückchen Butter und 6 Loth Weißbrod, in Wasser eingeweicht und wieder ausgedrückt, dann mit 2 Eiern und einem Eigelb, etwas Salz und Muskatnuß recht fein in einem steinernen Mörser gestoßen, dann runde Klöße davon gemacht, in kochender Fleischbrühe gekocht oder in Rindschmalz gebacken und auf Suppen oder als Beilage gebraucht. Statt daß die Farce gestoßen wird kann sie auch recht fein gehackt werden.

## 64. Gries-Klöße.

Es wird ein schwacher Schoppen Milch kochend gemacht, 2 Kochlöffel Gries hineingerührt und so lang gekocht, bis er dick ist. Wenn der Gries verkühlt ist, rührt man 4 Loth Butter nebst 3 Eiern schäumig, thut den gekochten Gries nebst 2 Loth Mehl und nöthigem Salz hinein, legt die Klöse mit dem Löffel in siedende Fleischbrühe und läßt sie langsam kochen.

## 65. Hühnerleber-Knödel.

Man nimmt von einigen Hühnern oder Kapaunen die Lebern und Herzen, wiegt dieses nebst etwas Schnittlauch und Petersilie recht fein, rührt alsdann ½ viertel Pfund Butter weiß, schlägt 4 Eier daran, rührt das Verwiegte nebst dem Abgeriebenen von einem Semmelbrödchen, Salz, Muskatnuß und Mehl, so viel man in 3 Fingern fassen kann, dazu, legt die Knödel in langsam kochende Fleischbrühe, und läßt sie kochen. Sie müssen aber in anderer Bouillon servirt werden, weil diese, in der sie kochen, trübe gemacht wird.

## 66. Krebs-Klöse.

Feingehackte Zwiebeln und Petersilie werden in einem Stück Butter gedämpft, thue hierauf einen eingeweichten, wieder ausgedrückten Weck dazu; nachdem dieß Alles gut gedämpft hat, thue es in eine Schüssel, nimm alsdann von gekochten Krebsen die geschälten Scheeren und Schwänze, hacke sie fein, thue sie zu dem Gedämpften, nebst einigen Löffeln Krebsbutter, etwas Salz, Muskatnuß und 3 ganzen Eiern; wenn Alles gut unter einander gerührt ist, mache runde Klöschen daraus und koche sie in siedender Fleischbrühe ab; sollten sie nicht beisammen bleiben, so thue noch etwas Mehl dazu.

Anmerkung. Gut ist es, wenn alle diese Knödel zuerst in der Fleischbrühe probirt werden, ehe man sie einlegt; sollten sie nicht beisammen bleiben, so mag man immer noch etwas Mehl dazu nehmen.

# Ochsenfleisch und Beilagen.

## 67. Ochsenfleich gut zu sieden.

Das Fleisch wird, von welchem Stück es sei, recht geklopft und mit kaltem Wasser hingestellt; wenn das Fleisch zu sieden anfängt, muß es mit dem Schaumlöffel fortwährend geschäumt werden, alsdann thue nach Belieben Salz, Sellerie, Lauch, Petersilienkraut und Wurzel, Kerbelkraut und gelbe Rüben hinein; wenn es ein großes Stück Fleisch ist, lasse es 4 Stunden kochen und richte es an; die Brühe davon wird zur Suppe und zum Gemüse genommen.

## 68. Beefsteaks.

Nimm einige Pfund vom dicken Theil des Lummels, löse Haut und Knochen davon, schneide fingerdicke Scheiben daraus, drücke sie mit dem Klopfer breit und bestreue sie mit etwas feinem Pfeffer und Salz, lasse sie so einige Zeit stehen und tauche sie dann in zerlassene Butter, lege dieselben auf den Rost, gib Gluth darunter und brate sie schnell, doch nicht zu braun, damit sie saftig bleiben. Beim Anrichten gibt man ein wenig Jus darüber und garnirt sie mit kleinen gebratenen Kartoffeln.

## 69. Roastbeef.

Das Ochsenfleisch ist am besten, wenn es von den Rippen genommen wird, schneide den Knochen davon und klopfe es, thue Schmalz in das Casserol, wenn es heiß ist lege das Fleisch hinein, thue Zwiebel, gelbe Rüben, Pfeffer, Salz, 2 Nelken daran, und lasse es dämpfen, bis es eine schöne Farbe hat und weich ist, thue nach und nach etwas Fleischbrühe oder Jus daran und lasse es kurz kochen. Das Roastbeef kann auch am Spieß gebraten werden.

## 70. Boeuf à la Mode.

Nimm ein Stück Rindfleisch von der Schwanzfeder, lege es einige Tage in Essig, Salz, Pfeffer, Nelken, Lorbeerblatt und Zwiebel; nachdem es aus der Beize genommen wird, stelle es folgendermaßen auf's Feuer: thue Schmalz in das Casserol, wenn es heiß ist lege das geklopfte Fleisch und die Zwiebeln der Beize hinein, nebst Pfeffer, Nelken, gelben Rüben, etwas Speck, ein Stückchen Brotkruste; wenn es schön gebraten ist, schütte von dem Beizessig nebst Fleischbrühe daran und lasse es immer dämpfen; wenn es weich ist, brenne 2 Kochlöffel voll Mehl daran, lösche es mit Fleischbrühe ab und lasse es noch ein wenig mitkochen; sollte die Sauce nicht sauer genug sein, so schütte noch Essig daran.

## 71. Sardellen-Sauce.

Röste 2 Kochlöffel Mehl in einem Stück Butter hellbraun, dämpfe einige fein gehackte Schalottenzwiebel und Petersilie darin, lösche es mit guter Jus ab, thue 1 Glas Wein, etwas Citronensaft, Salz, Pfeffer und eine Nelke daran; dieß läßt man nun eine Stunde recht kochen, worauf man es durch ein Haarsieb treibt und 4 gestoßene Sardellen daran thut; diese läßt man noch ein wenig damit aufkochen und richtet sie dann an.

## 72. Kapern-Sauce.

Sie wird auf dieselbe Art wie die Sardellen-Sauce gemacht, nur daß ganze Kapern genommen werden, statt Sardellen.

## 73. Sauerampfer-Sauce

Wasche und wiege 2 Hände voll Sauerampfer, röste alsdann einen Kochlöffel voll Mehl schön gelb in einem Stückchen Butter, dämpfe den Sauerampfer darin, thue einen Schoppen guten sauern Rahm, ein wenig Fleischbrühe, Salz und Mußkatnuß daran. Die Sauce wird zum Ochsenfleisch gegeben.

## 74. Thomat-Sauce.

Nimm 2 Thomat-Aepfel, dämpfe sie in einem Stückchen Butter, nebst einem kleinen Löffel voll Mehl, thue etwas Salz und Zucker daran, nebst sauerm Rahm, bis es die gehörige Dicke hat, treibe es dann durch ein Haarsieb und lasse es noch ein wenig kochen. Diese Sauce kann man zum Rindfleisch und auch als Ragout-Sauce verwenden.

## 75. Zwiebel-Sauce.

Röste 2 Kochlöffel voll Mehl schön braun, lösche es mit einer kleinen Handvoll fein gehackten Schalotten ab, thue ein Glas Wein, etwas Citronensaft, Jus oder Fleischbrühe, Salz, Pfeffer und Nelken daran und lasse dies kochen.

## 76. Senf-Sauce.

Man nimmt 3 rohe Eigelb, schlägt nach und nach ¼ Schoppen gutes Oel daran bis es recht dick ist; stoße dann 4 Sardellen und 4 Schallotten recht fein, treibe sie durch ein Haarsieb und rühre sie in die Eier nebst Salz, Zucker, Pfeffer, Petersilie, 2 feingehackten, hart gesottenen Eiern, nebst 6 Eßlöffeln voll guten Senf, auch 1 Eßlöffelvoll fein gewiegte Kapern, rühre Alles zusammen mit gutem Weinessig recht glatt, bis es die gehörige Dicke hat.

## 77. Kalte Sauce.

Siede 3 Eier recht hart, verrühre das Gelbe davon mit Senf recht glatt, thue Pfeffer, Salz und Schnittlauch daran, verdünne sie alsdann mit Essig und Oel.

### 78. Meerrettig.

Der Meerrettig muß zuerst in's Wasser gelegt werden, damit er nicht bitter schmeckt, alsdann wird er geschabt und gerieben, stelle in einem Casserol ein Stückchen Butter auf das Feuer, wenn sie zergangen ist rühre einen Kochlöffelvoll Mehl hinein, lasse es dämpfen, thue den geriebenen Meerrettig dazu, lasse ihn mitdämpfen, lösche ihn ab mit Fleischbrühe, lasse ihn kochen, thue noch ein wenig Salz, Milch und Zucker dazu, lasse dieses verkochen und richte ihn an.

### 79. Roher Meerrettig.

Reibe eine halbe Stange Meerrettig, thue Essig, Oel, Zucker und etwas Salz daran, menge dieß unter einander und gib ihn zum Rindfleisch.

---

## Kleine Pastetchen mit Butterteig.

### 80. Butterteig.

Nimm ½ Pfund Butter auf das Wallbrett und schaffe sie glatt, thue ½ Pfund Mehl und etwas Salz dazu, und schaffe dieses alles mit etwas Wasser recht unter einander, doch ja nicht zu viel Wasser, damit der Teig nicht zu dünn wird, lasse ihn hierauf eine halbe Stunde ruhen und walle ihn aus.

### 81. Weingebackener Butterteig.

Man nehme 1 Pfund Mehl, 4 Eiergelb, 2 Eßlöffel gestoßenen Zucker und ein wenig Salz auf das

Nudelbrett und mache es mit Wein an bis es wie ein Wasserteig ist, diesen Teig verarbeite bis er glatt ist und Blasen bekommt, walle ihn nun aus und verarbeite 1 Pfund Butter bis auch diese glatt ist, walle nun auch die Butter aus, lege sie auf den Teig, überschlage diesen und walle ihn 2 bis 3 Mal aus.

## 82. Pastetchen von Kalbfleisch.

1 Pfund rohes Kalbfleisch und ½ Pfund Nierenfett wird mit einigen Eßlöffeln voll frischem Wasser sehr fein gehackt; man nimmt dann eine Handvoll feingehackte Schalottenzwiebeln, Petersilie, etwas Salz, Muskatnuß und 1 Handvoll Capern, mengt dieses unter das Fleisch, wallt den Butterteig nicht zu dünn aus, sticht ihn mit einem runden Ausstecher aus, legt die Blättlein auf ein mit Mehl bestreutes Blech, bestreicht sie mit Eier und gibt auf jedes der bestrichenen Blättchen eine Nußgroß von der Farce, dann drückt man wider dieselben Blättchen darauf, nimmt eine kleine Form in Größe eines 24 Kreuzerstücks, drückt sie in die Mitte der Farce, jedoch nicht zu scharf, nur daß es den Deckel bezeichnet, gibt ihm oben in der Mitte mit dem Messer einen Schnitt und backt sie in guter Hitze schön gelb.

## 83. Krebs-Pastetchen.

Man macht von 20 abgekochten Krebsen, nachdem die Schwänze abgenommen sind, Krebsbutter von 1¼ Pfund Butter. Die Krebse werden hierauf nochmals gestoßen und in einem Schoppen süßem Rahm noch einmal ausgesotten. Der Rahm wird durch ein Tuch gepreßt und für ein Kreuzer geriebenes Milchbrod darein gethan. Die eine Hälfte von der Krebsbutter rührt man mit 3 Eiern schäumig, thut das geriebene Milchbrod nebst Salz und Muskatnuß hinein, schneidet die Krebsschwänze nebst etlichen abgesottenen Morcheln darunter, thut 2 Eßlöffelvoll sauern Rahm dazu, streicht kleine beliebige Mödelchen mit Butter, legt sie mit Butterteig aus, gießt von der abgerührten Masse hinein, legt ein Blättchen Butterteig darauf, macht einen Schnitt oben hinein und backt sie im Ofen schön gelb.

## 84. Krebs-Pastetchen anderer Art.

Lege die ausgebrochenen Scheeren und Schwänze von 25 gesottenen Krebsen bei Seite und verfertige von den Schalen mit 1/2 Pfund Butter die Krebsbutter. Diese Butter rühre mit 2 ganzen Eiern und 3 Eidottern, nebst zwei eingeweichten und wieder ausgedrückten Wecken recht leicht. Mache folgendes Ragout: Schneide ein Brieslein, das Krebsfleisch der Scheeren und Schwänze, eine Handvoll Morcheln gröblich, dämpfe etwas feingehackte Petersilie und Schalottenzwiebeln nebst einem Kaffeelöffelvoll Semmelmehl in etwas Butter und das Geschnittene mit, würze es mit Salz und Muskatnuß und lasse es erkalten. Bestreiche kleine Förmchen mit Butter, streue sie mit Semmelmehl, fülle etwas von dem Gerührten hinein, mache eine Höhlung in die Mitte, fülle von dem Ragout hinein, decke es mit dem Gerührten zu und backe sie im Ofen schön gelb, stürze sie und gib sie warm zu Tisch.

## 85. Pastetchen von Brieslein.

Stich Blättchen von Butterteig in Größe eines Trinkglases aus, streiche sie mit einem verquirlten Ei an, stich in gleicher Größe einen fingerbreiten Rand aus, lege ihn darauf, streiche ihn auch mit Ei an und backe sie mit guter Hitze schön gelb 1/4 Stunde vor dem Anrichten. Wenn sie gebacken sind, wird das Deckelchen herausgehoben und folgende Farce darein gefüllt: etwas Schalottenzwiebel und Petersilie fein gehackt wird in etwas Butter weich gedämpft, dann ein Kochlöfelvoll Mehl, Muskatnuß, Salz und ein wenig Pfeffer nebst klein geschnittenen Brieslein, die zuvor in Salzwasser abblanchirt sind, hineingethan, dieses wird mit guter Bouillon abgelöscht und einige Zeit damit gekocht; vor dem Füllen werden sie mit Eiergelben und Citronensaft auf dem Feuer abgerührt, damit die Masse dick wird, dann die Pastetchen damit gefüllt, der Deckel darauf gedeckt und warm auf den Tisch gegeben.

## 86. Gansleber-Pastetchen.

Mache von Butterteig runde Blättchen in der Größe eines Trinkglases, und bereite folgende Farce dazu: Schabe eine Gansleber recht fein von der Haut, hacke etwas Schalottenzwiebeln und Petersilie recht fein, thue Salz und Pfeffer daran, stoße alles zusammen in einem steinernen Mörser recht zart, gib auf jedes Pastetchen eine Nußgroß von der Farce, decke es mit einem gleichen Blättchen Teig zu, nachdem der Boden mit Ei angestrichen war, streiche den Deckel abermals an, gib ihm einen Schnitt oben in der Mitte, und backe sie im Ofen schön gelb.

## 87. Fasten-Pastetchen.

Die Pastetchen werden wie vorstehende gefertigt und dann folgende Farce darein gefüllt: 1 Pfund Fischfleisch wird klein geschnitten, man thue es mit etwas fein gehackten Schalottenzwiebeln, Petersilie und Thimian in ein Geschirr und lasse es in einem Stückchen Butter auf dem Feuer dämpfen, nimm alsdann die Masse ganz trocken auf das Wallbrett, thue einige feingemachte Sardellen nebst Kapern und abgeriebene Citrone in den zurückgebliebenen Saft, schlage etliche Eier daran und rühre es, bis es dick ist, bringe dieses alsdann in einen Mörser, stoße es nebst einigen Eidottern, Salz, Pfeffer und dem Saft einer Citrone recht fein, gib es auf die Pastetchen und backe sie im Ofen fertig.

## 88. Fleisch-Pastetchen.

Ein Stück gebratenes Kalbfleisch wird fein gehackt. Alsdann werden fein gehackte Schalottenzwiebeln und Petersilie in einem Stück Butter weich gedämpft; thue das Fleisch nebst etwas Fleischbrühe, Kapern, Muskatnuß und Salz hinein und mache alles mit einem Ei recht durcheinander. Dann werden Butterblättchen in der Größe eines Trinkglases ausgestochen, auf den Boden der Pastetchen eine Nußgroß von der Farce gethan, mit einem gleichen Deckel zugedeckt, mit Ei bestrichen und im Ofen schön gelb gebacken.

## 89. Pastetchen von Kalbshirn.

In der Größe eines Trinkglases werden von Butterteig runde Blättchen ausgestochen und mit Ei bestrichen; lege einen schmalen Rand darauf, bestreiche sie abermals mit Ei, setze sie auf ein mit Mehl bestreutes Blech und backe sie im Ofen gelb aus. Nun löst man von einigen Kalbshirn die Haut ab, kocht es mit einem Schoppen Wasser, etwas Essig, Schalottenzwiebeln, Petersilie, Gewürz und Salz eine Zeitlang, nimmt es dann heraus, schneidet es klein, dämpft dann etwas Petersilie in einem Stückchen Butter nebst einem Kochlöffel voll Mehl, löscht es mit einem Schoppen von der Brühe, in welcher das Hirn gekocht ist, ab, und läßt es damit stark verkochen, gibt dann das Hirn dazu, rührt das Gelbe von 4 Eiern nebst dem Saft einer Citrone daran und rührt es auf dem Feuer dick, füllt es dann in die warmen Pastetchen und gibt sie auf den Tisch.

## 90. Pastetchen von Kalbshirn anderer Art.

Man häutelt das Kalbshirn in warmem Wasser ab und hackt es fein, nimmt ein Stückchen Butter nebst Citronensaft, Salz und Muskatnuß, thut das gehackte Hirn dazu und läßt es einige Minuten auf dem Feuer aufkochen und dann erkalten. Alsdann macht man von Butterteig kleine runde Blättchen, gibt jedem derselben von dem Hirn, streut etwas Semmelmehl darauf, deckt wieder ein gleiches Deckelchen von Butterteig darauf, gibt ihm einen Schnitt oben in der Mitte und backt sie im Ofen

## 91. Hachies-Pastetchen.

½ Pfund kalter Kalbsbraten wird mit etwas Kapern, ¼ Pfund Ochsenmark, ein Paar Schalotten, Citronenschalen und 4 Loth gereinigten Sardellen fein gewiegt, nachher mit einem Stückchen Butter gedämpft, ein wenig Mehl dazu gethan, wenn solches angezogen hat, ein Paar Löffelvoll Wein nebst Citronensaft dazu gethan, und wenn es eingekocht ist, das Kalbfleisch hinzugefügt und bei Seite gestellt. Schneide runde Blättchen von Butterteig, gib von dem Hachies darauf, decke es mit einem gleichen Blättchen zu und backe sie im Ofen schön gelb.

## 92. Reis-Pastetchen.

Nimm ½ Pfund Reis, brühe ihn einige Mal mit siedendem Wasser ab und lasse es dann wieder sauber davon ablaufen, koche ihn in der Milch dick und lasse ihn verkühlen. Rühre ¼ Pfund Butter mit 8 Eiergelb schäumig, thue dann den verkühlten Reis nebst etwas Salz hinein, schlage das Weiße der Eier zu Schnee, und rühre ihn unter die Masse. Bestreiche kleine Formen mit Butter und bestreue sie mit Semmelmehl, thue von der Masse hinein, mache in der Mitte eine Höhlung, thue ein wenig Ragout von Brieslein oder Kapaunen hinein, decke etwas von dem Reis darauf und backe sie im Ofen; sie müssen aber warm zur Tafel kommen.

## 93. Kartoffel-Pastetchen.

Es werden kleine Formen mit Butter bestrichen und mit Semmelmehl ausgestreut. Hierauf werden 8 Stück gekochte Kartoffeln auf dem Reibeisen gerieben, 8 Loth Butter mit 6 Eidottern schäumig gerührt, mit den geriebenen Kartoffeln und etwas Salz und Muskatnuß vermengt, das Weiße der Eier zu Schnee geschlagen und unter die Masse gerührt. Alsdann wird von der Masse in die Formen gefüllt, eine Höhle in der Mitte gemacht und folgendes Ragout hineingefüllt: ein Häring wird sauber geputzt, zu kleinen Stückchen geschnitten, eine klein geschnittene Zwiebel in einem Stückchen Butter weich gedämpft, ein Stückchen klein geschnittener Speck in einem Glas Milch gekocht, sodann ein Stückchen Kalbsbraten klein geschnitten. Dieses wird nebst dem zuvor aus der Milch genommenen Speck zusammen in eine Schüssel gethan und mit 5 Eiergelb abgerührt. Fülle nun von dem gefertigten Ragout etwas in die Höhlung, thue von der Kartoffelmasse etwas darauf daß sie zugedeckt werde, backe sie im Ofen schön gelb, stürze sie und bringe sie warm zu Tisch.

---

# Gemüse.

## 94. Schwarzwurzeln.

Schabe sie rein und wirf sie während dem Reinigen, damit sie nicht roth werden, ins Wasser, worin etwas Mehl mit Essig angerührt ist; alsdann schneide sie in beliebige Stücke und koche sie in Salzwasser weich. Gieße sie durch einen Seiher, behalte von dem Wasser ein wenig an die Wurzeln, mache eine Buttersauce daran und laß diese noch ein wenig mit den Wurzeln kochen.

## 95. Brockelerbsen.

So viel Brockelerbsen, als man zu einer Platte nöthig hat, werden ausgebrockt und gewaschen; dämpfe sie mit einem Stück frischer Butter, etwas fein gehacktem Peterling und Zwiebeln, auch ein wenig Zucker und etwas Salz, gieße immer ein wenig Fleischbrühe daran, bis sie weich sind, dann streue 1 Kochlöffelvoll Mehl daran, rüttle sie recht untereinander und lasse sie noch ein wenig kochen; ehe sie angerichtet werden, verkleppre 2 Eiergelb und ein wenig sauern Rahm und rühre es daran.

## 96. Artischocken.

Wenn die Artischocken gereinigt sind, werden sie in Wasser mit Salz abgekocht, bis die Blätter sich leicht abnehmen lassen und der Boden weich ist, dann wird das Mittlere herausgenommen und folgende Sauce dazu gegeben: Man nimmt 2 Kochlöffelvoll weißes Mehl, 4 Eiergelb, 1/4 Pfund frische Butter, etwas gestoßenen Pfeffer, 2 Eßlöfelvoll Essig, 3 Glas kaltes Wasser und etwas Salz, rührt alles gut untereinander, nimmt sie dann auf's Feuer und läßt sie einige Minuten unter beständigem Rühren kochen, und richtet sie an.

## 97. Gelbe Rüben.

Junge gelbe Rüben werden mit Salz abgerieben und zu kleinen langen Stückchen geschnitten, gewaschen und mit einem Stück Butter, etwas feingewiegten Zwiebeln, Petersilie und Salz auf das Feuer gesetzt, man läßt sie langsam dämpfen und gießt immer etwas Fleischbrühe daran, bis sie weich sind, streuet dann ein wenig Mehl daran, rüttelt sie untereinander und läßt sie noch eine Viertelstunde kochen.

## 98. Weiße Rüben.

Ein Stück Gänseschmalz thut man in ein Casserol, dämpft eine halbe fein geschnittene Zwiebel darin, schält die Rüben, schneidet sie in kleine viereckige Stückchen, wäscht sie und legt sie in das Schmalz, gießt ein wenig Fleischbrühe und Salz darauf, und läßt sie weich dämpfen, rüttelt sie aber öfters um, damit sie nicht ansitzen, streut alsdann ein wenig Mehl darüber, gießt noch ein wenig Fleischbrühe daran, brennt ein Stückchen Zucker, thut es auch daran, und läßt es mit den Rüben noch eine Zeitlang kochen.

## 99. Hopfen.

Die Hopfen werden unten ein wenig abgebrochen, so weit sie hart sind, alsdann gewaschen und in Büschlein gebunden, in Salzwasser weich gekocht, mit kaltem Wasser abgeflößt und mit der flachen Hand ein wenig ausgedrückt, dann nimmt man den Faden von den Büschlein weg, legt sie, wie die Spargeln, auf eine Platte und macht eine gute Buttersauce, gießt sie über die Hopfen und läßt sie auf den Kohlen anziehen; ehe sie zu Tisch gebracht werden, verkleppert man 3 Eiergelb mit ein wenig von der Sauce, und gießt solches wieder an die Hopfen.

## 100. Hopfen auf andere Art.

Wenn sie geputzt sind, werden sie in Wasser und etwas Salz abgekocht; gieße sie durch einen Seiher und schütte ein wenig kaltes Wasser darüber, mache eine Buttersauce, thue etwas Salz und Muskatnuß daran und lasse die Hopfen vollends weich darin kochen, ehe man sie anrichtet, werden 2 Eiergelb mit ein wenig sauerm Rahm verkleppert und an die Hopfen gerührt.

## 101. Rosenkohl.

Der Rosenkohl wird rein geputzt und in Salzwasser weich gekocht, dann schütte ihn durch einen Seiher, drücke ihn mit der flachen Hand aus, und mache folgende Sauce daran: Man thut ein Stück Butter in ein Casserol, dämpft fein gewiegte Petersilie und einen Kochlöffelvoll Mehl darin, rührt es mit Fleischbrühe ab, thut den Rosenkohl nebst ein wenig Salz und Muskatnuß hinein, und läßt es noch eine Viertelstunde kochen.

## 102. Spargeln nebst Sauce.

Die Spargeln werden sauber geputzt, gewaschen und in Büschel locker zusammengebunden und in Salzwasser weich gekocht; dann gibt man folgende Sauce dazu. Man thut ein Stück Butter in ein Casserol, läßt 2 Kochlöffelvoll Mehl darin dämpfen, rührt es mit Fleischbrühe und ein wenig von dem Wasser, worin die Spargeln gekocht wurden, ab, und läßt sie ziemlich dick einkochen, richtet dann die Spargeln auf eine Platte schön an, verrührt das Gelbe von 2 Eiern, rührt es an die Sauce, und schüttet sie über die Spargeln.

## 103. Spargelsauce anderer Art.

Nimm ¼ Pfund Butter, rühre solche weiß, nimm einen starken Kochlöffelvoll Mehl und 3 Eiergelb dazu; rühre dieses mit kalter Fleischbrühe und etwas Spargelbrühe glatt, gib etwas Citronensaft dazu und setze es unter beständigem Rühren auf's Feuer bis es kocht; dann richtet man sie über die Spargeln an und gibt sie zu Tisch.

## 104. Zuckerschoten.

Man zieht von den Schoten die Fäden ab, wäscht

sie und dämpft sie mit $1/4$ Pfund Butter, ein wenig fein gehackten Zwiebeln, Petersilie und Salz in einem Casserol, gießt dann immer ein wenig Fleischbrühe daran, bis sie weich sind, zettelt dann eine Messerspitze voll Mehl und Zucker darüber und läßt sie noch ein wenig kochen.

## 105. Endivien-Gemüse.

Wenn der Endivie geputzt und gewaschen ist, wird er in kochendem Wasser weich gekocht, dann schüttet man ihn durch einen Seiher, kühlt ihn mit kaltem Wasser ab, und schneidet ihn einige Mal durch; dann dämpfe mit einem Stück Butter eine Handvoll gehackte Zwiebeln, ein wenig Petersilie und einen Kochlöffelvoll Mehl, thue alsdann den Endivie auch hinein und laß ihn ein wenig mitdämpfen, rühre es dann mit guter Fleischbrühe ab, thue etwas Salz und Muskatnuß daran und lasse es noch eine halbe Stunde kochen.

## 106. Kohlraben.

Man schält die Köpfe recht sauber und schneidet sie in 2 Theile, dann nimmt man etwas von dem Grünen der Kohlraben und kocht jedes besonders in Salzwasser weich. Die Kohlraben werden alsdann fein geblättelt und das Kraut fein gewiegt, dann macht man eine weiße Buttersauce, thut Muskatnuß, Pfeffer und Salz hinein, läßt dann jedes besonders noch in der Buttersauce kochen, richtet dann die Kohlraben zuerst auf die Platte an und setzt in die Mitte das Grüne.

## 107. Gefüllte Kohlraben.

Man schält die Kohlraben und höhlt sie aus, doch so, daß sie keinen Sprung bekommen, und füllt diese Höhlungen mit folgender Fülle: Zu 8 bis 10 Kohlraben rührt man 6 Loth Butter weiß, nimmt etwas fein gehackten Schinken, Salz und Muskatnuß, nebst einem ganzen und das Gelbe von 2 Eiern, rührt es untereinander und füllt die Köpfe damit; dann stellt man die gefüllten Köpfe alle nebeneinander in ein Casserol, doch so, daß keiner umfallen kann, weil in die Füllet kein Wasser kommen darf, und kocht sie mit etwas Wasser weich. Die Füllet wird während des Siedens heraufkommen; mache alsdann eine Buttersauce mit Salz und Muskatnuß und gib sie mit den Kohlraben auf den Tisch.

## 108. Sauerampfer-Gemüse.

Wenn der Sauerampfer gelesen und gewaschen ist, brüht man ihn in Salzwasser ab, dann wiegt man ihn recht fein, thut 1/4 Pfund Butter in ein Casserol, röstet einen Kochlöffelvoll Mehl nebst etwas fein geschnittenen Zwiebeln schön gelb darin, thut den Sauerampfer hinein und läßt ihn ein wenig mitdämpfen, gießt ein wenig Fleischbrühe daran, auch etwas Salz und Muskatnuß, läßt es dann noch eine halbe Stunde kochen; vor dem Anrichten verkleppert man ein Eiergelb mit etwas sauerem Rahm und rührt es an den Sauerampfer.

## 109. Spinat.

Der Spinat wird sauber gelesen, in Salzwasser abgebrüht, durch einen Seiher geschüttet, in kaltes Wasser gelegt, dann fest ausgedrückt und fein gewiegt. Für 10 Personen nimmt man 1/4 Pfund Butter in ein Casserol, röstet einen Kochlöffelvoll Mehl schön gelb darin, thut hierauf eine kleine fein geschnittene Zwiebel hinein, dann den gehackten Spinat dazu, und läßt ihn einige Minuten mitdämpfen, gießt dann Fleischbrühe daran und läßt ihn noch eine halbe Stunde kochen.

## 110. Saubohnen.

Man nimmt die Bohnen aus ihren Schalen und brüht sie etliche Minuten ab, dämpft alsdann Schalottenzwiebeln und Petersilie in einem Stück frischer Butter einige Minuten, thut die Bohnen hinein nebst etwas Salz, gestoßenem Pfeffer und einigen Löffeln voll sauerm Rahm, deckt sie zu und läßt sie langsam dämpfen, bis sie weich sind; ehe man sie anrichtet, rührt man das Gelbe von 4 Eiern und einen Eßlöffelvoll Senf darunter.

## 111. Weißkraut in einer Buttersauce.

Wenn das Weißkraut gereinigt ist, kocht man es in Salzwasser weich, legt es dann in kaltes Wasser und drückt es leicht aus; für 8 Personen legt man hierauf 1/4 Pfund Butter in ein Casserol, dämpft eine fein geschnittene Zwiebel und einen Kochlöffelvoll Mehl darin, thut Fleischbrühe, Salz und Pfeffer daran, zerschneidet das Kraut, thut es in die Sauce und läßt es noch eine halbe Stunde kochen; auch kann man, wenn man es liebt, Kümmel daran thun.

## 112. Wirsingkraut.

Wird ebenso gekocht, wie das Weißkraut, in einer Buttersauce, nur der Kümmel wegelassen.

## 113. Gefülltes-Weißkraut.

Man kocht die Blätter von einem Kopf Weißkraut in Salzwasser nicht ganz weich und macht folgende Fülle daran: Man hackt 1 1/2 Pfund rohes oder gebratenes Kalbfleisch und 1/4 Pfund Nierenfett recht fein, nimmt dann 1/4 Pfund Butter in ein Casserol und dämpft eine Handvoll fein gehackte Zwiebeln und Petersilie darin, rührt alsdann 4 Eier auf dem

Feuer hinein, wenn sie verrührt sind thut man 2 eingeweichte Wecke hinein und läßt sie dämpfen, nimmt sie dann vom Feuer, thut das gehackte Fleisch und Nierenfett, Pfeffer, Salz und Muskatnuß daran, verdünnt es alsdann mit Eiern; wenn man Kastanien hat, kann man auch hinein thun, dann legt man immer ein Blatt Weißkraut und eine Lage Füllet fest auf einander, bis die Blätter und die Füllet gar sind und einen hübschen runden Kopf bilden, thut alsdann ein Stück Butter und einige Scheiben Speck in ein Casserol, setzt den Kopf hinein, gießt etwas Fleischbrühe daran, legt wiederum eine Scheibe Speck oben darauf, stellt ihn auf ein nicht zu starkes Feuer, thut einen Kohlendeckel darauf und läßt ihn 2 bis 3 Stunden kochen, macht alsdann eine Buttersauce und rührt sie mit der Krautkopfbrühe ab und schüttet es beim Anrichten über den Krautkopf. Man kann auch kleine Würstchen davon machen.

## 114. Gedämpftes Weißkraut.

Reinige einen Kopf Weißkraut, schneide ihn in 4 bis 6 Theile und wasche es, thue $^1/_4$ Pfund Butter in ein Casserol, dämpfe eine fein geschnittene Zwiebel darin, lege das Kraut hinein und thue einige Scheiben Schinken auf den Boden, gieße dann immer etwas Jus daran und laß es weich dämpfen, thue auch etwas Salz und Pfeffer daran.

## 115. Blumenkohl mit Buttersauce.

Wenn der Blumenkohl gereinigt ist, kocht man ihn im Salzwasser weich und macht folgende Sauce dazu: Man nimmt ein starkes halb Viertelpfund frische Butter und verknetet sie mit 2 Kochlöffelvoll Mehl bis eins das andere angenommen, rührt dann drei Eiergelb daran und füllt es mit kalter Fleischbrühe auf, nimmt sie dann auf's Feuer, rührt darin bis sie kocht und verdünnt sie mit der Brühe des Blumenkohls, nun setzt man den Blumenkohl auf eine Platte und schüttet die Sauce darüber.

## 116. Blumenkohl auf eine andere Art, im Backofen gebacken.

Wenn der Blumenkohl gereinigt und in Salzwasser weich gekocht ist, richtet man ihn auf eine Platte an und macht folgende Masse darüber: Man nimmt 4 Kochlöffelvoll Mehl, rührt sie mit einem Schoppen sauern Rahm, nebst etwas Salz und Butter untereinander, und rührt diese Masse auf dem Feuer ab, läßt sie verkühlen und schlägt alsdann 4 Eiergelb hinein; das Weiße der Eier wird zu einem Schnee geschlagen und mit 1/4 Pfund geriebenem Parmesankäse unter die Masse gerührt, mit welcher alsdann der Blumenkohl überzogen und auf einer auf Salz gestellten Platte im Ofen eine halbe Stunde gebacken wird.

## 117. Grüne Bohnen.

Wenn die Bohnen von den Fäden gereinigt und fein geschnitzelt sind, werden sie in Salzwasser schnell weich gekocht, damit sie hübsch grün bleiben; schütte sie dann durch einen Seiher, hernach thue sie in ein Casserol, zettle fein geschnittene Zwiebeln und Petersilie daran, auch etwas Pfeffer, mache alsdann ein Stück Butter heiß, schütte es über die Bohnen, stelle sie auf's Feuer und lasse sie noch einige Minuten dämpfen; alsdann richte sie an.

## 118. Grüne Bohnen auf andere Art.

Wenn die Bohnen geputzt und gewaschen sind, wird ein Stück Butter in ein Casserol gethan und fein gewiegte Zwiebeln, Petersilie und ein wenig Knoblauch darin gedämpft, thue dann die Bohnen mit etwas Bohnenkraut, Pfeffer und Salz hinein lasse sie dämpfen, mit österm Zugießen von Fleischbrühe, bis sie weich sind, dann zettle einen Kochlöffelvoll Mehl daran, und lasse sie noch ein wenig kochen.

## 119. Eingemachte Bohnen.

Die Bohnen werden mit heißem Wasser hingestellt und weich gekocht, dann durch einen Seiher geschüttet und folgende Sauce daran gemacht: Man thut Gänse- oder Schweineschmalz in ein Casserol, röstet einen starken Kochlöffelvoll Mehl schön gelb darin, thut alsdann fein geschnittene Zwiebeln, Petersilie, Bohnenkraut und Knoblauch daran, läßt es auch ein wenig dämpfen, rührt es dann mit Fleischbrühe zu einer dünnen Sauce ab, thut die Bohnen hinein, auch etwas Salz und Pfeffer, und läßt es noch eine Zeitlang kochen.

## 120. Linsen.

Die Linsen werden zuerst sauber gelesen, gewaschen, hierauf mit kaltem Wasser auf das Feuer gesetzt und weich gekocht, das Wasser davon abgegossen, dann thut man Schweine- oder Gänseschmalz in ein Casserol, röstet einen Kochlöffelvoll Mehl schön gelb nebst einer fein geschnittenen Zwiebel, löscht es dann mit Fleischbrühe und ein wenig Essig ab, schüttet es an die Linsen und läßt es noch eine Zeitlang kochen, thut auch Salz und etwas Pfeffer daran.

## 121. Dürre Erbsen.

Die Erbsen werden sauber gelesen, gewaschen und mit kaltem Wasser nebst einer Zwiebel zum Feuer gesetzt und weich gekocht, so daß sie keinen Saft mehr haben, dann durch ein Sieb getrieben, gesalzen und etwas frische Butter dazu gethan; man läßt sie dann noch ein wenig kochen und richtet sie an.

## 122. Weiße Bohnen.

Wenn die Bohnen gelesen sind, werden sie mit kaltem Wasser auf das Feuer gesetzt und weich gekocht; man schüttet dann das Wasser davon ab und macht eine Buttersauce mit etwas Essig und Salz, schüttet sie an die Bohnen und läßt sie noch eine halbe Stunde kochen

## 123. Mangold-Stiele.

Man nimmt breite weiße Stiele, diese werden abgezogen, fingerlang und fingerbreit gespalten, gewaschen und in Salzwasser abgekocht; wenn sie weich sind, werden sie abgeschüttet und mit kaltem Wasser abgeflößt, alsdann macht man eine gute Buttersauce mit Petersilie und Muskatnuß, thut die Stiele hinein und läßt sie noch eine Viertelstunde mitkochen; vor dem Anrichten rührt man ein wenig sauern Rahm und Eiergelb daran.

## 124. Brennessel-Gemüse.

Man nimmt junge zarte Brennesseln, thut das Unreine und Harte davon weg, wäscht sie und setzt sie mit siedendem Salzwasser auf's Feuer; wenn sie weich sind, legt man sie in kaltes Wasser, drückt sie aus, hackt sie aber nicht zu klein, dann thut man ein Stück Butter in ein Casserol, röstet einen Kochlöffelvoll Mehl schön gelb, thut hierauf eine klein geschnittene Zwiebel darein, dann die gehackten Brennesseln, läßt sie auch noch ein wenig dämpfen, gießt dann Fleischbrühe daran und läßt sie noch eine Zeitlang kochen.

## 125. Morcheln als Gemüse.

Zu diesem nimmt man große Morcheln, macht die Stiele weg und kocht sie in Salzwasser, schüttet kaltes Wasser darüber, drückt sie fest aus und thut geschnittene Petersilie dazu. Sind es viele, so thut man ein großes Stück Butter in ein Casserol, dann die geschnittenen Morcheln nebst der Petersilie darein, streut einen halben Kochlöffelvoll Mehl darauf nebst Muskatnuß und Salz, dämpft alles ein wenig und gießt gute Fleischbrühe daran, läßt die Sauce dann kurz daran einkochen und richtet sie an.

## 126. Morcheln mit Rahm.

Wenn die Morcheln geputzt und öfters in warmem Wasser gewaschen und abgebrüht sind, daß kein Sand mehr daran zu spüren ist, drückt man sie gut aus und dämpft sie mit einem Stück frischer Butter, etwas fein gehackten Schalottenzwiebeln und Petersilie etliche Minuten, streut hierauf einen Kochlöffelvoll Mehl darüber, gießt etwas süßen Rahm dazu, auch etwas Salz, Pfeffer und Muskatnuß, läßt sie dann noch eine Viertelstunde kochen, rührt einige Eiergelb und sauern Rahm daran und richtet sie an.

## 127. Rothkraut.

Rothes Kraut wird gereinigt und auf einem Krauthobel oder mit einem Messer fein geschnitten, dann nimmt man ein Stück Gänse- oder Schweineschmalz, läßt es heiß werden und dämpft eine fein geschnittene Zwiebel darin, löscht es dann mit 1 Glas Essig und 1 Glas Wein ab, thut alsdann das Kraut hinein, gießt etwas Fleischbrühe, Salz und Kümmel darauf und läßt es weich dämpfen; ist es nicht sauer genug, kann man noch ein wenig Essig daran thun; wenn das Kraut weich ist, zettelt man einen halben Kochlöffel Mehl daran und läßt es noch ein wenig kochen. Man kann auch weißes Kraut auf dieselbe Art zubereiten, dann nennt man es bairisches Kraut.

## 128. Sauerkraut.

Wenn das Kraut recht sauer ist, schüttet man heißes Wasser daran, läßt es wieder davon ablaufen, thut es mit heißem Wasser auf's Feuer und läßt es 3 bis 4 Stunden kochen; wenn es weich ist, läßt man das Wasser sauber davon ablaufen, thut alsdann ein Stück Gänseschmalz in ein Casserol, läßt es heiß werden, dämpft eine Handvoll Zwiebeln nebst einem schwachen Kochlöffelvoll Mehl darin, schüttet es an das Kraut nebst etwas Fleischbrühe und läßt es noch $^1/_4$ Stunde kochen

## 129. Sauerkraut auf andere Art.

Man thut ein Stück Schweine- oder Gänseschmalz in ein Casserol, läßt es heiß werden und dämpft eine Handvoll fein gewiegte Zwiebeln schön gelb darin nebst ein wenig Knoblauch, nimmt Sauerkraut, wäscht es aus frischem Wasser heraus, drückt es aus, thut es in das heiße Schmalz, gießt etwas Fleischbrühe daran und läßt es drei bis vier Stunden dämpfen, wendet es aber öfters um, damit es nicht anhängt; wenn es weich ist, streut man einige Messerspitzenvoll Mehl daran und läßt es noch eine halbe Stunde kochen.

## 130. Sauerkraut mit Kapaun.

So viel Sauerkraut, als man zu einer Platte nöthig hat, wird fest ausgedrückt, dann werden 3 Händevoll feingehackte Zwiebeln in $^1/_2$ Pfund Gänsefett gelb gedämpft, alsdann legt man das Sauerkraut hinein und läßt es unter öfterem Herumwenden 1 Stunde langsam dämpfen, gießt nach und nach Wein dazu und läßt es ganz einkochen, bis es weich und zum Anrichten recht ist. Während dem läßt man einen Kapaun besonders in einem Casserol dämpfen, bis er überall schön gelb und weich ist. Die Brühe von dem Kapaun wird mit 1 Glas Wein aufgekocht und durch ein Sieb in das Sauerkraut geschüttet; lasse es noch ein wenig damit eindämpfen, und richte sodann das Kraut mit dem Kapaun an.

## 131. Kartoffeln in einer Sauce.

Schäle rohe Kartoffeln, schneide sie in nicht zu dünne Blättchen und koche sie in Salzwasser weich, lasse 1/4 Pfund Butter in einem Casserol zergehen und dämpfe eine fein geschnittene Zwiebel nebst ein wenig Petersilie und einem Kochlöffelvoll Mehl darin, lösche es mit Fleischbrühe ab, schütte die Kartoffeln hinein und lasse sie noch 1/4 Stunde kochen; ehe man sie anrichtet werden 2 Eiergelb nebst etwas sauerm Rahm verkleppert und an die Kartoffeln gerührt.

## 132. Geröstete Kartoffeln.

Man siedet Kartoffeln ab, schält sie alsdann und schneidet sie in feine Blättchen, thut alsdann ein Stück Gänseschmalz in eine Pfanne, dämpft eine Handvoll Zwiebel nebst etwas Petersilie darin, thut die geblättelten Kartoffeln daran nebst Salz und läßt sie hübsch gelb rösten.

## 133. Gedämpfte Kartoffeln.

Nimm ungefähr 50 Stück englische Kartoffeln, schäle sie und lege sie 1/2 Stunde in kaltes Wasser, thue 1/4 Pfund Gänseschmalz oder Butter sammt den Kartoffeln, fein gewiegte Zwiebeln, Petersilie, Salz und Pfeffer in ein Casserol, decke sie zu und laß die Kartoffeln auf gelindem Feuer dünsten. Aufdecken darf man sie nicht eher, bis man glaubt, das sie fertig sind, dagegen muß man das Casserol von Zeit zu Zeit schütteln; in der Regel brauchen sie ¼ Stunde bis sie weich sind und eine hübsche gelbe Farbe haben; Fleischbrühe darf man nicht daran thun. Dampf und mäßige Hitze bewahren vor dem Anbrennen.

## 134. Kartoffelbrei.

Man kocht große geschälte Kartoffeln weich, treibt sie noch ganz heiß durch ein Haarsieb, rührt ein Stück Butter hinein nebst ein wenig Salz, thut Milch daran bis es die gehörige Dicke hat, läßt es dann ¼ Stunde kochen.

## 135. Gefüllte Kartoffeln.

Große Kartoffeln, ohngefähr 16, werden gewaschen, roh geschält und wieder gewaschen, man schneidet oben Deckelchen ab und höhlt die Kartoffeln schön aus, legt ein Stück Butter in ein Casserol, und stellt die Kartoffeln darein; dann macht man folgende Füllung hinein: eine Handvoll fein gewiegte Zwiebel und Petersilie werden in einem Stück Butter gedämpft, dann thut man einen geweichten Weck nebst einem Stück fein gewiegtem gebratenem Kalbfleisch hinein und läßt es auch noch ein wenig dämpfen, thut Pfeffer, Muskatnuß und Salz daran, rührt es mit 4 Eiern ab und füllt es in die Kartoffeln, thut die Deckelchen darauf, streut ein wenig Salz über die Kartoffeln, gießt etwas Fleischbrühe daran, thut einen Kohlendeckel darauf, stellt sie auf nicht zu starkes Feuer und läßt sie weich dämpfen; sie dürfen aber nicht zerfallen; wenn sie weich sind, werden sie auf eine Platte neben einander gesetzt und man gibt eine Buttersauce dazu.

## 136. Kartoffeln mit Milch.

2 bis drei in Scheiben geschnittene Zwiebeln, ¼ Pfund

fein gehackter Schinken, einige Nelken und Pfefferkörner werden in einem Casserol mit $^1/_4$ Pfund Butter einige Minuten gedämpft, dann läßt man 2 Kochlöffelvoll weißes Mehl auch ein wenig mitdämpfen, löscht es mit einer halben Maaß Milch ab, läßt es dann $^1/_4$ Stunde kochen und seiht es durch ein Sieb. Nun werden abgekochte Kartoffeln in dünne Blättchen geschnitten, in ein dazu geschicktes Geschirr gethan, die Sauce sammt etwas feingehackter Petersile, Muskatnuß und Salz dazu gethan; man läßt sie dann noch eine halbe Stunde langsam kochen.

## 137. Saure Kartoffeln.

Die Kartoffeln werden roh geschält, in Blättchen geschnitten und in Salzwasser weich gekocht; dann thut man ein Stück Butter in ein Casserol, röstet einen Kochlöffelvoll Mehl schön dunkelgelb darin, dämpft eine feingeschnittene Zwiebel darin, löscht es mit Fleischbrühe und einigen Eßlöffeln voll Essig ab, thut die Kartoffeln mit etwas Pfeffer hinein und läßt sie noch eine halbe Stunde kochen.

## 138. Kartoffeln mit Senf.

Fein geschnittene Zwiebeln, auch etwas fein geschnittener Schinken werden in $^1/_4$ Pfund Butter so lange gedämpft, bis die Zwiebeln braungelb sind; röste ferner 2 Kochlöffelvoll Mehl noch damit braun, fülle es dann mit einem Schöpflöffelvoll brauner Jus auf, thue Salz und Pfeffer dazu und lasse es $^1/_2$ Stunde langsam verkochen, hernach treibe es durch ein Haarsieb, thue abgekochte und in Blättchen geschnittene Kartoffeln in ein Casserol, schütte die Sauce daran und lasse sie noch $^1/_4$ Stunde mit einander kochen; beim Anrichten thut man 6 Eßlöffel voll Senf daran.

## 139. Kartoffeln mit Häring.

Die Kartoffeln werden gekocht, geschält und in Scheiben geschnitten, alsdann werden 3 Häringe geputzt, von den Gräten gereinigt und in kleine Stückchen geschnitten, ¼ Pfund Butter wird auch in kleine Stückchen geschnitten; man nimmt 1 Schoppen sauern Rahm, dann thut man etwas von der Butter in ein Casserol, legt eine Lage von den Kartoffeln, dann etwas von den Häringen und von dem saueren Rahm hinein, und fährt so fort; man muß aber Sorge tragen, daß von der Butter noch so viel übrig bleibt, um es zuletzt oben auf die Kartoffeln legen zu können; thut sie alsdann auf ein schwaches Feuer, und oben einen Kohlendeckel darauf, läßt sie eine halbe Stunde kochen und stürzt sie dann auf eine Platte.

## 140. Kartoffeln mit Sardellen.

Die Kartoffeln werden abgesotten, geschält und in Scheiben geschnitten, dann nimmt man ¼ Pfund Sardellen, wäscht sie, reinigt sie von den Gräten und schneidet sie in kleine Stückchen. Dann bestreicht man eine Schüssel stark mit Butter, legt eine Lage Kartoffeln hinein, dann eine Lage Sardellen darauf, auf welche man in Butter gedämpfte, kleingeschnittene Zwiebeln streut, hierauf mit der ersten Lage anfängt und so fortfährt, bis man fertig ist; nun bestreut man es stark mit geriebenem Milchbrod, übergießt es stark mit zerlassener Butter und ½ Schoppen sauerm Rahm, setzt es in den Ofen, läßt es backen und bringt es in derselben Schüssel zu Tische.

## 141. Gurken in einer Sauce.

Man nimmt ziemlich große Gurken, schält sie und schneidet sie der Länge nach in 4 Theile und nimmt die Kerne heraus. Hierauf werden sie in Zoll lange Stückchen geschnitten, in Salzwasser ein wenig abgekocht und wieder abgeschüttet. Nun dämpfe mit einem Stückchen Butter etwas feingehackte Petersilie einige

Minuten, thue die Gurken hinein und lasse sie bis zum Weichwerden mitdämpfen. Hierauf schütte etwas weiße Buttersauce darüber und lasse es noch ein wenig mit einander kochen; ehe man sie anrichtet rührt man das Gelbe von 3 Eiern sammt etwas Salz und Muskatnuß daran.

## 142. Gefüllte Gurken.

Große gerade Gurken werden oben und unten ein wenig abgeschnitten, das Innere mit einem Kochlöffel sauber heraus gestoßen, schäle sie, lasse sie ein wenig kochen und im Wasser verkühlen; hierauf werden sie mit einem Tuch sauber abgetrocknet und mit folgender Fülle gefüllt: Man nimmt 1½ Pfund rohes Kalbfleisch, 12 Loth Nierenfett und hackt es recht fein, dann dämpft man einen geweichten Weck mit einem Stückchen Butter auf dem Feuer, nebst 3 ganzen Eiern, mengt sodann das Fleisch, Brod, Eier, etwas Muskatnuß, Salz und Pfeffer wohl untereinander und füllt die Gurken damit; hierauf legt man sie in ein Casserol neben einander mit etwas kleingeschnittenem Schinken, chüttet etwas fette Fleischbrühe daran und läßt sie bis zum Weichwerden kochen; wenn man sie anrichtet wird jede Gurke der Länge nach gespalten, auf eine Platte gelegt und eine weiße, mit Eiergelb legirte Sauce darüber gegeben.

## 143. Gurken auf andere Art.

Man nimmt 3 bis 4 große Gurken, schält und schneidet sie in Blättchen, legt nun ein Stück Butter in ein Casserol, thut die Gurken nebst etwas Pfeffer und Fenchel hinein und läßt sie dämpfen; nach einigen Minuten thut man etwas Mehl, Salz, Essig und Kapern daran und läßt sie noch ein wenig kochen, doch darf man sie nicht zudecken, damit sie nicht zu viel Brühe bekommen.

## 144. Steinpilze.

Man reinigt die Pilze, zerschneidet sie in mittelmäßige Stückchen und wäscht sie, dann thut man ein Stück Butter in ein Casserol, dämpft etwas feingeschnittene Petersilie darin, thut dann die Seinpilze hinein und läßt sie in ihrer eigenen Sauce weichdämpfen; streue hierauf eine Messerspitze voll Mehl, auch ein wenig Salz, Pfeffer und Fleischbrühe daran und lasse die Sauce kurz einkochen. Uebrigens darf man nicht vergessen, eine große weiße Zwiebel mitzukochen; wenn diese im Kochen die Farbe ändert, befinden sich unter den Schwämmen giftige, welche man alsdann wegschütten muß. Diese Vorsicht beobachte man bei allen Schwämmen

## 145. Champignons.

Man kocht sie ganz auf dieselbe Art, wie Steinpilze; wenn man sie aber einmachen will, so nimmt man ganz kleine, putzt und wäscht sie sauber, kocht sie alsdann einige Minuten in Wasser, schüttet sie durch einen Seiher und trocknet sie mit einem Tuche ab, thut sie in ein dazu schickliches Glas, gießt verkühlten, mit Nelken, Pfeffer und 2 Lorbeerblättern abgekochten Weinessig darüber, thut oben darauf einige Löffelvoll Olivenöl und bindet sie fest zu. Man kann sie als Salat zum Ochsenfleisch oder in Saucen essen.

## 146. Trüffeln.

Die Trüffeln werden in siedendes Wasser eingeweicht und mit einem Bürstchen sauber geputzt und noch einige Mal durchs Wasser gewaschen, damit die Erde ganz davon weggeht; hierauf wird ein Schoppen rother Wein und von allen Sorten ganzes Gewürz, ein Stück Butter, Salz und einige Citronenscheiben hineingethan, ann die Trüffeln auch hinein, auf's Feuer gesetzt nd so lange darin gekocht, bis sie weich sind. Alsdann bricht man eine Serviette auf einen Teller, legt die Trüffeln darein und gibt sie so auf die Tafel Man kann sie auch ohne Serviette geben, indem man die Sauce durch ein Sieb laufen läßt und sie darüber gießt

### 147. Trüffeln auf andere Art.

Die Trüffeln werden sauber mit einer kleinen Bürste geputzt wie oben, dann werden sie fein geschnitten, mit etwas Oel, Salz und Pfeffer auf einem Teller warm gemacht, Citronensaft daran gedrückt und mit geriebenem Parmesankäse bestreut und auf Weißbrodschnittchen gelegt; man giebt sie zu Dejeuners à la fourchette.

### 148. Reisgemüse.

¼ Pfund Reis wird rein gelesen, mit kochendem Wasser 3 mal abgebrüht und das Wasser wieder davon abgeschüttet. Dämpfe eine Handvoll feingehackte Zwiebeln in ¼ Pfund Butter weich, doch daß die Zwiebeln weiß bleiben, schütte den abgebrühten Reis darauf nebst 2 Schöpflöffelvoll Fleischbrühe, etwas Salz, 2 Nelken und 3 Pfefferkörner, lasse den Reis weich kochen, doch rühre nicht zu viel darin, damit er ganz bleibt; wenn der Reis eine gelbe Kruste hat, richte ihn mit sauerm Rahm und geriebenem Parmesankäse auf die Platte. Die Nelken und Pfefferkörner müssen davonkommen; lege die gelbe Kruste darauf.

---

## Beilagen zu Gemüsen.

### 149. Croquet von Kalbfleisch.

Man dämpfe etwas feingehackte Schalottenzwiebel und Petersilie in Butter weich, nehme alsdann einen starken Eßlöffelvoll Mehl, lasse es auch dämpfen, lösche es mit Fleischbrühe ab, doch so, daß es dick bleibt, thue grobgehackten Kalbsbraten nebst Salz, Pfeffer und Muskatnuß hinein, rühre auf dem Feuer fünf Eiergelb hinein, lasse die Masse steif werden, mache Würstchen daraus, kehre sie in Brod, dann in Ei und dann wieder in geriebenem Brod um und backe sie in schwimmendem Schmalz schön gelb.

## 150. Croquet von Gansleber.

Werden wie die obigen verfertigt, nur wird eine Gansleber gebraten und würflicht geschnitten.

## 151. Rissolen von Fischen.

Ein pfündiger Hecht wird in Salzwasser weich gekocht, die Gräten davon abgenommen und ein wenig gehackt; dann werden etwas Schalotten und Petersilie fein gehackt, in einem Stück Butter gedämpft, etwas Mehl dazu gethan und mit Fleischbrühe abgelöscht, dann das Hechtfleisch nebst dem Saft einer Citrone, Salz, Muskatnuß und Pfeffer hinein gethan und mit 4 Eiergelb auf dem Feuer dick gerührt; ist dieses verkühlt, so werden lange Würstchen daraus gemacht, in Ei und geriebenem Brod umgewendet und in Schmalz gebacken, dann warm zu Tisch gegeben.

## 152. Croquet von Kapaun.

Nimm das Fleisch von einem Kapaun und hacke es, aber nicht zu fein; dämpfe dann etwas Schalottenzwiebeln, Petersilie, Schinken und gelbe Rüben in einem Stück Butter, gib einen Kochlöffel Mehl dazu und lösche es mit guter Bouillon ab, lasse dieses eine Stunde recht einkochen und treibe es durch ein Haarsieb, setze die Sauce alsdann wieder auf's Feuer, gieße von Zeit zu Zeit guten süßen Rahm zu und lasse es wieder dick kochen; thue nun das Fleisch nebst Muskatnuß und Salz hinein, das Gelbe von drei Eiern daran und rühre es, bis es dick ist, lasse die Masse erkalten, mache längliche Croquets daraus, kehre sie in Brod, dann in Ei und wieder in geriebenem Brod um und backe sie in Schmalz.

## 153. Croquet von Eiern.

Man rührt 8 bis 10 Eier mit einem Stückchen Butter auf dem Feuer, nebst etwas Salz, Pfeffer, Muskatnuß und Schnittlauch, bis sie zu einem Brei werden; nimm es vom Feuer weg, rühre 4 bis 5 Eßlöffelvoll geriebenes Milchbrod hinein, mache Würstchen daraus, kehre sie in Ei und geriebenem Milchbrod um und backe sie in heißem Rindschmalz schön gelb.

## 154. Rissolen von Krebsen.

Von 50 Stück abgesottenen Krebsen werden die Schwänze ausgebrochen und klein gewürfelt geschnitten, von den Schalen aber Krebsbutter gemacht und durchgetrieben, ein Kochlöffelvoll Mehl auf dem Feuer hinein gerührt, mit Bouillon durchgekocht und die Krebsschwänze nebst Salz und Muskatnuß hinein gethan, mit dem Gelben von 3 Eiern auf dem Feuer abgerührt; eine Handvoll abgekochte und durchgetriebene grüne Erbsen dazu gethan und recht untereinander gerührt; wenn die Masse kalt ist, werden runde oder längliche Croquets daraus gemacht, in geriebenem Semmelmehl, in Ei und wieder in Semmelmehl umgekehrt und in schwimmendem Schmalz gebacken.

## 155. Croquet von Stockfisch.

1 Pfund gewässerter Stockfisch wird mit kaltem Wasser zum Feuer gesetzt bis es anfangen will zu kochen; nimm ihn dann heraus, lasse ihn abtropfen und zer-

drücke ihn klein. Dämpfe dann etwas fein gehackte Schalottenzwiebeln und Petersilie in einem Stück Butter weich, thue einen Kochlöffelvoll Mehl hinein, lösche es mit Bouillon ab und lasse es mit einem Schoppen süßem Rahm dick kochen, thue die Stockfische hinein, rühre einige Eiergelb auf dem Feuer daran, daß es dick wird. Butterteigblätichen werden messerrückendick gewallt, in der Größe eines Trinkglases ausgestochen, auf der obern Seite mit Ei angestrichen, von der Stockfischmasse darauf gegeben, die andere Seite darüber geschlagen, ringsum fest angedrückt, in Ei und Brod umgekehrt und in Schmalz gebacken.

## 156. Fricadellen.

Etwas fein gehackte Zwiebeln und Petersilie werden in einem Stück Butter weich gedämpft, 2 eingeweichte und wieder ausgedrückte Wecke hinein gethan; diese läßt man ein wenig dämpfen und rührt dann fein gehackten Kalsbraten, auch ein wenig Schinken nebst Salz, Muskatnuß und Pfeffer darunter und thut sie vom Feuer weg; so lange der Teig noch heiß ist, schlage 4 bis 5 Eier daran, rühre ihn recht untereinander, gib noch 2 Eßlöffelvoll sauern Rahm dazu, mache runde Küchlein daraus und backe sie in Schmalz schön gelb.

## 157. Hirnschnitten.

Ein Kalbshirn wird in heißem Wasser abgehäutet und nebst etwas Zwiebeln nud Schnittlauch fein gemacht: man thut ein Stück Butter auf's Feuer und gibt dieses nebst einem Eßlöffelvoll Semmelmehl, etlichen Löffeln süßen Rahm und 3 Eiern darein und läßt es unter beständigem Rühren dick werden; nimmt dieses dann in eine Schüssel, rührt ein schwaches Trinkglas süßen Rahm und noch einige Eier nebst Salz und Muskatnuß daran, füllt dieses in eine mit Butter bestrichene Form, läßt es in kochendem Wasser stehen, macht hieraus Schnitten, kehrt sie in Ei und geriebenem Brod um und backt sie im Schmalz schön gelb.

## 158. Hirnschnitten anderer Art.

Das Kalbshirn wird in warmem Wasser gehäutelt und nebst Schalotten, Petersilie und Schnittlauch fein gemacht. Dann thut man ein Stückchen Butter auf's Feuer, dämpft dieses nebst etwas Semmelmehl, Muskatnuß und Salz, schlägt 3 Eier daran und rührt es auf dem Feuer dick. Schneide von einem Milchbrod Schnitten, steche sie mit runden Förmchen aus, kehre sie in süßer Milch um, gib auf jedes 2 messerrückendick von dem Hirn, lege eine gleiche Schnitte darauf, kehre sie in Ei und geriebenem Brod um und backe sie in schwimmendem Schmalz schön gelb.

## 159. Gebackenes Kalbshirn.

Das Kalbshirn wird schön abgehäutelt, in kaltes Wasser gelegt, daß es schön weiß wird. Stelle es dann nebst Wasser, einem Trinkglase Essig, Zwiebeln, Petersilie, Gewürz, der Schale von einer Citrone etwas an's Feuer und lasse es einige Mal darin aufkochen; nimm dann das Hirn heraus, lasse es abtrocknen, schneide es der Länge nach in zwei Theile, kehre es in Ei und geriebenem Brod um und backe es in schwimmendem Schmalz gelb. Um alle derartige Beilagen kann man in Schmalz gebackenen Peterling geben.

## 160. Gebackene Kalbsbrieslein.

Einige Kalbsbrieslein werden, nachdem sie gewaschen, in Salzwasser nebst Gewürz und Citronenrädlein abgekocht, jedoch nicht ganz weich, dann wird die Haut abgenommen, die Brieslein auf eine Platte gelegt, in 2 Theile geschnitten und in folgendem Teig umgekehrt: 3 Kochlöffelvoll Mehl, etwas Salz werden mit Milch glatt gerührt, 5 Eier darein geschlagen; wenn der Teig wie ein etwas dicker Omelettenteig ist, werden die zerschnittenen Brieslein darin umgewendet und in Schmalz gebacken.

## 161. Gebackene Kalbsfüße.

Diese werden wie die Kalbsbrieslein zubereitet.

## 162. Junge gebackene Hühner.

Junge Hühner werden in 4 bis 6 Theile roh geschnitten und gesalzen, dann geriebenes Semmelmehl mit etwas Pfeffer und feiner Petersilie untereinander gemengt, die jungen Hühner nachdem sie zuerst in Ei umgekehrt waren, darin umgekehrt und in schwimmendem Schmalz gebacken. Diese Art ist sehr kräftig.

## 163. Gebackene junge Hühner auf andere Art.

Wenn die jungen Hühner geputzt und ausgenommen sind, werden sie in Stücke zertheilt mit etwas zerhackten Zwiebeln, Petersilie, Gewürz und Salz in einem Stück Butter gedämpft und nach und nach Fleischbrühe daran gegossen, bis sie weich sind. Mache dann $^1/_2$ Schoppen süße Milch kochend, thue eine Nußgroß Butter hinein, rühre $^1/_4$ Pfund Mehl hinein; wenn es dick ist nimm es vom Feuer, lasse es erkalten, dann rühre 4 bis 6 Eier hinein, daß es wie ein Straubenteig wird, wende die Hühner darin um und lasse sie in Schmalz schön backen.

Anmerkung. Auf diese Art können auch Brieslein, Kalbsohren und Kalbshirn zubereitet werden.

## 164. Gebackene Gansleber.

Die Leber wird in kleine fingerdicke Stücke geschnitten, gesalzen, gepfeffert, in Ei und geriebenem

Semmelmehl umgekehrt und in Butter schön gebraten.

## 165. Gebackene Kalbsleber.

Man häutelt die Leber, schneidet der Länge nach halbfingerdicke Scheiben, kehrt sie in Mehl um und backt sie in Butter ganz schnell fertig (durch zu langes Braten wird die Leber hart), gibt sie dann auf eine Platte und salzt sie.

## 166. Gedämpftes Kalbsherz.

Das Kalbsherz wird rein gewaschen und gespickt, dann ein Stückchen Butter zum Feuer gethan, und das Kalbsherz nebst etwas Zwiebeln, Lorbeerblatt, Salz, Pfeffer, einigen Wachholderbeeren, einem Citronenrädchen und einigen Prisen Mehl gedämpft; dann thut man nach und nach etwas Fleischbrühe daran, bis es weich ist; die Sauce muß aber kurz sein und beim Anrichten kann man 2 Eßlöffelvoll sauern Rahm darein rühren.

## 167. Gefüllte Kalbsherzen.

Die Kalbsherzen werden oben abgeschnitten und ausgehöhlt; dann verwiegt man ein Stückchen Kalbsbraten und Speck nebst Schalottenzwiebeln und Petersilie recht fein, dämpft das Verwiegte in einem Stück Butter, nebst einem Eßlöffelvoll geriebenem Brod, einigen zerdrückten Wachholderbeeren, klein geschnittener Citronenschale und Salz. Fülle damit die Herzen und nähe sie oben mit etwas Kalbfleisch zu; dämpfe sie mit etwas Butter, Speck, Zwiebel, Lorbeerblätter, ein Paar Eßlöffelvoll Essig und Fleischbrühe, bis sie schön gelb und weich genug sind, zettle alsdann einen schwachen Kochlöffelvoll Mehl daran und lasse es noch ein wenig mitdämpfen; beim Anrichten rühre 3 Eßlöffel sauern Rahm daran und treibe sie durch ein Haarsieb über die Herzen.

## 168. Ochsenzunge grillirt.

Die Zunge wird in ein passendes Geschirr mit 2 Maß Wasser, nebst Zwiebeln, Petersilie, Sellerie, gelben Rüben, Thymian, einem Stück Schinken, Nierenfett und Salz gethan und weich gekocht, die Haut davon abgezogen und die Zunge in fingerdicke Scheiben geschnitten, dann eine Handvoll fein gehackte Schalottenzwiebeln und Petersilie in einem Stück Butter weich gedämpft, die Ochsenzungenscheiben werden hinein gelegt nebst etwas Salz und gestoßenem Pfeffer; menge dies gut durcheinander, damit die Kräuter recht an den Scheiben hängen bleiben. Wende hierauf jedes Stück einzeln in geriebenem Brod um, lege sie auf den Rost, gib Kohlen darunter und backe sie schön gelb.

## 169. Kalbszunge grillirt.

Wird wie vorstehend zubereitet.

## 170. Ochsenzunge en papillottes.

Koche die Zunge auf gewöhnliche Art weich und schneide sie in fingerdicke Scheiben; dämpfe dann eine Handvoll fein gemachte Petersilie und Schalottenzwiebel in einem Stück Butter weich, thue die Zungenscheiben hinein, nebst etwas Pfeffer und Muskatnuß, lasse sie ein wenig dämpfen, nimm sie dann heraus, rühre etwas Citronensaft, fein gehackte Sardellen und einige Eiergelb auf dem Feuer hinein, damit alles sich ein wenig bindet, aber nicht ganz fest wird; kehre die Scheiben darin um, daß von dem Grünen daran hängen bleibt, schneide länglicht viereckige Stückchen Papier, bestreiche sie mit Oel, lege die Scheiben hinein, bestreiche sie von außen auch mit Oel, thue sie auf einen Rost, gib schwache Gluth darunter und lasse sie schön gelb werden.

## 171. Gefüllte Schnecken.

Die Schnecken werden sauber gewaschen und in einem starken Salzwasser eine Stunde lang gekocht, alsdann mit einer Gabel herausgenommen, die schwarze Haut davon abgelöst, der Ring und die Spitze abgeschnitten, mit einer Handvoll Salz gut abgerieben und 3 bis 4 Mal in warmem Wasser gewaschen. Zur Fülle wird ¼ Pfund Butter weiß gerührt, etwas fein gehackte Sardellen, Petersilie, Majoran, 4 Eßlöffelvoll Semmelmehl, nebst Salz, Pfeffer und Muskatnuß wohl untereinander gerührt; mache die Häuschen recht rein, stecke die Schnecken hinein, streiche von der Fülle darauf, bis das Häuschen voll ist, stelle dann die Häuschen aufrecht nebeneinander auf ein Küchenblech, gib etwas Gluth darunter, thue einen Deckel mit Kohlen darauf und lasse sie gelb braten.

## 172. Gebackene Froschschenkel.

Diese werden rein gewaschen und ein wenig gesalzen. Dann kann man sie entweder in Ei und Brod umwenden, oder in einem gebrühten Teig; zu diesem nimm ½ Schoppen Milch, rühre, wenn sie kocht, ¼ Pfund Mehl hinein, auch eine Nuß groß Butter und lasse ihn kalt werden, rühre ihn mit etlichen Eiern ab, daß er die Dicke eines Omelettenteiges bekommt, wende die Froschschenkel darin um und backe sie in schwimmendem Schmalz schön gelb.

## 173. Gebackene Nierenschnitten.

Nimm aus einem Kalbsbraten die Nieren sammt dem Fett, wiege dieses nebst Schalottenzwiebeln und

Petersilie recht fein, thue es nebst einem geriebenen Milchbrod, Salz, Muskatnuß in eine Schüssel, rühre es mit 4 bis 5 Eiergelb, schlage das Weiße davon zu Schnee, thue ihn auch darunter; hierauf werden von Milchbrod runde Schnitten gemacht in der Größe eines Thalers, von der Masse wird darauf gestrichen, dann legt man sie mit der bestrichenen Seite zuerst in heißes Schmalz und läßt sie darin gelb backen.

## 174. Saure Rahmwürstchen.

½ Schoppen saurer Rahm wird siedend gemacht, so viel Mehl hinein gerührt, bis er dick ist; dann verarbeitet man damit ein Stück Butter auf dem Feuer recht glatt, legt dies in eine Schüssel, läßt es verkühlen, und rührt nach und nach einige Eier darein, bis es wie ein Spatzenteig wird, gibt ein wenig Salz dazu, legt mit dem Messer Würstchen in heißes Schmalz und backt sie.

## 175. Würstchen auf andere Art gebacken.

Einige Milchbrode werden zerschnitten und mit kochender Milch abgebrüht, dann etwas fein gehackte Schalottenzwiebeln und Petersilie in einem Stück Butter weich gedämpft, ein Stück fein gehackter Kalbsbraten und etwas Speck, nebst Salz, Muskatnuß und den Milchbroden darein gethan, mit einigen Eiergelb abgerührt, auf einem Brett lange Würstchen davon gemacht, in Ei und geriebenem Brod umgewendet und in schwimmendem Schmalz schön gebacken.

## 176. Milchbrodschnitten.

Ein Milchbrod wird der Länge nach in 6 Theile geschnitten, ein wenig gesalzen, auf eine Platte gelegt und so viel Milch daran gethan, daß sie weichen können; dann werden einige Eier verkleppert, jede Schnitte darin umgewendet und in heißem Schmalz gelb gebacken, man kann auch etwas Schnittlauch darauf geben.

## 177. Kalbsrippen auf dem Rost gebraten.

Von den Rippen wird oben das Fleisch am Bein abgeschält, damit sie besser anzufassen sind, hinten der Knorbel davon abgehauen, mit einem Klopfer breit geschlagen, um ihnen eine hübsche Form zu geben, mit Salz und Pfeffer eingerieben, in zerlassener Butter und geriebenem Weißbrod umgewendet, auf einen Rost gelegt und fertig gebraten.

Anmerkung. Die Rippen in der Pfanne gebraten, werden auf dieselbe Art gemacht, nur werden sie in geschlagenem Eiweiß und Brod umgewendet und in heißer Butter in der Pfanne gebraten.

## 178. Kalbsrippen mit feinen Kräutern.

Nachdem die Rippen wie vorstehend zubereitet sind, wird eine Handvoll Schalottenzwiebeln und Petersilie in Butter weich gedämpft, einige Eiergelb darein gerührt, die Rippen darin umgewendet; dann werden einige Milchbrode gerieben, die Rippen mit den angeklebten Kräutern darin umgekehrt und in einem Tortenblech in heißer Butter gebacken.

## 179. Kalbsrippen en papillottes.

Die Rippen werden wie gewöhnlich bereitet, dann wird eine Handvoll feingehackte Schalottenzwiebeln und Petersilie in einem breiten Geschirr in Butter weich gedämpft, die Rippen neben einander hineingelegt, etwas Salz und Pfeffer darauf gegeben, worauf man sie gelb werden läßt. Thue nun den Saft von einer Citrone, etwas feingehackte Sardellen und das Gelbe von 4 bis 6 Eiern darunter, jedoch nicht mehr auf dem Feuer, und lasse es dann verkühlen.

Je nach den Ripplein werden von weißem doppelt gelegtem Papier herzförmige Blättlein geschnitten, alle mit Oel angestrichen; lege auf eine Seite eine dünne Speckschnitte in der Größe der Rippe, gib etwas von den Kräutern daran, thue die Rippen darauf, dann wieder Kräuter und Speckschnitten, schlage die andere Hälfte des Papiers darüber, wickle es in ganz kleine Falten und gib ihnen eine hübsche Form, streiche die äußere Seite des Papiers auch mit Oel an, lege sie auf einen Rost und backe sie gelb.

## 180. Kalbsfilet von gehacktem Fleisch.

1 Pfund rohes Kalbfleich wird mit etwas Nierenfett recht fein gehackt, dann daraus runde fingerdicke Filet geformt, mit Salz, Pfeffer und Schnittlauch auf beiden Seiten bestreut, in zerlassener Butter und Semmelmehl umgewendet und in Butter auf beiden Seiten schön gelb gebacken. Beim Anrichten kann man etwas Citronensaft darüber geben und auf die Platte ein wenig Jus gießen.

## 181. Hammelsrippen grillirt.

Schöne Hammelsrippen werden wie die Kalbskotteletts dressirt, mit dem Rücken eines Messers breit geklopft, auf ein Schneidebrett gelegt und mit Pfeffer und Salz bestreut. Indessen werden feine Schalotten und Petersilie in einem Stück Butter weich gedämpft, die Rippen darin umgewendet, wie auch nachher in geriebenem Semmelmehl; dann werden sie auf einen Rost gelegt, starke Gluth darunter gethan und so auf beiden Seiten schön gelb gebraten.

## 182. Hammelsrippen, gewöhnliche Art.

Die Rippen werden, nachdem das Fleisch oben

etwas vom Knochen abgestreift und das Rückenbein davon abgehauen ist, abermals breit geklopft, mit Pfeffer und Salz bestreut, in heiße Butter gelegt und so in der Pfanne schön gelb gebraten, jedoch so schnell als möglich.

### 183. Schweinerippen.

Frische Schweinerippen werden geklopft, mit Pfeffer und Salz bestreut, in zerkleppertem Ei und Brod umgewendet und in heißem Schmalz auf beiden Seiten schön gelb gebacken.

---

## Fisch-Speisen.

### 184. Aal in gelber Sauce.

Nachdem der Aal abgezogen und ausgenommen ist, schneidet man ihn in beliebige Stückchen, legt diese in eine Schüssel und gießt ein wenig Essig und ein halbes Glas Wein daran, thut alsdann 4 Loth Butter in ein Casserol und dämpft einen Kochlöffelvoll Mehl darin; der Essig und Wein wird von dem Aal abgeschüttet und an das Mehl gerührt, nebst etwas Fleischbrühe, fein gehackter Petersilie und ein wenig Citronenschale, der Aal alsdann auch hinein gethan nebst ein wenig Muskatnuß und einem Eßlöffelvoll Kapern. Er darf aber nicht zu lange kochen, damit er ganz bleibt; hierauf verrührt man 3 Eiergelb, gießt die Sauce daran, richtet den Aal auf eine Platte an und schüttet die Sauce darüber.

### 185. Aal mit Salbei.

Wenn der Aal abgezogen und ausgenommen ist, wird er in fingerlange Stückchen geschnitten und mit

Salz und Pfeffer eingerieben, eine halbe Stunde so liegen gelassen und alsdann mit einem Tuch abgetrocknet; dann wird jedes Stückchen mit Salbeiblättern und Fäden umbunden. Drehe dann jedes Stückchen in gutem Oel oder zerlassener Butter herum und brate sie auf dem Rost, thue auch Citronensaft darauf und lasse sie braten, bis sie auf beiden Seiten braun sind; nimm hierauf den Faden davon weg, den Salbei hingegen lasse daran und richte ihn auf eine Platte schön an. Nun läßt man ¼ Pfund Butter recht heiß werden, thut ein Glasvoll Estragonessig mit etwas Salz und Pfeffer dazu, läßt es kochen, und gibt es mit dem Aal zu Tisch. Sollte es vorgezogen werden, den Aal in der Pfanne zu braten, so wird er ganz so zubereitet, nur statt Oel wird Butter in eine Pfanne gethan.

## 186. Aal auf eine andere Art.

Man nimmt einen 2pfündigen Aal, zieht ihn ab und nimmt ihn aus, schneidet ihn in zollange Stückchen und läßt diese in kochendem Wasser eine Minute kochen, legt sie wieder in kaltes Wasser, trocknet sie alsdann mit einem Tuch ab und bringt sie in ein dazu passendes Geschirr nebst einer Handvoll Trüffeln, einer Handvoll Champignons, 18 bis 20 schönen abgekochten Krebsen; man schneidet die Füße, Nase und die Schale von den Schwänzen der Krebse herunter, thut 5 bis 6 kleine geschälte Zwiebeln, welche eine Minute in Salzwasser gekocht haben auch dazu und macht dann folgende Sauce daran: man thut ein Stück Butter in ein Casserol, röstet einen starken Kochlöffelvoll Mehl braun darin, thut eine fein geschnittene Zwiebel hinein, löscht es dann mit etwas Fleischbrühe und 2 Trinkgläsern voll gutem rothen Wein ab, thut etwas Citronenschale, ein Lorbeerblatt, einige gestoßene Nelken, etwas gestoßenen Pfeffer und Salz hinein, läßt es dann auf einem starken Feuer eine Viertelstunde kochen, thut den Aal, Trüffeln, Champignons, Krebse und die ganzen Zwiebeln hinein und läßt Alles noch eine Viertelstunde mit einander kochen; nachdem noch 6 fein gehackte Sardellen darunter gethan sind, richtet man Alles auf eine Platte schön an.

## 187. Aal blau zu sieden.

Wenn der Aal abgezogen und ausgenommen ist, macht man auf beiden Seiten kleine Schnitte, legt ihn in die Rundung, indem man einen Faden durch Kopf und Schwanz zieht und zusammenbindet, thut ihn in ein Casserol und gießt 2 Theile Wein, 1 Theil Wasser und 1 Theil Essig daran, bis es über den Aal geht, hernach thut man eine Handvoll ganze Petersilie, 2 Lorbeerblätter, etliche Scheiben Citrone, Pfeffer, Salz, und eine mit Nelken besteckte Zwiebel daran, läßt ihn eine Stunde so stehen, hernach nimmt man ihn auf's Feuer und läßt ihn langsam kochen, bis er weich ist. Er kann warm oder kalt aufgetragen werden; man kann alsdann feingehackte Kapern und Petersilie mit Essig und Oel dazu geben.

## 188. Forellen blau abgesotten.

So viel Forellen als zu einer Platte bestimmt sind werden ausgenommen, hierauf werden sie ausgewaschen, dann auf ein flaches Geschirr neben einander gelegt nnd mit kaltem Essig übergossen. Jetzt gebe in ein dazu passendes Geschirr zwei Maas Wasser, 1 Glas weißen Wein, 1 Glas Essig, 2 in Scheiben geschnittene Zwiebeln, etwas in Scheiben geschnittene Citrone, zwei Lorbeerblätter, etwas Salz, ganzen Pfeffer, lasse dies alles miteinander kochen, lasse dann die Forellen mit dem Essig hineinrutschen, damit sie nicht mit der Hand berührt werden und das Blaue nicht verwischt wird, lasse sie nun ½ Stunde neben dem Feuer langsam ziehen, sind die Forellen klein, dürfen sie nur ¼ Stunde ziehen, dann lege sie beim Anrichten auf eine Platte, garnire sie mit grüner Petersilie, gebe dann eine gute weiße Kapernsauce dazu.

## 189. Gedämpfte Forellen.

Die Forellen werden geputzt und ausgenommen, dann thut man ¼ Pfund Butter in ein Casserol, dämpft eine Handvoll fein gehackte Zwiebeln und Petersilie darin, thut die Forellen hinein nebst etwas Salz und Pfeffer, läßt sie auf beiden Seiten dämpfen, und wenn sie weich sind werden einige Tropfen Fleischbrühe daran geschüttet, dann richtet man sie mit der Sauce auf eine Platte an.

## 190. Forellen in einer Buttersauce.

Wenn die Forellen geputzt, ausgenommen, gewaschen und mit Salz stark eingerieben sind, thut man ein Stück Butter in ein Casserol und dämpft einen Kochlöffelvoll Mehl darin, gießt etwas Fleischbrühe und Wein daran, daß die Sauce weder zu dick noch zu dünn wird, thut eine mit Nelken besteckte Zwiebel, etwas Sellerie und Petersilienkraut, in ein Büschelchen gebunden, und die Schale von einer halben Citrone dazu. Man legt den Fisch, nachdem er mit einem Tuch wieder abgetrocknet worden ist, in die Sauce, deckt ihn zu und läßt ihn eine halbe Stunde kochen; Salz, Pfeffer und ein wenig Citronensaft darf man nicht vergessen; ehe man ihn anrichtet rührt man das Gelbe von einem Ei nebst ein wenig saurem Rahm darunter.

## 191. Forellen mit rothem Wein.

Nachdem die Forellen ausgenommen sind, werden sie in der Mitte zerschnitten, doch kann man sie, wenn sie nicht zu groß sind, ganz lassen; thut sie alsdann in ein Casserol, gießt rothen Wein daran, daß die

Forellen damit bedeckt sind, alsdann etliche gestoßene Nelken, etwas Pfeffer, Salz, einige fein gehackte Sardellen und ein Stück Butter, worunter ein Eßlöffelvoll Mehl gemengt wird, koche dieses alles miteinander eine Viertelstunde schnell, richte die Forellen auf eine Platte an, thue noch einige fein gehackte Schalotten und Petersilie an die Sauce, lasse sie noch einige Minuten gut verkochen und gib sie über die Forellen.

## 192. Gebackene Forellen.

Man nimmt kleine Forellen aus und wäscht sie; darauf werden sie mit Salz eingerieben und eine Stunde eingesalzen liegen gelassen; man steckt dann den Schwanz und den Kopf ineinander, kehrt sie in Mehl um, zieht sie schnell durch kaltes Wasser und kehrt sie wieder in geriebenem Milchbrod um und backt sie in heißem Schmalz schön gelb, thut sie dann auf eine Platte und legt Petersilie darum.

## 193. Salmen zu sieden.

Man nimmt 1 Theil Essig, 2 Theile Wein, 1 Theil Wasser, etwas Salz, Pfeffer, ein Paar in Scheiben geschnittene Zwiebeln, Petersilie, etliche Nelken, eine halbe zerschnittene Citrone, läßt dieses Alles mit einander kochen, thut dann den Salmen hinein und läßt einen Wall darüber gehen, hierauf läßt man es 10 Minuten stehen, richtet den Salmen alsdann auf eine Platte an, läßt ihn kalt werden und legt Petersilie darum; gibt dann eine Senfsauce dazu. Siehe Saucen.

## 194. Salmen zu braten.

Man macht eine papierene Kapsel, welche oben offen ist, bestreicht sie überall mit gutem Oel, legt den Salmen mit etwas Pfeffer und Salz hinein, stellt ihn auf einem Rost über glühende Kohlen, wendet ihn öfters um und wenn er fertig gebraten ist, thut man ein wenig Citronensaft darauf und gibt ihn schnell zu Tisch.

## 195. Salmen à la hollandaise.

Man schneidet den Salmen in beliebige Scheiben, thut ihn in ein Casserol sammt 4 in Scheiben geschnittenen Zwiebeln, etwas Petersilie, Citronenschale, Thymian, ganzem Gewürz, Salz, Pfeffer und einer Bouteille weißen Wein, deckt es zu und läßt es eine halbe Stunde langsam kochen, richtet es dann trocken auf eine Platte und macht folgende Sauce darüber: Ein Stück Butter und ein starker Kochlöffelvoll Mehl wird mit 5 Eiergelb untereinander gerührt, dann läßt man 3 Trinkgläservoll von der Brühe, worin der Salmen gekocht wurde, durch ein Sieb laufen und rührt diese daran, nimmt es dann auf's Feuer und läßt es unter beständigem Rühren ein wenig kochen. Rühre nun etwas mit Butter fein gehackte Sardellen recht gut unter die Sauce und richte sie über die Salmen an.

## 196. Gedämpfter Stockfisch.

Der Stockfisch wird mit kaltem Wasser auf das Feuer gethan; man läßt ihn alsdann so lange darauf, bis das Wasser schäumige Bläschen bekommt, nimmt den Stockfisch heraus und legt ihn auf eine Platte; sobald er sich dann wegen der Hitze anrühren läßt, nimmt man die Gräten heraus, thut alsdann 1/4 Pfund Butter in ein Casserol, dämpft fein gehackte Zwiebeln und Petersilie darin, thut hernach den Stockfisch hinein und läßt ihn noch einige Minuten dämpfen, wendet ihn aber öfters um; ehe man ihn anrichtet, thut man Salz und etwas Jugwer daran. Der Stockfisch darf niemals kochen, sonst wird er hart.

## 197. Stockfisch auf eine andere Art.

Der Stockfisch wird mit lauem Wasser und Salz auf's Feuer gethan, man läßt ihn dann so lange darauf, bis das Wasser schäumt, nimmt ihn heraus auf eine Platte, thut die größten Gräten davon, legt ihn zierlich, doch ohne die Stücken so sehr zu zerblättern, streut nun ziemlich Salz und Pfeffer darauf, läßt dann ein großes Stück Butter heiß werden, dämpft fein gehackte Zwiebel schön gelb darin, thut dann noch etwas fein gehackte Petersilie und Sardellen hinein, schüttet es über den Stockfisch und gibt ihn zu Tisch.

## 198. Stockfisch mit Bechamell.

Man nimmt so viel Stockfisch, als man zu einer Platte nöthig hat, siedet ihn im Wasser, wie bei dem vorhergehenden, schüttet ihn auf einen Seiher, damit er abtrocknet und macht hierauf ein gutes Bechamell auf folgende Art: Man nimmt etliche in Scheiben geschnittene Zwiebeln, einige Petersilienwurzeln, Champignons, etwas Thymian sammt einem Stück frischer Butter, thut dies in ein Casserol, dämpft es etliche Minuten auf dem Feuer, thut 2 Eßlöffelvoll Mehl dazu, rührt es mit süßem Rahm gut auf dem Feuer und läßt es zu einem dünnen Brei verkochen, schüttet es alsdann durch ein Haarsieb, zerblättert den Stockfisch, thut ihn unter das Bechamell nebst etwas fein gehackter Petersilie, gestoßenem Pfeffer und Salz, und mengt dieses Alles wohl unter einander. Nun macht man auf die Platte von festem Wasserteig einen 3 Finger hohen Rand, gibt den Stockfisch mit Bechamell hinein, bestreut es oben mit geriebenem Milchbrod, macht ein Stückchen Butter warm und gießt es darauf, stellt die Platte auf Salz und läßt es eine halbe Stunde in einem heißen Backofen backen.

## 199. Hecht à la hollandaise.

Nachdem der Hecht gereinigt ist, schneidet man

ihn in beliebige Stückchen (man kann ihn aber auch ganz lassen), thut ihn in ein Casserol, nebst einigen in Scheiben geschnittenen Zwiebeln, der Schale von einer Citrone, 2 Lorbeerblättern, Petersilienwurzel, Pfeffer, Nelken, Salz, einem Schoppen Wein, einem Glas Wasser und einem halben Trinkglas Essig, thut ihn auf's Feuer und läßt ihn zugedeckt eine halbe Stunde langsam kochen, richtet ihn dann schön trocken auf eine Platte an und gibt folgende Sauce darüber: Man thut $\frac{1}{4}$ Pfund Butter in ein Casserol, dämpft 2 Kochlöffelvoll Mehl darin, löscht es mit ein wenig Fleischbrühe und von der Brühe, worin der Hecht gekocht wurde, ab, thut fein gehackte Petersilie und ein wenig Citronensaft daran, läßt sie dann eine halbe Stunde kochen und ehe man sie anrichtet, rührt man das Gelbe von 2 Eiern daran und schüttet sie über den Hecht.

## 200. Hecht mit Sardellen.

Wenn der Hecht geputzt und ausgenommen ist, wird der Schwanz in den Kopf gesteckt, damit er hübsch rund wird; man thut dann ein Stück Butter, nebst Salz, Pfeffer, feingeschnittenen Zwiebeln, Schalotten, Petersilie und Citronenschale mit dem Fisch in ein Casserol und läßt ihn weich dämpfen; ehe er ganz ausgekocht ist, thut man einige klein geschnittene Sardellen und Citronensaft daran, und mit dieser Sauce wird der Hecht angerichtet, man legt alsdann rund ausgebohrte Kartoffeln, welche zuvor in Fleischbrühe weichgekocht sind, um den Hecht.

## 201. Hecht auf englische Art.

Der Fisch wird geputzt und gekrümmt wie bei der vorigen Nummer, alsdann in Salzwasser weichgekocht und auf eine Platte angerichtet; thue alsdann ein Stück Butter in ein Casserol, dämpfe feingeschnittene

Zwiebel und Petersilie darin, schütte es über den Hecht und thue rund ausgebohrte Kartoffeln wie bei dem vorigen dazu.

## 202. Hecht mit Austern.

Nachdem der Hecht geputzt, ausgenommen und gewaschen ist, schneidet man ihn in 6 bis 8 Stücke, je nachdem er groß ist, thut ihn alsdann in ein Geschirr nebst etwas feingehackten Schalotten, Petersilie, einer Messerspitzevoll gestoßenem Pfeffer, dem Saft von einer Citrone, ein starkes Trinkglas voll gutes Oel und ein wenig Salz. Nachdem er auf diese Art 2 Stunden zugedeckt stand, legt man ihn mit den Kräutern auf den Rost und läßt ihn so lange darauf, bis er auf beiden Seiten schön gelb ist, lege ihn alsdann kranzartig auf eine Platte und mache folgende Sauce darüber: thue in ein Casserol so viel Austern, als zu dem Fisch erforderlich sind, nebst 2 Trinkgläsern voll guter Fleischbrühe, dem Saft von einer Citrone, eine Messerspitzevoll Pfeffer und etwas Salz, lasse es etliche Minuten kochen und richte es dann unter den Fisch an.

## 203. Hecht mit einer Krebssauce.

Wenn der Hecht geputzt und gewaschen ist, wird er in Salzwasser und ein wenig Essig abgekocht, alsdann auf eine Platte angerichtet und folgende Sauce dazu gemacht: Man nimmt ungefähr 10 Sardellen, wäscht sie und schneidet sie in kleine Stückchen, thut sie in ein Casserol sammt 2 in Scheiben geschnittenen Zwiebeln, 2 Lorbeerblättern, Pfeffer, Salz und einer halben zerschnittenen Citrone, gießt dann ½ Schoppen Wein und ebensoviel Wasser darüber, läßt es wohl kochen und seihet es durch ein Sieb, nimmt dann 4 Loth Krebsbutter in ein Casserol, rührt 2 Messerspitzen voll Mehl daran, 3 bis 4

Eiergelb dazu, und rührt es mit der durchgeseihten Sauce tüchtig, thut Muskatnuß und ein wenig Citronenschale darein und läßt die Sauce unter beständigem Rühren aufkochen. Ist sie nicht rezent genug, so wird etwas Citronensaft und Essig daran gethan.

## 204. Hecht zu backen.

Der Hecht wird, nachdem er gereinigt ist, in beliebige Stücke geschnitten, gesalzen und eine Stunde liegen gelassen, alsdann mit einem Tuch abgetrocknet, in Mehl umgewendet, dann in verklepperten Eiern und hierauf in geriebenem Milchbrod. Hernach wird er in heißem Schmalz schön gelb gebacken, auf eine Platte angerichtet und mit Petersilie garnirt.

## 205. Karpfen in rothem Wein.

Nachdem der Karpfen geputzt und ausgenommen ist, schneidet man ihn in beliebige Stücke, legt ihn in ein Casserol, gießt dann einen Schoppen rothen Wein, nebst Salz, Pfeffer, Schalotten und Nelken daran, thut es auf ein starkes Feuer und läßt ihn zwei bis drei Mal aufkochen, nimmt ihn dann heraus, röstet 2 Kochlöffel voll Mehl mit einem Stück Butter schön braun, rührt es mit dem Wein, worin der Fisch gekocht hat, ab, läßt dies 1/4 Stunde kochen, seihet es durch ein Haarsieb an den Fisch und läßt es noch eine Minute mit dem Fisch kochen und richtet ihn an.

## 206. Karpfen gespickt.

Man nimmt einen Karpfen von 5 bis 6 Pfund, putzt und nimmt ihn aus, dann schneidet man von der einen Seite die Haut ganz dünn herunter, spickt ihn schön mit kleinem Speck wie ein Fricando, reibt ihn recht gut mit Pfeffer, Salz und Gewürznelken in- und auswendig ein, thut alsdann 1/4 Pfund Butter in ein flaches Geschirr, nebst einigen in Scheiben geschnittenen Zwiebeln, etwas rohem Schinken, etlichen Petersilienwurzeln, 2 Lorbeerblättern, einigen Citronenscheiben und ganzem Gewürz und dämpft es etliche Minuten auf schwachem Feuer, gießt einen Schoppen rothen Wein daran und läßt es sammt etwas Salz aufkochen, legt den Karpfen hinein, doch so, daß das Gespickte oben zu liegen kommt und stellt ihn in einen heißen Backofen, bis der Speck schön gelb ist; während dessen muß aber öfters mit dem unten befindlichen Saft der Fisch begossen werden; ist er nun gut und der Speck schön gelb, so lege ihn auf eine Platte, den übrigen Saft treibe durch ein Sieb, koche ihn ganz dick, bestreiche alsdann den Karpfen damit und gib folgende Sauce darüber: 6 bis 8 Zwiebeln werden in dünne Scheiben geschnitten und in einem Stück Butter braungelb gedämpft, dann ein Eßlöffelvoll Mehl darunter gerührt und auch eine Minute damit gedämpft, hierauf mit einem Schoppen rothen Wein aufgefüllt und ein Lorbeerblatt, etwas Citronenschale, gestoßene Gewürznelken und Pfeffer dazu gegeben; man läßt es noch ½ Stunde langsam kochen, treibt es nun durch ein Sieb, gibt eine Handvoll geschälte ganze Trüffeln, eben so viel geputzte Champignons, 2 abgekochte Kalbsbrieslein, welche gut abgehäutet und in dicke Scheiben geschnitten sein müssen, so wie etwas Salz und den Saft von einer Citrone in die durchgetriebene Sauce, läßt es ½ Stunde langsam mit einander kochen und legt alles rings um den Karpfen herum und schüttet die Sauce darüber.

## 207. Karpfen in brauner Sauce.

Wenn der Karpfen geputzt und ausgenommen ist, wird er der Länge nach gespalten, in beliebige Stücke geschnitten, in ein Geschirr gethan, mit etwas Salz überstreut und mit einem halben Schoppen Wein und eben so viel Essig übergossen, ein Lorbeerblatt, etwas

Pfeffer, Nelken und einige Scheiben Citrone dazu gethan, nun deckt man es zu und läßt es einige Stunden so stehen, thut alsdann ein Stück Butter in ein breites Geschirr, röstet zwei Löffel voll Mehl braun darin, dämpft ein Stück Speck und eine Zwiebel, beides zuvor klein geschnitten, und ein wenig Zucker in dem braunen Mehl, löscht es dann mit dem Wein und Essig ab, welcher an dem Fisch ist, gießt auch noch etwas Fleischbrühe daran und läßt es ¼ Stunde kochen, alsdann legt man den Fisch so hinein, daß ein Stück an dem andern liegt, stellt es auf ein schwaches Feuer und läßt es langsam kochen. Ist die Sauce nun im Salz und in der Säure recht, so werden die Stücklein schön angerichtet und die Sauce darüber gegossen. Man darf den Fisch ja nicht berühren, sondern das Geschirr nur rütteln.

## 208. Karpfen auf polnische Art.

Der Karpfen wird rein geputzt und in beliebige Stücke geschnitten; man thut ihn dann in ein Geschirr, gießt ein Glas Essig darüber und läßt es so eine Stunde stehen. Dann werden 3 gelbe Rüben, 3 Selleriewurzeln und die Schale von einer halben Citrone fein geschnitten und auch eine fein geschnittene Zwiebel nebst einem Lorbeerblatt, thut dies Alles in ein Casserol, gießt einen Schoppen Wein und einen halben Schoppen gute Fleischbrühe daran und kocht es so lange, bis alles recht weich ist, nimmt hierauf einen Kochlöffelvoll Mehl in ein Casserol, rührt es dann mit dem Essig, welcher am Fisch ist, glatt, seihet die Brühe von den Wurzeln durch und gießt sie an das Mehl nebst etwas Salz und Muskatnuß, thut den Fisch auch daran und läßt ihn ¼ Stunde darin kochen.

## 209. Karpfen zu backen.

Wenn der Karpfen gereinigt ist, wird er in beliebige Stücke geschnitten, man salzt ihn dann ein und läßt ihn eine Zeit lang so liegen, kehrt dann jedes Stück in Mehl um, taucht es schnell durch frisches Wasser und bestreut es dann mit fein geriebenem Milchbrod, dann werden die Stücke in heißem Schmalz schön hellbraun gebacken, auf eine Platte angerichtet und mit Petersilie garnirt. So werden sämmtliche Fischgattungen gebacken.

## 210. Bürsching zu backen.

Sie werden zubereitet, wie bei der vorhergehenden Nummer, nur müssen sie ganz bleiben.

## 211. Bürsching in einer Sauce.

Wenn die Bürschinge geputzt und ausgenommen sind, werden sie auf eine Platte gelegt; man gießt dann ein Glas Wein darüber, thut ein Stück Butter in ein Casserol, dämpft eine Handvoll feingehackte Zwiebeln und Petersilie darin, thut den Fisch hinein nebst einem schwachen Kochlöffelvoll Mehl, etwas Salz und Muskatnuß, deckt ihn dann zu, läßt ihn ein wenig dämpfen, schüttet den zurückgebliebenen Wein nebst einem Lorbeerblatt und einigen Citronenscheiben daran. Sobald der Fisch fertig ist, verrührt man 2 bis 3 Eiergelb und rührt es an die Sauce ehe man den Fisch anrichtet.

## 212. Gedämpfte Bürsching.

Wenn die Fische rein sind, thut man ein Stück Butter in ein Casserol, dämpft eine Handvoll feingehackte Zwiebel und Petersilie darin, legt die Fische hinein und dämpft sie auf beiden Seiten weich, gießt auch ein wenig Fleischbrühe daran nebst ein wenig Salz und Pfeffer, richtet sie alsdann auf einer Platte an und gibt abgekochte, rund ausgebohrte Kartoffeln dazu.

## 213. Schleien mit feinen Kräutern.

Man brüht die Schleien in heißem Wasser an, damit sie leichter zu putzen sind, ist dies geschehen und sind sie ausgenommen und gewaschen, so läßt man sie in Salzwasser eine Minute kochen, gießt sie in einen Seiher, thut sie in ein Casserol nebst etwas Salz, Pfeffer, feingehackten Schalotten, Estragon und Thymian, ferner einem Glas rothen Wein, etwas feingehackten Kapern und einem Löffelvoll Fleischbrühe, setzt es auf ein Feuer, läßt es bis zur Hälfte einkochen, drückt den Saft von einer Citrone daran und wenn sie fertig sind, richtet man sie auf eine Platte an.

## 214. Schleien zu braten.

Wenn die Fische gereinigt sind, werden sie mit Pfeffer, Salz und Salbei eingerieben, in zerlassener Butter umgekehrt und auf dem Rost gebraten; ehe sie ganz fertig sind, drückt man ein wenig Citronensaft darauf. Man kann sie auch in Schmalz backen und in Brod umkehren.

## 215. Grundeln zu backen.

Die Grundeln werden lebendig in kalte Milch geworfen, damit sie sich vollsaufen, dann gieße sie sammt der Milch in einen Seiher, ist diese rein abgelaufen, so trocknet man sie rein ab, wendet sie in Ei und Gries um und backt sie schnell in heißem Schmalz.

## 216. Kabeljau mit Kartoffeln.

Der Kabeljau wird gewaschen und mit Wasser und Milch auf's Feuer gesetzt, das Wasser muß aber ganz über den Fisch gehen, man läßt ihn nun so lange auf dem Feuer bis er kochen will, richtet ihn dann auf einer Platte an und legt rund ausgebohrte, abgekochte Kartoffeln darum, macht dann ein Stück Butter heiß, thut eine Handvoll feingehackte Petersilie hinein und schüttet es über den Fisch.

## 217. Kabeljau mit Buttersauce.

Wenn der Kabeljau gewaschen ist, wird er mit kaltem Wasser auf's Feuer gesetzt, bis er kochen will; dann richtet man ihn auf eine Platte an, streuet ein wenig Salz darüber und macht folgende Sauce dazu: man thut ¼ Pfund frische Butter in ein Casserol, verrührt 2 Kochlöffelvoll Mehl darin nebst Fleischbrühe oder Wasser und Salz, nimmt sie dann auf's Feuer und läßt sie unter beständigem Rühren kochen; ehe man sie anrichtet, rührt man 2 Eiergelb darunter und schüttet sie über den Fisch.

## 218. Schellfisch.

Wird behandelt wie der Kabeljau, entweder mit Kartoffeln oder in einer Buttersauce Siehe Kabeljau.

## 219. Turbot.

Wird ebenfalls so zubereitet, wie der Kabeljau und Schellfisch. Siehe Kabeljau.

## 220. Laberdan.

Der Laberdan muß immer einen oder auch zwei Tage in frischem Wasser gewässert werden, dann wird er mit kaltem Wasser auf's Feuer gesetzt und so lange darauf gelassen, bis er kochen will, worauf er vom Feuer genommen wird, bis die Sauce fertig ist. Man thut nun ein Stück Butter in ein Casserol und dämpft einen Kochlöffelvoll Mehl darin, thut alsdann eine große feingehackte Zwiebel, Petersilie und 4 Loth feingehackte Sardellen hinein, läßt es auch ein wenig dämpfen und löscht es mit etwas Fleischbrühe ab, thut Muskatnuß, Salz und ein wenig Ingwer daran, verliest den Laperdan, legt ihn in die Sauce, läßt ihn ein wenig kochen und richtet ihn an. Es darf nicht viel Sauce bleiben.

## 221. Bückinge mit Eiern.

Die Bückinge werden geputzt, von den Gräten gereinigt und jeder Fisch in 2 Theile getheilt: thue alsdann ein Stück Butter in eine Pfanne, stelle sie auf's Feuer und lege die Bückinge hinein, verkleppere alsdann Eier nach Belieben mit etwas Milch, drehe die Bückinge herum, schütte die Eier daran und richte sie, wenn sie noch ein wenig weich sind, auf eine Platte an.

## 222. Gangfisch mit Eiern.

Diese werden ganz so zubereitet wie die Bückinge; man kann sie aber auch roh essen.

## 223. Krebse gut zu kochen.

Wenn 20 bis 30 schöne Krebse gut ausgewaschen sind, so bringe sie in ein dazu passendes Geschirr, sammt einem Schoppen Bier, etlichen in Scheiben geschnittenen Zwiebeln, einem zusammengebundenen Büschel Petersilie, einem Eßlöffelvoll ganzen Kümmel, 2 Gläservoll sauerm Rahm, Salz nach Belieben; decke das Geschirr zu, lasse das darin Befindliche eine Viertelstunde kochen und richte die Krebse recht heiß auf eine Platte und gib sie zu Tische.

## 224. Austern auf dem Rost bereitet.

Man bricht die Austern auf, jedoch so, daß kein

Saft herauskommt, zettelt dann ein wenig geriebenes Milchbrod auf jede Auster, nebst Pfeffer und ein wenig zerlassener Butter, stellt dann eine neben die andere auf einen Rost über glühende Kohlen, läßt sie 10 Minuten darauf, gießt auf jede etwas Citronensaft, thut sie dann vom Feuer und richtet sie auf eine Platte an.

## 225. Sardellen zu backen.

Man wäscht eine große Portion Sardellen gut aus, theilt sie in der Mitte und macht die Gräten heraus, bringt sie dann in ein Geschirr mit einem halben Trinkglasvoll gutem Oel, einem Eßlöffelvoll fein gehackter Petersilie, eben so viel feingehackten Schalottenzwiebeln und dem Saft einer Citrone, mischt Alles gut untereinander und läßt es ein Paar Stunden stehen. Mache hierauf von etwas weißem Wein und Mehl einen Teig, und ist es Zeit zum Anrichten, dann tauche die Sardellen mit den Kräutern in dem Teig herum und backe sie in heißem Schmalz schön gelb, richte sie dann auf eine Platte und gib gebackene Petersilie darauf.

## 226. Karpfen in Gelée.

Der Karpfen wird geputzt und rein gewaschen, in Stücke geschnitten und kochender Essig darüber geschüttet, damit der Karpfen hübsch blau wird, und mit Papier zugedeckt; dann thut man etwas Wasser in ein Casserol, nebst Pfeffer, Salz, Lorbeerblatt, Muskatnuß, einer in Scheiben geschnittenen Citrone und einigen ganzen Zwiebeln, thut es auf's Feuer und läßt es eine Zeitlang kochen; dann wird der Karpfen sammt dem Essig hineingethan und weich gekocht; nun nimmt man den Fisch heraus, thut einige Kalbsfüße in die Brühe und läßt sie so lange kochen, bis sie weich sind; laß die Gelée dann langsam durch eine Serviette laufen, sollte sie nicht ganz hell sein, so thue sie noch einmal auf's Feuer nebst einem verklepperten Eierweiß und lasse sie noch einmal durchlaufen, gieße alsdann die Gelée in eine Form nebst dem Karpfen.

### 227. Salmen mit Gelée.

Der Salmen wird zuerst mit etwas Essig, einigen Zwiebeln, Citronenscheiben, Pfeffer, Salz und Petersilienkraut weich gekocht; dann macht man die Gelée auf folgende Art: Man nimmt 4 Kalbsfüße, stellt sie mit Wasser auf's Feuer und schäumt sie rein ab, thut dann Sellerie, gelbe Rüben, Petersilienwurzel, Zwiebel und Muskatnuß dazu und läßt es so lange kochen, bis das Fleisch von den Kalbsfüßen wegfällt, gießt dann die Brühe von dem Salmen auch daran und schüttet Alles durch ein Haarsieb, thut dann ½ Maaß guten weißen Wein nebst einem Trinkglasvoll Weinessig dazu, schlägt das Weiße von 4 Eiern darunter, nimmt es wieder auf's Feuer und läßt es kochen, gießt es alsdann langsam durch ein Tuch, schüttet es in eine Form, thut immer eine Lage Salmen und eine Lage Gelée auf einander und läßt es gestehen.

### 228. Hecht mit Gelée.

Wird ganz auf dieselbe Art zubereitet, wie der Salmen

---

## Ragouts.

### 229. Feldhühner.

Thue etwas Butter, Speck, Schinken, Zwiebel, gelbe Rüben, Petersilienwurzel, ganzen Pfeffer, ein

Lorbeerblatt, zwei Nelken, zwei Citronenscheiben, Thymian, ein wenig Knoblauch und Salz, nebst dem Huhn, auf dessen obern Theil ein Stückchen Speck gebunden wird, in ein Casserol, lasse es ein wenig dämpfen, schütte alsdann ein kleines Glas Wein und etwas Fleischbrühe daran, doch nicht zu viel, damit es nur dämpft; wenn es weich ist, dämpfe ein wenig Mehl daran, lasse es noch mit der Sauce kochen, schneide alsdann den Speck von dem Huhn ab und servire es. Man kann auch Trüffeln zur Sauce nehmen.

## 230. Wachteln.

Werden wie die Feldhühner zubereitet.

## 231. Wilde Tauben.

Werden ebenfalls wie die Feldhühner zubereitet.

## 232. Schnepfen.

Werden auch wie die Feldhühner zugerichtet.

## 233. Wilde Ente in Sardellen-Sauce.

Man dämpfe die Ente in Butter, Speck, gelben Rüben, Zwiebeln, Petersilienwurzel, Pfeffer und Salz; nachdem die Ente gedämpft ist, wird ein Glas Wein und der Saft einer halben Citrone daran geschüttet; ist es eingekocht, schütte immer ein wenig Fleischbrühe daran, damit sie immer dämpft; wenn sie weich ist, mache folgende Sauce: Hacke den Magen, die Leber und das Herz recht fein, röste alsdann 2 Kochlöffelvoll Mehl schön braun, lösche es mit einer feingeschnittenen Zwiebel ab, thue das Gehackte dazu, lösche es mit Fleischbrühe oder Jus ab, schütte die Sauce an die Ente, lasse die Sauce noch mitkochen, wasche und stoße drei Sardellen und thue sie kurz vor dem Anrichten daran. Man kann auch statt Sardellen Kapern oder Trüffeln, oder Häringe, bittere Pomeranzenschalen, Oliven (es müssen aber die Steine herausgenommen werden) in die Sauce thun.

## 234. Lerchen in Sauce.

Es werden 12 Lerchen geputzt, geflammt, die Füße in den Kopf gesteckt. Lege ¼ Pfund Butter in ein Casserol, lasse die Lerchen darin einige Minuten dämpfen, thue eine Handvoll feingehackte Petersilie und Zwiebel nebst Salz, Gewürz und einem Kochlöffelvoll Mehl daran, lasse dieses wieder einige Minuten dämpfen; schütte einen Schoppen Wein, ein Glas Jus oder Fleischbrühe daran, lasse es aufkochen und richte sie schön auf die Platte.

## 235. Gedämpfter Fasan.

Nachdem der Fasan gerupft, der Kopf jedoch abgeschnitten und bei Seite gelegt ist, zäume ihn auf und spicke ihn mit feinem Speck, der Länge nach geschnitten; nachdem er gespickt, binde ihn mit dünnen Speckbatten ein, lege ihn hierauf in ein Casserol, nebst ¼ Pfund Butter, etwas geschnittenem Schinken, Zwiebelscheiben, gelber Rübe, Thymian, Pfeffer, Nelken, Salz, einer Flasche Wein, etwas Fleischbrühe, so daß die Brühe bis an den Fasan geht, decke ihn zu, lasse ihn weich dämpfen; nachdem die Sauce eingekocht ist, streue ein wenig Mehl hinein, gieße ein Glas Jus daran, lasse dieses aufkochen, löse den Speck und richte ihn an.

## 236. Haselhühner.

Nachdem sie geputzt, ausgenommen und aufgezäumt sind, wird die Brust fein gespickt; stelle sie alsdann mit Butter, Zwiebel, Petersilienwurzel, gelben Rüben, einige Citronenscheiben, Salz, Pfeffer, Nelken, einem Glas Wein auf das Feuer, lasse dieses Alles mit einander dämpfen, wenn es weich ist, schneide gereinigte, feingeschnittene Trüffeln hinein nebst Jus oder Fleischbrühe, lasse dieses recht mit einander kochen und richte es an.

## 237. Hasenpfeffer.

Hals, Läufe, Bug, Lampen, Lunge und Leber, was man zum Braten nicht anwenden kann, wird einige Tage in Salz, Essig, Zwiebel, Pfeffer und Lorbeerblatt gelegt, stelle alsdann ein Stück Butter auf's Feuer, lege das gebeizte Fleisch nebst Zwiebeln, Gewürz, gelben Rüben, Citronenscheiben und Speckschnitten heinein, lasse dies alles kochen, bis das Fleisch weich ist, gieße etwas Essig von der Beize daran, bis die Sauce sauer genug ist, röste alsdann zwei Löffelvoll Mehl braun, schütte von der Sauce daran, lasse es mit dem Pfeffer noch kochen und richte ihn an.

## 238. Hasen-Ragout.

Man zerschneide den Hasen in beliebige Stücke, häute und spicke solche, zerlasse in einem breiten Geschirr ein Stück Butter, lege die Stückchen hinein, nebst Zwiebeln, Speck, einigen Citronenscheiben, Salz, Pfeffer, Nelken, 1 Lorbeerblatt, streue ein wenig Mehl darauf, lasse sie auf beiden Seiten gelb werden, schütte hierauf ein Glas Wein nebst Fleischbrühe daran und lasse sie weich dämpfen, richte sie an und rühre drei Eßlöffelvoll sauern Rahm an die Sauce. Man kann auch Kapern daran thun.

## 239. Reh-Ragout.

Man nimmt gewöhnlich Brust und Bug zum Ragout, beizt dieses einige Tage in Essig, Zwiebeln, Salz und Pfeffer; lasse alsdann ein Stück Butter in einem Casserol zergehen, lege die Brust in Stücke geschnitten nebst dem Bug hinein, thue alsdann einige Citronenscheiben, Zwiebeln, Wachholderbeeren, Pfeffer, Nelken, ein Stück Brod, eine gelbe Rübe dazu, lasse dieses mit einander dämpfen, schütte etwas Fleischbrühe und Essig daran, lasse es weich werden, röste 2 Kochlöffel voll Mehl schön braun, lösche es mit Jus oder Fleischbrühe ab und schütte sie an das Fleisch; wenn die Sauce mitgekocht hat, wird es angerichtet.

## 240. Schwarzwild.

Nachdem es einige Tage gebeizt war, stelle das Schwarzwild, von welchem Stück es sei, mit Butter, Zwiebeln, Wachholderbeeren, gelben Rüben, etwas Speck, Salz, Pfeffer, Nelken auf's Feuer, schütte ein Glas Wein daran, ein wenig Essig von der Beize, und lasse es dämpfen; wenn es eingekocht ist, schütte etwas Jus oder Fleischbrühe daran, fahre so fort, bis es weich ist, doch nie zu viel auf einmal, damit es immer dämpft; wenn es weich ist, röste 2 Kochlöffelvoll Mehl braun, lösche es mit Jus ab und schütte es an das Fleisch, laß die Sauce mitkochen (man kann auch 6 bis 7 Trüffeln dazu schneiden und mitkochen lassen) und richte es alsdann an.

## 241. Poularde oder Kapaun gedämpft.

Wenn der Kapaun gerupft und geflammt ist, so schneide den Kopf, die Gurgel und den Kragen heraus, nimm hierauf das Eingeweide heraus, alsdann wird er ausgewaschen und mit einer Nadel aufgezäumt, damit er eine schöne Form bekömmt, die Füße werden nämlich abgeschnitten und in den Kapaun gesteckt; das Brustbein wird eingebrochen; reibe hierauf den Kapaun mit einer Citrone ein, damit er schön weiß bleibt, binde die Brust mit Speck zu, stelle ihn alsdann mit Butter, 2 geschnittenen Zwiebeln, 2 gelben Rüben, ¼ Pfund in dünne Scheiben geschnittenen Schinken, Salz, Pfeffer, Nelken auf das Feuer, lasse den Kapaun mit ein wenig Fleischbrühe dämpfen, schütte immer ein wenig Fleischbrühe daran, damit er nicht bratet; wenn er weich ist, mache folgende Sauce: Dämpfe 2 Kochlöffelvoll Mehl in ¼ Pfund Butter, lösche es mit Fleischbrühe ab, schütte ein Glas Wein daran nebst dem Saft einer Citrone, eine Handvoll geputzte Champignons, etwas Salz und Muskatnuß, lasse die Sauce zur Hälfte einkochen; ist sie zu dick, so schütte Bouillon daran, richte den Kapaun an, legire die Sauce mit 3 Eiergelb ab und schütte sie darüber.

## 242. Kapaun oder Poularde mit Kräuter-Sauce.

Der Kapaun wird gedämpft, wie oben, statt der Champignon-Sauce mache folgende Kräuter-Sauce: Dämpfe eine Handvoll feine Petersilie, eben so viel feine Schalotten in einem Stück Butter weich, thue einen Löffelvoll Mehl, wenn es mitgedämpft hat, daran, lösche es mit Fleischbrühe ab, thue den Saft einer Citrone nebst Salz und Pfeffer dazu, lasse die Sauce kochen, legire sie mit 2 Eiergelb und richte sie über den Kapaun an.

## 243. Kapaun oder Poularde mit Ganzleber.

Zu diesem Ragout muß man 2 schöne Poularden oder 2 gemästete junge Hühner nehmen; nachdem sie geputzt, geflammt und ausgenommen sind, werden von einer jeden Poularde die Brusttheile mit den Flügeln von dem Brustbein heruntergelöst und gespickt, dann werden die Schlägel und von einem jeden der Fuß abgeschnitten, die Knochen herausgemacht, ohne jedoch die Haut zu zerreißen. Hacke nun eine halbe

Gansleber, 3 große Trüffeln recht fein, rühre das Gelbe von 3 Eiern darunter, nebst Salz, Pfeffer und Muskatnuß, fülle die Schlägel damit und nähe sie gut zu, hierauf thue 1/4 Pfund Butter, nebst feingeschnittenem Schinken, 2 Zwiebeln, 2 gelben Rüben, Pfeffer, Nelken, Thymian, Lorbeerblatt in ein Casserol, laß dieses einige Minuten dämpfen, lege sodann die Brüste, die Schlägel und den übrigen Körper hinein, schütte etwas Fleischbrühe und 1 Schoppen Wein daran, decke es mit einem Kohlendeckel zu und lasse es dämpfen, überschütte die Brüste öfters mit dem untern Saft, damit sie schön gelb werden; wenn Alles weich ist, mache folgende Champignon-Sauce: Dämpfe 2 Kochlöffelvoll Mehl in 1/4 Pfund Butter, lösche es mit Fleischbrühe ab, schütte 1 Glas Wein nebst dem Saft einer Citrone daran, eine Handvoll geputzte Champignons, Salz und Muskatnuß, lasse die Sauce recht kochen, legire sie mit 3 Eiergelb ab und gib sie über die Schlägel und Brüste.

## 244. Junge Hahnen als Ragout.

Es werden zwei junge Hahnen sauber geputzt, jedes Stück in 4 Theile geschnitten oder so dressirt, daß die Füße in den Körper gesteckt werden, gut ausgewaschen, stelle sie mit einem Stück Butter, etwas Petersilienwurzel, einigen Scheiben Zwiebeln, Nelken, Salz, gelben Rüben und Muskatnuß auf's Feuer, lasse es dämpfen, schütte etwas Fleischbrühe daran, dämpfe alsdann 2 Kochlöffelvoll Mehl in einem Stückchen Butter, lösche es mit 1 Glas Wein und dem Saft einer Citrone ab, thue etwas Muskatnuß daran und schütte sie an die Hahnen, laß die Sauce mitkochen, bis die Hahnen weich sind; beim Anrichten legire sie mit 3 Eiergelb ab.

## 245. Junge Hühner mit Champignon-Sauce.

Werden wie die vorangehenden gemacht, nur daß eine Handvoll gereinigte Champignons dazu kommt.

## 246. Junge Hühner mit Brockelerbsen.

Werden wie die obigen gemacht, nur daß Brockelerbsen dazu kommen. (Siehe Gemüse: Brockelerbsen.)

## 247. Junge Hühner mit Krebsen.

Es werden zwei junge Hühner sauber geputzt und ausgenommen, in vier Theile geschnitten, in laues Wasser gelegt, damit sie schön weiß bleiben; dazu werden 20 Krebse abgekocht, die Schwänze davon genommen, bei Seite gelegt, die Schalen werden gestoßen, mit ¼ Pfund Butter gedämpft, schütte einen Schöpflöffelvoll Fleischbrühe daran, laß es aufkochen, seihe es durch ein Haarsieb, hebe die Butter oben ab und behalte sie bis zum Anrichten, dämpfe zwei Kochlöffelvoll weißes Mehl in einem Stückchen Butter, schütte die Krebsbrühe daran, lege die Hühner nebst feiner Petersilie, dem Saft einer Citrone, einer Handvoll verwallte Morcheln und Muskatnuß hinein, lasse sie weichkochen, rühre die Krebsbutter mit 4 Eiergelb untereinander, richte die Hühner an, rühre die Sauce an die Eiergelb, rühre sie noch ein wenig auf dem Feuer, laß sie aber ja nicht kochen, schütte sie über die Hahnen, lege die Krebsschwänze darauf und gib sie zur Tafel.

## 248. Junge Hühner in einem Vol-au-vent.

Mache von 1 Pfund Butter und 1 Pfund Mehl einen Butterteig (das Mehl muß zuerst mit kaltem Wasser und etwas Salz zu einem glatten Teig geschafft werden), walle hierauf die Butter hinein, überschlage ihn öfters, bis er ganz mit der Butter verarbeitet ist, laß ihn alsdann 1/2 Stunde ruhen. Walle ihn hierauf zweifingerdick aus, in Form eines großen runden Tellers, streiche ihn mit Eiergelb an, schneide mit einem spitzen Messer in der Mitte einen Kreis, doch so, daß ein dreifingerbreiter Rand bleibt; der Schnitt darf nicht auf den Boden gehen; backe ihn hierauf auf einem mit Butter bestrichenen Kuchenblech im Backofen schön gelb, hebe den Deckel in der Mitte mit einem Messer heraus, daß er aber nicht zerbricht, löse das Speckige heraus, lege den Deckel wieder darauf und stelle ihn in die Wärme, bis kurz vor dem Anrichten. Dämpfe nun zwei geputzte und in 4 Theile geschnittene junge Hahnen in einem Stücke Butter mit 1 gelben Rübe, 1 Büschel Petersilie, einigen Scheiben Zwiebel, dem Saft einer Citrone, Salz, Pfeffer, Nelken, bis die Hahnen weich sind, dämpfe alsdann zwei Kochlöffelvoll weißes Mehl in einem Stück Butter, lösche es mit heißer Fleischbrühe ab, schütte sie an die Hahnen, laß sie noch ein wenig mitkochen, koche alsdann 25 Stück große Krebse in Salzwasser ab, schneide die Füße davon nebst den vorderen Zacken der Scheeren, schäle die Schwänze, doch so, daß sie an den Krebsen stehen und stelle sie auch an die Wärme. Lege hierauf die gedämpften Hahnen in den Vol-au-vent, legire die Sauce mit 3 Eiergelb, 3 Löffelvoll sauerm Rahm ab und schütte sie darüber, lege alsdann in die Mitte der Hühner Fischklöse oder Krebsklöse (siehe Suppenklöse), lege die Krebse darum, decke den Deckel darauf und gib es zur Tafel.

## 249. Junge Tauben in einem Vol-au-vent.

Werden wie die Hahnen zubereitet, nur statt der Krebse wird eine Handvoll Morcheln zur Sauce gethan und mitgekocht.

## 250. Brieslein in einem Vol-au-vent.

Die Brieslein werden zuerst in warmes Wasser gelegt, daß man das Häutige davon lösen kann; im Uebrigen wird verfahren wie bei den jungen Tauben.

## 251. Junge Tauben gedämpft.

Nachdem die Tauben geputzt, in vier Theile geschnitten und gewaschen sind, werden sie mit einem Stück Butter, Sellerriewurzel, Petersilienwurzel, gelben Rüben, 1 Zwiebel, Salz, Nelken, Muskatnuß und Pfeffer auf's Feuer gestellt, 1 Glas Wein daran geschüttet, zugedeckt und mit Fleischbrühe weichgedämpft; legire beim Anrichten die Sauce mit Eiergelb, sauerem Rahm und dem Saft von 1/2 Citrone.

## 252. Tauben in brauner Morchel-Sauce.

Man kann die Tauben einige Tage in Essig legen, schneidet sie alsdann in 4 Theile, läßt ein Stück Butter heiß werden, legt die Tauben hinein, nebst Zwiebeln, gelben Rüben, Salz und Gewürz, schüttet 1 Glas Wein daran und etwas Essig von der Beize, läßt sie weich dämpfen, brennt alsdann 2 Kochlöffel voll Mehl schön braun, löscht sie mit Fleischbrühe ab, schüttet sie an die Tauben nebst einer Handvoll Morcheln und Jus, läßt dies Alles recht kochen und richtet es an.

## 253. Enten mit Gurken.

Wenn die Enten geputzt, ausgenommen und gewaschen sind, werden sie schön aufgezäumt, binde sie mit Speck auf der Brust zu, lege sie in ein Casserol, thue Butter, Zwiebeln, gelbe Rüben, Petersilienwurzeln, Thymian, Pfeffer, Salz, Nelken und etwas Fleischbrühe daran, lasse sie dämpfen, schütte immer etwas Fleischbrühe oder Jus daran, bis sie weich sind. Mache folgends Gurken-Fricassee: Schäle 4 Gurken, schneide sie in 4 Theile, mache das Mark heraus, koche sie in Salzwasser ab, dämpfe sie in Butter und feiner Petersilie, streue 1 Löffelvoll Mehl daran, schütte Fleischbrühe dazu, lasse sie weich dämpfen, richte sie mit sauerm Rahm und Eierzelb auf die Platte, ziehe den Faden aus den Enten, setze sie darauf und gib sie zur Tafel. Man kann sie auch auf Mangoldstiele setzen. (Siehe bei den Gemüsen: Mangoldstiele.)

## 254. Gans-Pfeffer.

Die Flügel, der Kragen, die abgeschälten Füße, der Magen, das Herz, dies Alles wird in Salzwasser weichgekocht, alsdann werden 2 Kochlöffelvoll Mehl braun geröstet, mit der Brühe, worin Ersteres gekocht wurde, abgelöscht, thue Gewürz, Salz und Essig daran und lasse die Sauce kochen, thue den Pfeffer dazu und lasse ihn mitkochen; beim Anrichten rühre Gänseblut hinein, seihe die Sauce durch und richte sie darüber an.

## 255. Eingemachtes Kalbfleisch.

Es wird gewöhnlich von der Brust oder den Rippen genommen, in kleine Stücke geschnitten, mit kaltem Wasser hingestellt; wenn es Blasen hat, nimm es heraus und lege es in kaltes Wasser. Mache alsdann folgende Sauce: Dämpfe 2 Kochlöffelvoll Mehl in 1/4 Pfund Butter, thue feingehackte Zwiebeln und Petersilie dazu, lösche es mit Fleischbrühe ab, thue 1 Schoppen Wein nebst dem Saft einer halben Citrone, Nelken, Pfeffer und Salz daran, lege das Fleisch hinein, lasse es eine Stunde kochen; beim Anrichten legire die Sauce mit 3 Eiergelb und 3 Löffelvoll sauerm Rahm ab.

## 256. Kalbszunge.

10 bis 12 Kalbszungen werden in Wasser abgekocht, bis die Haut sich gut losschälen läßt, schneide einige Zwiebeln, gelbe Rüben, Petersilienwurzel, etwas Schinken, ganzes Gewürz, Thymian, 1 Lorbeeblatt, dämpfe dies Alles in einem Stück Butter einige Minuten, lege die Zungen hinein, thue 1 Schöpflöffelvoll Fleischbrühe daran und laß die Zungen weich kochen; nimm die Zungen heraus, schneide sie der Länge nach auseinander, röste hierauf 2 Kochlöffelvoll Mehl braun, lösche es mit einer Zwiebel und Petersilie ab, schütte ein Glasvoll Wein und ein Glasvoll Jus daran, nebst Pfeffer und Salz, laß die Sauce eine Stunde kochen und schütte sie über die Zungen.

## 257. Kalbsohren mit Champignons.

Der obere Lappen der Ohren wird abgeschnitten, doch so, daß sie eine hübsche Form behalten, dann werden sie aus mehreren Wassern gewaschen und in Salzwasser recht weich gekocht, alsdann auf die Platte gerichtet; dämpfe hierauf zwei Händevoll geputzte Champignons mit einem Stück Butter, nebst zwei Löffelvoll Mehl, lösche es mit 1 Glas Wein und Fleischbrühe ab, laß es ½ Stunde kochen, legire die Sauce mit 3 Eiergelb ab und richte sie über die Ohren an.

## 258. Kalbskopf mit der Haut gebrüht.

Es wird ein Kalbskopf in halb Wasser, halb Wein und Essig, bis es darüber geht, gethan, mit Zwiebeln, gelben Rüben, Sellerie, Petersilienwurzeln, etwas Schinken, ½ Pfund Nierenfett, Thymian, Nelken, Pfeffer, Salz, Lorbeerblatt, 1 Citrone in Scheiben geschnitten, auf's Feuer gestellt; man lasse ihn weichkochen, lege ihn auf die Platte, mache einen Kreuzschnitt über den Hirnkasten und gib folgende Sauce darüber: Dämpfe 1 Kochlöffelvoll Mehl in ¼ Pfund Butter, lösche es mit dem Sutt des Kalbskopfes ab, rühre 6 Eiergelb nebst einer Handvoll feinen Kapern hinein, mit etwas Salz und Muskatnuß, lasse die Sauce unter beständigem Rühren heiß werden, aber nicht kochen, und schütte sie darüber.

## 259. Kalbskopf mit der Haut in rothem Wein gebrüht.

Der Kalbskopf wird ausgebeint, bis auf das Hirn, doch darf man die Haut nicht zerreißen, nähe ihn mit der Packnadel unten wieder zu, stelle ihn alsdann mit 2 Bouteillen rothen Wein, 2 bis 3 Schoppen Jus, Zwiebeln, Petersilienwurzel, Selleriewurzel, gelben Rüben, 1 Handvoll gewaschenen Morcheln, ebensoviel gereinigten geschnittenen Trüffeln, Nelken, 1 Stück geschnittenen Schinken, Pfeffer, Thymian und Salz auf's Feuer, lasse den Kopf darin weich kochen, koche nun 10 bis 12 Stück große Krebse in Salzwasser ab, schneide die Füße und die vorderen Spitzen der Scheeren ab, schäle die Schwänze, doch so, daß sie an den Krebsen bleiben, setze den Kopf auf die Platte, garnire ihn mit den Trüffeln, Champignons, Krebsen und Codiveau-Klösen (siehe Suppen-Klöse), schütte die Sauce, worin der Kopf gekocht wurde, darüber.

## 260. Abgezogener Kalbskopf.

Derselbe wird gespalten, gewässert, das Hirn herausgenommen, der Kopf in Salzwasser mit verschiedenen Kräutern weich gekocht, das Hirn mit Citronensaft, Fleischbrühe, Muskatnuß und Salz gekocht. Nimm den Kopf heraus, lege die Hirnschale bei Seite, schäle die Zunge und schneide sie in 2 Theile, kehre Kopf und Zunge in Butter, feiner Petersilie Pfeffer und Salz, auch in geriebenem Brod um und lege es auf einen mit Butter bestrichenen Rost, gebe Gluth darunter; wenn der Kalbskopf und die Zunge gelb ist, wird das Hirn in die Schale gefüllt und hinein gethan, der Kopf auf die Platte gelegt, die Zunge oben herüber in's Fleisch gesteckt, röste Weißbrod in Butter gelb und schütte es darüber.

## 261. Kalbshirn.

Nimm 3 Kalbshirn, schütte kaltes Wasser daran, stelle sie an das Feuer, daß sie sich gut häuten lassen; dämpfe alsdann feine Zwiebeln und Petersilie nebst einem Kochlöffelvoll Mehl in einem Stück Butter, lösche es mit Fleischbrühe ab, schütte ein Glas Wein, den Saft einer Citrone, nebst Gewürz und Salz daran, lege das Hirn hinein, laß es mitkochen, richte es an und legire die Sauce mit 3 Eiergelb und 2 Löffelvoll sauerm Rahm ab. Man kann auch eine Handvoll gewaschene Morcheln dazu thun.

## 262. Kalbshirn mit schwarzer Butter.

Nachdem das Hirn gehäutet ist, koche es in 1 Glas Essig, 1 Glas Fleischbrühe, Zwiebeln, Petersilie, Citronenscheiben, Pfeffer und Salz; wenn es eine Viertelstunde gekocht hat, richte es auf eine Platte, lasse Butter recht heiß werden, thue geriebenes Brod hinein, wenn es gelb ist, schütte es darüber.

## 263. Kalbsfüße in brauner Sauce.

Nachdem die Füße in der Fleischbrühe abgekocht sind, werden die Beine herausgenommen, in Ei und Brod umgekehrt und in Schmalz gebacken; mache alsdann folgende Sauce: Es werden 2 Kochlöffelvoll Mehl geröstet, mit feinen Zwiebeln und Petersilie abgelöscht, wenn die Zwiebeln gelb sind, schütte 1 Glas Wein, den Saft einer Citrone, etwas Estragon,

Pfeffer und Salz daran und wenn die Sauce nicht sauer genug ist, auch etwas Essig, verdünne sie mit Jus oder Fleischbrühe, lasse sie eine Stunde kochen und schütte die Sauce über die Kalbsfüße.

## 264. Kalbsfüße in weißer Sauce.

Sie werden wie die obigen gebacken; mache folgende weiße Sauce daran: Dämpfe 1 Kochlöffelvoll Mehl in 4 Loth Butter, lösche es mit Fleischbrühe ab, thue etwas feine Petersilie, den Saft einer Citrone, etwas Muskatnuß und Salz hinein; wenn die Sauce gekocht hat, rühre 3 bis 4 Eiergelb dazu und richte sie über die Kalbsfüße an.

## 265. Kalbs-Gekröse.

Nachdem das Gekröse aus mehreren Wassern gewaschen ist, wird es mit kaltem Wasser und Salz hingestellt und 3 Stunden darin gekocht; nimm es heraus, schneide es in kleine Stücke und mache obige weiße Sauce (siehe Kalbsfüße) dazu, lege das Gekröse hinein, lasse es mitkochen und legire die Sauce mit 3 Eiergelb ab.

## 266. Kalbs-Brieslein.

Lege die Brieslein in warmes Wasser und mache das Häutige davon, lege sie alsdann in eine Buttersauce (siehe Nr. 262), schütte noch ½ Glas Wein daran, lasse sie weich kochen; beim Anrichten legire die Sauce mit 3 Eiergelb ab.

## 267. Gedämpfte Kalbsleber.

Die Leber wird abgehäutelt und in fingerdicke Stücke geschnitten, lasse alsdann in einem breiten Geschirr Schmalz heiß werden, thue die Leber nebst etwas Salz hinein und lasse sie von beiden Seiten Farbe bekommen, nimm sie nun heraus auf eine Platte und thue eine Handvoll feingeschnittene Zwiebel und Petersilie in das Schmalz, lasse dieses dämpfen, streue eine Handvoll Mehl und ein klein wenig Zucker hinein, wenn dieses etwas Farbe hat, so löscht man es mit ½ Glas Essig und Fleischbrühe ab, thut etwas Pfeffer und Nelken hinein und läßt solches eine Zeit lang kochen, thut nun die gedämpfte Leber hinein, läßt sie noch ein wenig mitkochen, aber nicht zu lange, damit sie nicht hart wird, und richtet sie an.

## 268. Gespickte Kalbsleber.

Eine große Kalbsleber wird mit Speck gespickt, lasse alsdann ein Stück Butter heiß werden, lege die Leber hinein, nebst Zwiebeln und gelben Rüben, etwas feiner Petersilie, Nelken, Lorbeerblatt, Thymian und Salz und 1 Schoppen Wein, decke einen Kohlendeckel darauf, überschütte öfters die Leber mit der untern Sauce, lasse die Leber eine Stunde kochen, bis sie von oben Farbe bekömmt, mache folgende Sauce darüber: Röste 2 Löffelvoll Mehl, dämpfe einen Löffelvoll Schalotten darin, schütte 3 Trinkgläservoll von der Brühe daran, worin die Leber gekocht wurde, thue Pfeffer und Salz daran und richte sie über die Leber an.

## 269. Kalbsherzen in brauner Sauce.

Koche 2 Kalbsherzen in Salzwasser weich, mache die vorhergehende Sauce daran, statt der Brühe schütte ein Glas Wein, etwas Essig und Fleischbrühe daran.

## 270. Lungen-Mus.

Die Lunge wird gekocht, alsdann fein gehackt, dämpfe feine Zwiebeln und Petersilie in einem Stück Butter nebst einem Kochlöffelvoll Mehl, thue die gehackte Lunge hinein, nebst dem Saft einer Citrone, lasse es einige Minute dämpfen, lösche es mit Fleischbrühe ab, lasse es kochen, rühre einiges Eiergelb hinein, lasse es dick werden, aber nicht kochen, und richte es an.

## 271. Sauere Nieren.

Man nimmt einige Schweinenieren, schneidet diese auseinander, befreit sie von den Häuten und schneidet sie in ganz feine Blättchen, nun werden feingehackte Zwiebeln in Butter gedämpft, wenn sie weich sind, kommen die Nieren hinein nnd werden auch mitgedämpft, unterdessen hat man 1 Kochlöffelvoll Mehl geröstet, dieses wird mit Fleischbrühe abgelöscht, etwas Essig und ein klein wenig Zucker daran gethan und so läßt man die Sauce eine Zeit lang kochen, thut nun die gedämpften Nieren nebst etwas Salz in die Sauce und läßt sie noch ein wenig mitkochen, aber nicht zu lange, damit sie nicht hart werden.

## 272. Kalbs-Roulade.

Schneide vom Schlägel dünne Batten und klopfe sie, dämpfe alsdann einige Zwiebeln und feingehackte Petersilie in einem großen Stück Butter, bestreiche das Kalbfleisch damit, streue feingeriebenes Weißbrod darauf, rolle die langen Stückchen Fleisch, binde sie mit Bindfaden zu, zerlasse ein Stück Butter, schneide Zwiebeln und gelbe Rüben hinein, lege die Rouladen hinein, schütte Fleischbrühe daran, lasse es eine Stunde dämpfen, beim Anrichten rühre einige Eiergelb und den Saft einer Citrone daran.

## 273. Ragout von farcirten Ochsengaumen mit Thomatsauce.

Nimm 4 Stück Ochsengaumen, wasche und koche

sie in Salzwasser halb weich, nimm sie heraus und schabe die obere Haut davon ab, nimm dann ½ Laibchen Weißbrod, schneide die Kruste ab und weiche es in Wasser ein, nimm nun einige Hahnenbrüste in den Mörser und stoße sie recht fein, dann das eingeweichte und ausgedrückte Weißbrod nebst 4 Eiergelb, Salz, Muskatnuß und Pfeffer dazu und stoße es recht glatt darunter, nimm nun die Masse und streiche die Ochsengaumen fingerdick damit, rolle und binde sie mit Bindfaden fest zusammen, thue sie alsdann in ein Casserol nebst Butter, Fleischbrühe, ½ Glas Wein, etwas Salz und lasse sie alsdann vollends weich dämpfen. Gib nun folgende Sauce dazu: man nimmt 6 Thomat- oder Paradiesäpfel nebst einigen Schalotten, Pfeffer, Salz, Lorbeerblatt, 1 Glas Wein und kocht es gut weich, treibe es durch ein Haarsieb, rühre etwas gute braune Sauce dazu, lasse es auf dem Feuer noch etwas kochen, beim Anrichten nimmt man die Fäden von den Gaumen und gibt die Sauce darüber.

## 274. Kabfleisch-Ragout.

Vom Schlägel werden dünne Batten geschnitten, geklopft und gespickt; lasse in einem breiten Geschirr Butter heiß werden, lege die Stücke hinein, lasse sie auf beiden Seiten gelb werden, schütte das Fett davon ab, schütte Wein und Fleischbrühe daran und lasse es langsam kochen. Reibe hierauf ein Milchbrod, hacke 2 Zwiebeln, ein Stückchen Knoblauch, 4 Sardellen 1 Stückchen Schinken recht klein, lasse alsdann ein Stück Butter zergehen, röste 1 Löffelvoll Mehl darin, thue das Gehackte hinein, nebst einer Handvoll verwallter Morcheln oder Trüffeln, schütte dies Alles an das Ragout, nebst Muskatnuß, Nelken und Pfeffer, wenn es noch einige Zeit mitgekocht hat, richte es an und belege es mit geschnittenen Pistazien.

## 275. Granat von Kalbfleisch.

Hacke 2 Pfund Kalbfleisch von der Schale, ohne Haut und Bein, nebst einem Pfund Nierenfett ohne Haut recht fein, dämpfe alsdann feine Petersilie und Schalotten in einem Stück Butter, rühre einen eingeweichten und wieder ausgedrückten Weck darunter, lasse ihn recht zart dämpfen, rühre alsdann 4 Eier, 1 Eigroß Butter, Salz und Muskatnuß recht dick auf dem Feuer, menge sie unter den Weck, alsdann unter das Fleisch, stoße dies Alles recht zart in einem Mörser. Koche alsdann 4 Kalbsbrieslein in Wasser, bis sich das Häutige davon losbringen läßt, schneide sie alsdann in dünne Blättchen und dämpfe sie in Butter und feiner Petersilie, thue eine Handvoll geputzte Champignons, 1 Kochlöffelvoll Mehl daran, wenn dies miteinander gedämpft hat, lösche es mit Fleischbrühe ab, thue Salz daran und laß es eine Viertelstunde langsam kochen, daß es dick wird, rühre alsdann 4 Eiergelb nebst dem Saft einer Citrone daran und laß es erkalten, lege hierauf eine mit Butter bestrichene Form mit dünnen Speckbatten aus, fülle von der gestoßenen Kalbfleischmasse hinein, doch lasse in der Mitte zweifingerhoch vom Boden eine Oeffnung, fülle die Brieslein hinein, bedecke es mit der übrigen Farce, bis die Form ganz fest eingedrückt und voll ist, belege es oben mit Speckbatten, stelle es hierauf in einen heißen Ofen 2 Stunden, lasse es backen, bis es von oben schön gelbbraun ist, nimm es alsdann aus dem Ofen, löse es auf den Seiten mit dem Messer, stürze es auf die Platte und mache folgende Sauce darüber: Dämpfe eine Handvoll Schalotten in einem Stück Butter und ein wenig Mehl, schütte ½ Glas Essig, 1 Schoppen Jus nebst Pfeffer und Salz daran, lasse es zur Hälfte einkochen und schütte es über den Granat.

## 276. Gedämpfte Kalbsrippen.

Schneide die obere dicke Haut oder den Abdecker von den Rippen ab, dann schneide, so viel es lange Beinchen hat, in gleicher Dicke Rippen davon, streife von den Knochen das Häutige ab, klopfe mit einem Holz jedes Stück, damit es mürbe und dünn wird, zerlasse alsdann in einem breiten Geschirr ein Stück Butter, lasse feine Petersilie und Schalotten darin dämpfen, lege die Rippen in schöner Form hinein, streue einen Kochlöffelvoll Mehl darüber, nebst Salz, Pfeffer und Nelken; wenn die Zwiebeln gelb werden, schütte ein Glas Wein und den Saft einer Citrone daran, lasse es langsam dämpfen, schütte hierauf etwas Jus daran, damit die Sauce bräunlich wird; nachdem sie eine Stunde gedämpft haben, richte sie schön auf die Platte an, verdünne die Sauce mit Fleischbrühe und schütte sie darüber.

## 277. Kalbsnieren mit Gurgensauce.

Die Rippen werden wie die vorhergehenden zubereitet, nur bleibt die Sauce zurück und die Rippen werden auf Gurken gesetzt. (Siehe Gemüse: Gurken.)

## 278. Kalbfleisch-Ragout mit Spargeln.

Vom Schlegel werden fingerdicke Stücke geschnitten, gehäutelt, geklopft und gespickt; lasse ein Stück Butter zergehen, thue Zwiebeln, Nelken, Muskatnuß, Pfeffer, Salz, gelbe Rüben, Petersilienwurzeln daran, lasse es dämpfen, schütte etwas Jus oder Fleischbrühe daran, lasse es weich dämpfen. Von den Spargeln werden die Köpfe abgeschnitten und in Salzwasser gekocht, lasse alsdann ein Stück Butter zergehen, dämpfe einen Kochlöffelvoll Mehl darin, lösche es mit Fleischbrühe und Spargelbrühe ab, lege die Köpfe der Spargeln hinein, lasse sie mitkochen, legire die Sauce mit einigen Eiergelb ab, richte sie auf die Platte, lasse die Sauce am Ragout recht einkochen, kehre das Fleisch darin um, lege sie auf die Spargeln und gib es zur Tafel.

## 279. Fleischvögel mit Morcheln-Sauce.

Wie bei vorstehender Nummer schneidet und dämpft man Stückchen gespicktes Kalbfleisch, schüttet ½ Glas Essig nebst dem Saft einer Citrone daran; wenn es weich ist, mache eine Morcheln-Sauce daran. (Siehe Saucen.)

## 280. Fleischvögel anderer Art.

Es werden vierfingerbreite Stückchen Kalbfleisch von einer halben Schale geschnitten, geklopft, an dem einen Ende zweifingerbreit gespickt, nimm ¼ Pfund Nierenfett, 2 Schweinsnieren, hacke dies recht fein, dämpfe einen halben Weck, der zuvor eingeweicht und wieder ausgedrückt ist, in Butter, feiner Petersilie und Zwiebeln, rühre auf dem Feuer 2 Eier daran, daß es dick wird, menge das Gehackte darunter, lasse es erkalten, rühre 2 Eier, Salz, Pfeffer, Muskatnuß daran, bestreiche das Fleisch damit, rolle es so zusammen, daß das Gespickte nach Außen kömmt, binde es mit Fäden zu, lasse in einem breiten Geschirr Butter zergehen, lege die gerollten Stückchen hinein, lasse sie schön gelb dämpfen, schütte die Butter davon ab, thue das übrige Gehackte dazu, nebst dem Saft von ½ Citrone, etwas Fleischbrühe, daß die Sauce dick koche, und richte sie an.

## 281. Hammelszungen in Sardellen-Sauce.

Die Zungen werden aus mehreren Wassern gewaschen, mit kaltem Wasser auf's Feuer gestellt und gekocht, bis die Haut sich gut losschälen läßt, schneide sie der Länge nach durch, lege sie in die Sardellen-Sauce. (Siehe Saucen beim Rindfleisch.)

## 282. Hammelszungen in Kräutersauce.

Die Zungen werden abgekocht wie die vorhergehenden und eine Kräutersauce dazu gemacht. (Siehe Saucen.)

## 283. Hammelshirn.

Wird zubereitet wie Kalbshirn. (Siehe Kalbshirn.)

## 284. Hammelsbug eingebeizt.

Schneide den Bug in 2 Theile, lege ihn 3 Tage in Essig, Zwiebeln, Pfeffer, Salz und Knoblauch, stelle alsdann Schmalz auf's Feuer, lege das Fleisch nebst den Zwiebeln, Knoblauch, Pfeffer, Salz, Nelken, gelben Rüben und einem Krüstchen Schwarzbrod hinein; wenn das Fleisch schön gelb ist, schütte Fleischbrübe daran, bis es weich ist. Röste alsdann 2 Löffelvoll Mehl, lösche es mit seinen Zwiebeln ab, schütte Fleischbrühe daran, thue es an das Fleisch nebst etwas Essig von der Beize, wenn die Sauce recht gekocht hat, richte es an.

## 285. Hammelsrippen gedämpft.

Nachdem der Abdecker abgeschnitten ist, werden dünne Rippen, so viel es lange Beinchen hat, geschnitten, mit Salz und Pfeffer bestreut, lasse alsdann in einem breiten Geschirr Butter zergehen, thue Zwiebeln und Petersilie hinein, lege die Rippen dazu, streue 1 Löffel voll Mehl darüber, lasse alles recht dämpfen, bis die Zwiebeln gelb werden, lösche es alsdann mit Jus oder Fleischbrühe ab, thue den Saft einer Citrone daran, nebst Muskatblüthe; soll die Sauce sauer sein, schütte etwas Wein daran; wenn es ½ Stunde gekocht hat, richte es an.

## 286. Hammelsrippen in Champignons.

Nachdem die Rippen geschnitten und geklopft sind, werden sie in Zwiebeln und Petersilie umgekehrt, alsdann in verrührtem Ei und geriebenem Brod, lasse sie dann in Butter auf beiden Seiten gelb werden, richte sie im Kreis auf die Platte an und bereite die Champignons auf folgende Art: es werden 2 Händevoll geputzte Champignons in einem Stück Butter und feiner Petersilie gedämpft, nebst 2 Kochlöffelvoll Mehl, lösche es mit Fleischbrühe ab, thue Salz, Pfeffer, den Saft einer Citrone daran, lasse es recht kochen, bis es dick ist, richte es in die Mitte der Coteletten an.

## 287. Hammels- und Schweinenieren.

Sie müssen durch viele Wasser gewaschen werden, damit das Sandige davon kömmt, laß alsdann Zwiebel und Petersilie in Butter dämpfen, schneide hierauf die Nieren in kleine Stückchen, thue sie dazu, lasse sie dämpfen, schütte ein wenig Fleischbrühe daran und lasse sie weich kochen, röste alsdann 2 Löffelvoll Mehl, lösche es mit Fleischbrühe ab, schütte ½ Glas Essig, Nelken, Pfeffer und Salz daran, auch Jus, wenn man hat, schütte die Sauce an die Nieren, lasse sie recht einkochen und richte sie über die Nieren an.

## 288. Ragout von Coteletten à la Nelson.

Nimm ungefähr 3 Kochlöffelvoll Mehl in ein Casserol, rühre es mit Milch glatt, thue ¼ Pfund Butter, fein gehackte Zwiebeln, Petersilie und etwas Muskatnuß dazu, rühre es auf dem Feuer, bis es recht steif ist, thue dann 3 bis 4 Eier, Salz und für 4 Kreuzer geriebenen Käs daran, nimm dann schöne Hmmelscoteletten, streiche die Masse darauf, streue noch geriebenen Käs nebst kleinen Stückchen Butter darauf, setze sie nun in eine mit Speck ausgelegte Pfanne und mache sie im Ofen fertig, gib dann eine gute Champignon-Sauce darunter.

## 289. Froschschenkel.

Die Haut zwischen den Schlägeln muß gelöst und die Schenkel von einander geschnitten werden. Dämpfe alsdann etwas feine Petersilie, einen Kochlöffelvoll Mehl in einem Stück Butter, schütte Fleischbrühe, den Saft einer Citrone nebst Salz und Muskatnuß daran, lege die gewaschenen Froschschenkel hinein, lasse sie ½ Stunde kochen, richte sie mit 3 Eiergelb an.

## 290. Schnecken in Sauce.

Die Schnecken werden gewaschen, in Salzwasser gekocht; nimm sie mit einer Gabel heraus, löse die schwarze Haut, die um die ganze Schnecke geht, schneide das Spitze vorn am Kopfe ab, reibe sie mit einer Handvoll Salz ab, damit das Schleimige davon kömmt, wasche sie aus 3 bis 4 warmen Wassern und mache eine Sardellen-Sauce (siehe Ochsenfleisch und Beilagen) und lasse sie darin kochen.

## 291. Ragout à la Richelieu.

Nimm 4 Pfund Kalbfleisch, häutle es ab, schneide und hacke es klein nebst ½ Pfund Nierenfett, nimm es in den Reibstein und stoße es zart, thue dann 4 Eiergelb, Salz, etwas Muskatnuß und Pfeffer daran und stoße Alles recht untereinander, bestreiche einen Kupferdeckel mit Butter, nimm die Masse aus dem Reibstein, formire sie zu einem Ring und setze sie auf den Kupferdeckel, setze alsdann ein Casserol mit Wasser und etwas Salz auf's Feuer bis zum Kochen, lasse den Kupferdeckel warm werden und rutsche den Ring in das Salzwasser, lasse es

½ Stunde kochen, thue es in eine Pfanne mit etwas Butter unten und oben und backe es in einem gelinden Ofen, richte es auf eine runde Platte an und gieße eine braune Trüffelsauce darüber.

## 292. Gansleber mit Trüffel-Sauce.

Die Gansleber muß groß sein, damit sie fett ist, diese spicke mit klein geschnittenen Trüffeln, lasse nun in einem Geschirr etwas Butter zergehen, lege ein Stück Speck auf den Boden, lege die Leber hinein, nebst etwas Schinken, Nelken, Salz, Pfeffer, Muskatnuß, dem Saft einer halben Citrone, etwas Fleischbrühe, decke einen Kohlendeckel darauf und lasse sie dämpfen, lege aber auf die Leber ein Papier, damit sie weiß bleibt, mache alsdann eine Trüffel-Sauce dazu. (Siehe Saucen.)

## 293. Hammelswürste oder Blunzen.

Jede Wurst muß in vier bis sechs Stückchen geschnitten werden, dämpfe alsdann eine Handvoll feingehackte Zwiebeln und Petersilie in einem Stück Butter, lege die Rädchen hinein, lasse sie anziehen, wende sie um, schütte Milch daran, daß sie alle in der Milch liegen, lasse die Milch zu einer dicken Sauce einkochen und richte es an. Mit gerösteten Kartoffeln ist dies eine angenehme Speise.

## 294. Lummel oder Beefsteak in Sardellen-Sauce.

Der Lummel wird schön geschnitten, der Knochen und die obere dicke Haut davon gemacht, schneide fingerdicke runde Stücke davon, klopfe sie flach, bestreue sie mit Pfeffer und Salz, wende sie auf beiden Seiten in zerlassener Butter um, setze sie auf den Rost, mache starke Gluth darunter, lasse sie auf beiden Seiten gelbe Farbe bekommen, richte sie auf die Platte, drücke Citronensaft darauf und gib eine Sardellen-Sauce dazu. (Siehe Saucen.)

### 295. Lummel anderer Art.

Der Lummel wird schön geschnitten, der Knochen davon gemacht und gespickt, lasse alsdann Butter zergehen, lege den Lummel hinein, thue gelbe Rüben, Zwiebeln, etwas Schinken, Speck, Petersilienwurzeln, ein Stückchen Schwarzbrod, Thymian, Pfeffer, Nelken, Salz, Knoblauch und ein Glas Wein daran, decke einen Kohlendeckel darauf und lasse es dämpfen; schütte immer etwas Fleischbrühe daran und lasse es kurz dämpfen; wenn es weich ist, röste 2 Löffelvoll Mehl braun, lösche sie mit Jus oder Fleischbrühe ab, schütte es an den Lummel, nebst dem Saft einer Citrone und etwas Essig, lasse die Sauce recht kochen und richte den Lummel an.

### 296. Rinds- oder Ochsenzunge.

Wenn die Zunge weich gekocht ist, wird sie geschält und in Sardellen- oder Kapern-Sauce gelegt. (Siehe Saucen.)

---

## Mehl- und Eierspeisen nebst süßen Speisen.

### 297. Abgeschmelzte Nudeln.

Mache von sechs Eiern und drei Händevoll Mehl einen glatten Teig, walle ihn in dünne Kuchen aus, lege sie auf ein reines Tuch, wenn sie getrocknet sind, schneide sie in fingerbreite Nudeln, das Abgefallene lasse davon zurück, koche sie in Salzwasser einige Minuten, richte sie alsdann an und röste die zurückgelassenen Nudeln in Butter schön gelb und schütte sie darüber.

### 298. Schinken=Nudeln.

Sie werden wie die gewöhnlichen Nudeln gemacht, nur daß eine Lage Nudeln auf eine Lage gehackten Schinken gelegt wird, bis die Platte gefüllt ist, alsdann werden sie abgeschmelzt wie oben.

### 299. Italienische Nudeln oder Macaroni.

Man kocht in Salzwasser 1 Pfund Macaroni recht gut weich, thut in ein Casserol ½ Pfund Butter, rührt sie recht schäumig, mengt ¼ Pfund feingehackten Schinken, ½ Pfund geriebenen Parmesankäse, 1 Schoppen sauern Rahm, etwas Pfeffer, nebst den abgekochten Macaroni darunter, bestreicht ein Casserol mit Butter, legt es mit Butterteig aus, füllt alsdann die Masse ganz hinein, daß das Casserol davon voll wird, macht dann von demselben Teig einen Deckel darauf, backt ihn 1½ Stunden in einem heißen Ofen und stürzt ihn auf die Platte. Man kann sie auch ohne Vol-au-vent geben.

### 300. Trichternudeln.

Nimm 1 Mäßlein Mehl, 6 Eier, Salz und Milch, rühre damit einen glatten Teig an, doch nicht zu dünn, laß ihn alsdann durch einen Sträubleins=Trichter in langsam kochendes Salzwasser laufen, bleibe immer mit dem Trichter nahe auf dem Wasser, lasse sie einige Minuten kochen, richte sie auf eine Platte an und schmelze sie mit schwach geröstetem Weißbrod.

### 301. Spätzlein.

Werden wie die vorstehenden Trichter=Nudeln ge=

macht, nur mit dem Unterschied, daß halb Wasser, halb Milch genommen wird; der Teig muß dicker sein und wird mit dem Löffel in's kochende Wasser gelegt.

## 302. Leberklöse.

Man häutelt und hackt eine Kalbsleber recht zart, weicht 4 Wecke in Wasser ein, wenn sie geweicht, thue ein Stück Butter in das Casserol, dämpfe 1 Zwiebel und Petersilie darin, thue die Wecke hinein, dämpfe sie mit, bis sie ganz glatt sind, thue sie in eine Schüssel, lasse sie erkalten, menge die gehackte Leber darunter, nebst ½ Mäßlein Mehl, etwas feingeriebenem Majoran, Pfeffer und Salz, rühre diese Masse mit 6 bis 8 Eiern recht zart, setze alsdann mit einem Eßlöffel der Länge nach Klöse in's kochende Salzwasser und laß sie langsam kochen, bis sie fertig sind, richte sie auf eine Platte an und schmelze sie mit geröstetem in Würfel geschnittenem Brode.

## 303. Kartoffelklöse.

Koche 20 Kartoffeln ab, wenn sie erkaltet sind, reibe sie auf dem Reibeisen, menge ½ Mäßlein Weißmehl darunter, dämpfe Zwiebeln und Petersilie in einem Stück Butter, schütte es an die Kartoffeln, mache 1 Schoppen Milch siedend, schütte ihn auch darüber, rühre alsdann 8 bis 9 Eier daran, nebst Salz, schaffe den Teig recht glatt, setze mit dem Löffel lange Klöse in kochendes Salzwasser, lasse sie langsam kochen und schmelze sie mit in Butter geröstetem Brod.

## 304. Kartoffelklöse auf andere Art.

12 Stück abgekochte kalte Kartoffeln werden geschält und gerieben, dann dämpfe eine Zwiebel und Petersilie in etwas Butter weich, rühre ¼ Pfund Butter mit 6 Eiern schäumig darunter, nebst etwas

Salz und Muskatnuß, rühre die geriebenen Kartoffeln darunter, laß die Masse recht steif werden, formire alsdann in der Größe eines Eies Klöße daraus, lasse sie ¼ Stunde in Salzwasser langsam kochen, richte sie wie die vorstehenden an.

## 305. Kartoffelklöße noch anderer Art.

Nimm 20 Stück geriebene Kartoffeln in eine Schüssel, weiche 4 Wecke in Wasser weich, drücke sie aus und dämpfe sie nebst Zwiebeln und Petersilie in Butter bis sie ganz zart sind, menge sie unter die geriebenen Kartoffeln, streue eine Handvoll Mehl darunter nebst gehörigem Salz, rühre die Masse ab mit acht Eiern, und lege sie mit einem Löffel in's kochende Salzwasser, laß sie ¼ Stunde langsam kochen, richte sie an und schmelze sie mit geröstetem Brod ab. Es soll zur Regel dienen, daß alle Klöße zuerst mit einem probirt werden, damit man noch nachhelfen kann.

## 306. Schupfnudeln.

Nimm ½ Pfund Mehl, 20 Stück abgekochte und heiß geriebene Kartoffeln, 5 bis 6 Eier und etwas Salz, dieses wird auf dem Wirkbrett zu einem glatten Teig geschafft, alsdann fingerdicke und fingerlange Wargeln daraus gemacht, in kochendem Salzwasser einige Minuten gekocht, alsdann in einen Suppenseier gelegt, damit sie abtropfen und erkalten und hierauf im heißen Schmalz schön gelb gebacken. Man braucht sie aber auch gar nicht abzukochen, und nur im schwimmden Schmelz schön gelb zu backen.

## 307. Schalotten-Küchlein.

Man läßt ein Stück Butter zergehen, dämpft dann ungefähr 12 feingehackte Schalotten darin, weicht alsdann 3 Wecke in Wasser ein, drückt sie aus und thut sie zu der Butter, nachdem auch dieses angedämpft ist, rührt man die Masse mit 4 Eiern, Petersilie, Salz, Maskatnuß untereinander, und legt mit einem Löffel längliche Küchlein in heißes Schmalz ein und backt sie schön gelb.

## 308. Laubfrösche.

Die größten Blätter vom Spinat werden rein gewaschen, alsdann mit kochendem Wasser angebrüht und zugedeckt, aber nicht auf dem Feuer stehen gelassen; ist der Spinat gelind geworden, dann thue ihn in kaltes Wasser, nimm die Blätter wieder heraus, lege sie neben einander auf das Nudelbrett und fülle sie mit folgender Fülle: Es werden nach Proportion 3 bis 4 Wecke in Wasser geweicht und wieder ausgedrückt, thue ½ Viertelpfund Butter auf's Feuer, dämpfe darin eine Zwiebel und Petersilie, thue die Wecke dazu, laß sie mitdämpfen, rühre hierauf gehackten Braten darunter, rühre die Masse mit 5 bis 6 Eiern an, thue Salz und Muskatnuß daran, fülle die Blätter mit dieser Fülle, so daß das Blatt die Fülle ganz bedeckt, setze die Laubfrösche in ein Stück zerlassene Butter, schütte etwas Fleischbrühe daran, setze auf das Casserol einen Deckel mit Kohlen und laß sie ½ Stunde kochen, mache alsdann eine Butter-Sauce darüber und gib sie zur Tafel.

## 309. Gefüllte Flädlein in der Fleischbrühe.

Backe mehrere dünne Omelette oder Flädlein, alsdann dämpfe 1 eingeweichten, wieder ausgedrückten Weck in Zwiebel und Petersilie, thue rohes gehacktes Kalbfleisch oder Kalbsnieren dazu, thue dies in eine Schüssel, rühre 3 Eßlöffelvoll sauern Rahm nebst 3 ganzen Eiern daran, etwas Salz und Muskatnuß, rühe Alles wohl unter einander, bestreiche die Flädlein einen Messerrücken dick, rolle sie dreifingerbreit zusammen, laß in einem Casserol ein Stück Butter zergehen, lege die gefüllten Flädlein hinein, schütte Fleischbrühe daran, thue einen Kohlendeckel darauf und laß sie gar kochen.

## 310. Maultaschen.

Mache einige Nudelkuchen und lasse sie ein wenig abtrocknen, doch so, daß sie nicht zu spröde werden, koche alsdann etwas Spinat ab, ziehe ihn durch's kalte Wasser, wiege ihn recht fein, dämpfe alsdann eine Zwiebel in Butter nebst einem Kochlöffelvoll Mehl, thue den Spinat dazu und lösche ihn mit ein wenig Fleischbrühe ab, doch nicht zu viel (wenn man übrigens Spinat=Gemüse hat, kann man es auch dazu verwenden), thue alsdann vier eingeweichte und wieder ausgedrückte Wecke darunter, wenn es erkaltet, rühre 5 bis 6 Eier nebst Salz und Muskatnuß recht wohl darunter, schneide die Nudelkuchen in länglich=viereckige Stücke, fülle sie damit, drücke rings herum den Teig fest zusammen und lege sie in kochendes gesalzenes Wasser, lasse sie langsam kochen, richte sie an und schmelze sie mit in Butter geröstetem Brod.

## 311. Fleischklöse von übrigem Fleisch.

Weiche 4 Weck in Wasser, drücke sie alsdann aus und dämpfe sie in Butter, Zwiebeln und Petersilie recht zart, menge alsdann das gehackte Fleisch (darf auch Schinken sein) darunter, thue eine Handvoll Mehl, 5 bis 6 Eier, nebst Salz und Pfeffer daran, rühre Alles recht untereinander und koche sie wie die andern Klöse im Wasser.

## 312. Spinat=Pudding.

Für 6 Personen werden 2 Händevoll Spinat gebrüht, fein gehackt, in einem Stück Butter mit Zwie=

bel, Schalotten und Petersilie gedämpft, 1 Weck abgerieben, in mehrere Theile geschnitten, in Milch eingeweicht, alles zusammen in eine Schüssel gethan, nebst Salz und Muskatnuß, rühre dies Alles mit 6 Eiergelb ab, schlage das Weiße der sechs Eier zu Schnee und rühre ihn darunter. Bestreiche alsdann eine Serviette mit Butter, lege in Eckstein geschnittene Flädlein darüber, fülle die Masse hinein, binde die Serviette fest zu, lasse noch etwas Raum, damit der Pudding aufgehen kann, hänge ihn in kochendes Salzwasser, lasse ihn eine Stunde kochen, stürze ihn auf eine Platte und mache eine Buttersauce darüber.

## 313. Krebs-Pudding.

Koche 25 Krebse in Salzwasser ab, nimm die Schwänze davon, die übrigen Theile stoße und dämpfe in ¼ Pfund Butter, gieße 2 Schöpflöffelvoll Fleischbrühe daran, lasse es aufkochen, schütte es durch ein Sieb, hebe die Butter davon ab, thue noch 4 Loth Butter dazu, rühre es mit 6 ganzen und 6 gelben Eiern recht schäumig, feuchte 3 ganze Milchbrode mit 8 Eßlöffelvoll süßem Rahm an, menge sie unter die Butter mit Eiern, thue die feingeschnittenen Krebsschwänze nebst feiner Petersilie, Salz und Muskatnuß daran, bestreiche eine Serviette mit Butter, fülle die Masse hinein und lasse sie eine Stunde in Salwasser kochen, mache von der durchgelaufenen Krebsbrühe eine Buttersauce nebst feingehackter Petersilie, richte den Pudding auf die Platte, spicke ihn mit Krebsschwänzen und schütte die Sauce darüber.

## 314. Omeletten auf gewöhnliche Art.

Für 6 Personen nimm 5 bis 6 Eßlöffelvoll Mehl in eine Schüssel, thue ein wenig Salz dazu, rühre es mit Milch an, schlage nach und nach 6 Eier daran, verdünne den Teig mit Milch, doch nicht so dünn, wie zu einem Flädleinteig, thue ein Stück Schmalz in die Pfanne, laß es heiß werden, gieße von dem Teig hinein, lasse ihn durch öfteres Schütteln schön gelb werden, drehe ihn um, lasse ihn wieder gelb werden und richte ihn auf die Platte; die folgenden mache eben so.

## 315. Französische Omeletten.

Verrühre 6 ganze Eier mit 6 Löffelvoll Milch, etwas Salz und geschnittenem Schnittlauch, lasse ein Stück Butter in der Pfanne zergehen und die Eier hineinlaufen, dann lasse ihn auf einer Seite gelb werden, doch so, daß die Eier saftig bleiben, und richte ihn zusammengerollt auf die Platte.

## 316. Aufgezogene Omeletten.

Rühre von 4 bis 6 Eiern, 2 Löffelvoll Mehl und süßem Rahm einen Teig, bis er dünn genug ist; das Weiße der Eier wird zu Schnee geschlagen, auch ein wenig Salz hinein gethan, lasse Butter heiß werden, den Teig hineinlaufen und stelle einen Deckel mit Kohlen darauf. Man kann auch Zucker darauf streuen.

## 317. Omeletten von Fleisch.

Wiege gebratenes Kalbfleisch recht fein, schneide ein Milchbrod in eine Schüssel, schütte lauwarme Milch darüber, lasse es weichen, drücke es aus, thue es zu dem verwiegten Fleisch, dämpfe etwas Zwiebeln und Petersilie in einem Stückchen Butter, menge das Fleisch nebst einem Löffelvoll Mehl darunter, schlage 4 bis 5 Eier dazu, lasse die Omeletten in einer Omelett-Pfanne auf beiden Seiten schön gelb werden und richte sie an.

## 318. Gefüllte Pfannenkuchen.

Man backe 3 dünne Pfannenkuchen, nehme dann

4 Eßlöffelvoll gebratenes feingehacktes Fleisch; rühre es mit 3 Eiern, gehackter Petersilie und Muskatnuß untereinander, streiche die Masse auf die Pfannenkuchen, rolle sie zusammen, schneide fingerlange Stückchen davon, und setze sie auf eine mit Butter bestrichene Platte. Nimm alsdann das Gelbe von 6 Eiern in eine Schüssel, menge ½ Schoppen sauern Rahm darunter, schlage das Weiße zu Schnee und menge es auch leicht unter den Rahm, gieße es über die Pfannenkuchen und backe sie in einem nicht zu heißen Ofen.

## 319. Gebackene Eier (Ochsenaugen).

Lasse ein Stück Butter in der Größe eines Eies vergehen, schlage ein Ei nach dem andern hinein, doch so, daß sie nicht zu nahe auf einander kommen, auch muß man Acht geben, daß das Gelbe in die Mitte kommt, streue ein wenig Salz darüber; wenn sie von unten Farbe haben, werden sie auf die Platte oder das Gemüse gelegt.

## 320. Weichgesottene Eier.

Wenn das Wasser kocht, lege frische Eier hinein, und lasse sie 3 Minuten kochen, gib sie in Eierbechern mit Salz und Weckschnitten zur Tafel.

## 321. Harte und wachsweiche Eier.

Harte müssen eine Viertelstunde kochen, wachsweiche 5 Minuten.

## 322. Verrührte Eier.

Lasse ein Stückchen Butter zergehen, verühre 3 Eier mit 2 Löffelvoll Milch, etwas Salz und Schnittlauch, rühre es in die Butter hinein, und fahre so lange mit Rühren fort, bis die Eier gerinnen aber saftig bleiben.

### 323. Verlorene Eier.

½ Maaß Wasser, 1 Trinkglas Essig, eine Handvoll Salz werden in einem Casserol kochend gemacht, schlage ein Ei auf und thue es schnell in den kochenden Sutt und so 3 nacheinander, lasse sie 4 bis 6 Mal aufkochen, nimm sie langsam heraus und lege sie in frisches Wasser; hat man auf solche Art 12 bis 16 Eier so gemacht, dann wird das Herumhängende weggenommen, daß sie schön rund bleiben; sie werden bis zum Gebrauche in ein Gefäß mit frischem Wasser gelegt.

### 324. Gefüllte Eier.

Es werden 8 hartgesottene Eier geschält, der Länge nach zerschnitten, die Dotter herausgenommen, aber das Weiße darf nicht zerreißen; das Gelbe wird gestoßen, ein Milchbrod gerieben, in Milch eingeweicht, dann ein Stück Butter 2 Ei groß, fein gehackte Petersilie, Salz, Pfeffer und Muskatnuß unter die Eierdotter und das ausgedrückte Milchbrod vermengt, rühre 2 rohe Eiergelb nebst 2 Eßlöffelvoll sauern Rahm darunter, fülle die halben Eier damit, das Uebrige streiche fingerdick auf die Platte, setze die gefüllten Eier darauf, gib einem jeden noch ein wenig Butter, stelle es in einen gelind heißen Ofen und lasse sie stehen, bis sie eine schöne gelbe Farbe haben.

---

## Süße Mehl-Speisen.

### 325. Eierschnee oder Schneeballen.

Schlage von 8 Eiern das Weiße zu Schnee und rühre 2 Händevoll fein gesiebten Zucker darunter; in einem breiten Geschirr setze 1 Maaß Milch auf's Feuer mit etwas Citronenschale oder Vanille und einem

Stück Zucker; wenn die Milch kocht, lege mit einem Eßlöffel den Schnee in die Milch und lasse ihn einige Mal aufkochen, nimm die Ballen heraus, setze sie auf ein Sieb, damit die Milch abtropft, fahre mit dem Schnee so fort, bis er aufgeht, laß die übrige Milch bis zur Hälfte einkochen, rühre alsdann die 8 Eiergelb darunter und rühre sie so lange auf dem Feuer, bis die Sauce dick ist, dann seihe sie durch ein Sieb, lege die Schneeballen in eine Salatiere und schütte die kalte Sauce darüber, stelle sie hierauf in den Keller und gib sie als kalte Schaale

## 326. Reisbrei.

Lese und wasche ½ Pfund Reis, brühe ihn drei Mal mit kochendem Wasser ab, damit er ganz aufquillt, schütte ½ Maaß Milch daran, koche es langsam auf Kohlen, schütte immer ein wenig kochende Milch daran, doch rühre so wenig als möglich darin, denn je langsamer der Brei kocht, desto besser wird er; wenn der Brei weich gekocht ist, thue Zucker, Zimmt und ein wenig Salz daran, dann gib ihn auf die Platte.

## 327. Sagobrei.

Wird auf dieselbe Art gekocht, nur beim Anrichten rühre 3 Eiergelb daran.

## 328. Griesbrei.

Lasse ½ Maaß Milch siedend werden, rühre 2 bis 3 Händevoll Gries hinein, lasse ein Stückchen Butter nebst Zucker und etwas Salz mitkochen; wenn er eine halbe Stunde gekocht, richte ihn an.

## 329. Mandelbrei.

Nimm 2 Kochlöffelvoll weißes Mehl, ¼ Pfund

geschälte gestoßene Mandeln, rühre dies mit ein wenig Milch glatt, und thue das Gelbe von 6 Eiern und eine Handvoll gestoßenen Zucker nebst einem Stückchen Butter daran, verdünne es mit ½ Maaß Milch, lasse es auf dem Feuer unter beständigem Rühren kochend werden und lasse ihn eine Viertelstunde so kochen.

## 330. Citronenbrei.

Wird wie Mandelbrei gekocht, nur statt Mandeln wird an Zucker abgeriebene Citronenschale genommen.

## 331. Kindsbrei.

Lasse ½ Maaß Milch kochend werden, rühre von 2 Kochlöffelvoll Mehl ein dünnes Teigchen an, rühre es hinein und laß es langsam kochen, bis es eine gute Scharre hat. Man kann auch zu dem Teigchen 2 bis 3 Eier rühren und mitkochen lassen nebst einem Stückchen Zucker und etwas Salz.

## 332. Apfelbrei.

Schäle und schneide 8 Aepfel, thue sie in ein Geschirr mit etwas Wasser und Zucker auf's Feuer, decke sie zu und lasse sie weich dämpfen, verrühre sie alsdann, rühre von einem Kochlöffelvoll Mehl und etwas Milch ein Teigchen hinein und lasse es mitkochen.

## 333. Zwetschgenbrei.

Wird auf dieselbe Art gekocht.

## 334. Zibeben-Mus.

Nimm geschälte und gestoßene Mandeln, geschnittene Zibeben und Rosinen, von einem so viel wie vom andern, röste einen Löffelvoll weißes Mehl schön gelb, thue das oben Geschnittene dazu, lösche es mit gutem Wein ab, thue Zucker, abgeriebene Citrone dazu und lasse es kochen bis es dick ist.

## 335. Apfel-Mus.

Schäle die Aepfel, schneide sie in 4 Theile, dämpfe sie in heißer Butter, gieße 1 Glas Wein und 1 Glas Wasser darüber, thue Zibeben, Rosinen nebst Zucker und Citronenschale daran; wenn die Aepfel weich sind, wird es zu einem Mus verrührt und angerichtet.

## 336. Zwieback-Mus.

Röste zwei Stück gestoßenen Zwieback in einem Stück Butter schön gelb, wasche eine Handvoll Rosinen, thue sie dazu, nebst Zucker und Zimmt, lösche es ab mit 1 Glas Wein, ½ Glas Wasser und lasse es dick kochen.

## 337. Schwarzbrod-Mus.

Wird auf dieselbe Art gemacht wie das von Zwieback.

## 338. Apfel-Omeletten.

Mache einen Omeletteig, schäle einige Backäpfel, schnitze und blättle sie recht fein, thue sie in den Teig und backe Omeletten davon, aber recht langsam, damit die Aepfel weich werden; bestreue sie mit Zucker und Zimmt.

## 339. Kirschen-Omeletten.

Werden wie Apfelomeletten bereitet, nur daß die Kirschen ganz hinein kommen.

## 340. Omeletten-Soufflée.

Zerschlage 6 Eier, rühre unter das Gelbe 4 Eßlöffelvoll gestoßenen Zucker nebst abgeriebener Citrone; im Augenblicke, wo man servirt, wird das Weiße zu Schnee geschlagen, menge es unter die Dotter, bestreiche eine Form mit Butter, fülle die Masse hinein, thue einen Deckel mit Kohlen darauf, stelle es auf Kohlen und laß es schnell gelb werden; bestreue es mit Zucker und bringe es in der Form zur Tafel.

## 341. Omelettes au confiture.

Zu einem Omelette nimm 4 Eier, zerschlage sie mit ein wenig Milch, Zucker und Salz, thue ein wenig frische Butter in die Pfanne, schütte die Eier hinein und backe sie wie ein französisches Omelette; lege nun in die Mitte ein Streifchen Eingemachtes, schlage die Omelette von beiden Seiten darüber, streue auf die obere Seite etwas gesiebten Zucker und brenne ihn mit einem glühenden Omelette-Schäufelchen und servire ihn.

## 342. Nudeln in der Milch.

Es werden Nudeln gewallt und geschnitten, koche sie in Wasser ab, mache alsdann Milch siedend mit Zucker und Zimmt; wenn die Nudeln aus dem Wasser kommen, werden sie in die Milch gelegt; einige Eiergelb daran gerührt und angerichtet.

## 343. Flädlein in der Milch.

Es werden dünne Flädlein gebacken und fingerbreit geschnitten, alsdann in kochende Milch mit Zucker und Zimmt gelegt, darin aufgekocht, mit Eiergelb angerichtet.

## 344. Gefüllte Flädlein.

Man backt von 3 bis 4 Eiern Flädlein und füllt sie mit folgendem Guß: Nimm 3 Kochlöffelvoll

Mehl, 1½ Schoppen Milch und rühre es glatt, dann lasse ein ½ Viertelpfund Rosinen in Wasser aufkochen, thue sie nebst 3 Eiern, 1 Eigroß Butter, ½ Viertelpfund Zucker und ein wenig Salz mit der Milch auf's Feuer und rühre darin, bis es dick ist, bestreiche die Flädlein damit, rolle sie zusammen und ziehe sie in Milch, Butter und Zucker auf; decke einen Kohlendeckel darauf und lasse sie schön gelb werden, bestreue sie mit Zucker.

## 345. Gefüllte Flädlein mit Aepfeln.

Die Aepfel werden wie zu einem Apfelbrei gekocht, die Flädlein damit bestrichen, eine Platte mit Butter bestrichen, die gerollten Flädlein darauf gelegt, dann etliche Eier mit etwas süßem Rahm verkleppert, nebst Zucker und Zimmt, über die Flädlein gegossen und damit aufgezogen.

## 346. Ulmer Mehlspeise.

Man macht feine Nudeln, läßt sie ein wenig abtrocknen und schneidet sie in viereckige Stücke in Größe eines Kronenthalers, nun stellt man nach Bedarf der Nudeln Milch auf's Feuer, thut ein Stück Butter und etwas Zucker hinein, wenn sie kocht auch die Nudeln und läßt diese weich kochen, nimmt sie heraus und läßt die Milch noch etwas einkochen, rührt, wenn sie abgekühlt ist, 6 Eiergelb daran, bestreicht ein Auflaufblech mit Buttter, thut die Nudeln sammt der Milch hinein, streut oben darauf Zucker und backt es im Ofen schön gelb.

## 347. Rahmstrudeln.

Schaffe von 2 ganzen und 3 gelben Eiern, 1 Eigroß Butter, etwas süßem Rahm nebst Salz und 1 Mäßlein Mehl einen Nudelteig, bis er ohne Mehl losgeht, hierauf werden in der Größe eines Tellers dünne Kuchen ausgewallt, verrühre 1 Schoppen sauern Rahm, 3 bis 4 Eiergelb mit Zucker und Rosinen, schlage das Weiße der Eier zu Schnee, thue es dazu, bestreiche die Kuchen damit, rolle sie zusammen, setze sie in eine Pfanne mit zerlassener Butter, oben darauf wieder ein Stückchen Butter, und stelle sie in den Ofen, oder thue einen Deckel mit Kohlen darauf und ziehe sie halb auf, mache einen Schoppen Milch siedend nebst Zucker und schütte sie daran, laß sie vollends fertig werden und richte sie an.

## 348. Krebsstrudeln.

Man macht eine Krebsbutter, schneidet die Schwänze der Krebse in kleine Stücke, weicht ein Milchbrod in Milch ein, rührt die Krebsbutter mit 4 Eierdottern ab, gibt das Milchbrod ausgedrückt dazu, wie auch ½ Schoppen süßen Rahm, etwas Salz, sehr wenig Pfeffer, Zucker und rührt es schäumig; hierauf wird ein Nudelteig, wie oben gesagt, geschafft; sie werden wie die obigen vollendet.

## 349. Gebackene Eiergerste.

Von 4 Eiergelb und Mehl wird ein fester Teig gemacht und auf dem Reibeisen gerieben, wenn sie getrocknet, lasse sie in kochende Milch laufen und recht dick kochen, stecke ¼ Pfund Butter hinein, thue es vom Feuer, lasse es erkalten, rühre es mit 6 bis 7 Eiergelb ab, thue Zucker, Zimmt und eine Handvoll Rosinen daran, schlage das Weiße der Eier zu Schnee menge es darunter, bestreiche ein Kuchenblech mit Butter, bestreue es mit geriebenem Brod, fülle die Masse hinein und backe sie schön gelb, stich sie alsdann aus mit kleinen Ringen und bestreue es mit Zucker und Zimmt.

## 350. Griesklöse.

Koche ein Pfund Kunstgries in einer Maaß Milch recht dick nebst 1 Eigroß Butter, wenn er recht dick ist, laß ihn erkalten, rühre 10 bis 12 Eier hinein, doch darf er nicht zu dünn werden, setze alsdann Milch mit Zucker und Butter auf's Feuer; wenn sie kocht, setze mit einem Löffel längliche Klöse hinein, einen Deckel mit Kohlen darauf und laß sie eine halbe Stunde kochen; sorge dafür, daß sie von oben eine schöne gelbe Kruste bekommen.

## 351. Käsklöse.

Man rührt 6 Loth Butter weiß, rührt 4 ganze und 3 Eiergelb darunter, alsdann rühre 2 Käschen, von aller Buttermilch befreit, darunter, bis man nichts mehr von den Käsen sieht, reibe 1 altbackenes Milchbrod darunter, abgeriebene Citronenschale, Zucker, Salz, rühre dies Alles wohl unter einander, setze mit einem Eßlöffel Klöse in's kochende Wasser, laß sie eine halbe Stunde kochen, richte sie an und mache eine Milchsauce dazu. (Siehe Saucen).

## 352. Milch-Nockerln.

Ein halbes Pfund Butter wird weiß gerührt, dann werden 8 Eier und zu jedem Ei ein Löffelvoll Mehl und das Abgeriebene einer Citrone hineingerührt; man stellt nun 1½ Schoppen Milch auf's Feuer, thut Zucker und Butter hinein, läßt sie kochend werden und legt die Masse mit dem Eßlöffel hinein, läßt die Milch einkochen, thut alsdann ein Stück Butter in ein Geschirr, nimmt die Nockerln aus der Milch, läßt sie ein wenig abtrocknen und läßt sie nun im Ofen eine schöne Farbe bekommen, bestreut sie mit Zucker und Zimmt und gibt sie zu Tisch.

## 353. Dampfnudeln.

Nimm 1 Mäßlein Mehl, 1/4 Pfund Butter, 2 ganze und 2 gelbe Eier, 1/2 Schoppen Milch, etwas Salz, für 3 Kreuzer Essighefe, lasse die Butter zergehen, schütte die warme Milch dazu, rühre dies Alles unter einander, alsdann in das Mehl und schaffe ihn so lange, bis er von der Schüssel losgeht, setze mit einem Löffel runde Knöpfchen auf ein mit Mehl bestreutes Blech und lasse sie langsam 3 Stunden gehen, setze sie alsdann in kochende Milch, Butter und Zucker, thue einen Deckel mit Kohlen darauf und lasse sie langsam backen, bis sie eine schöne Farbe haben.

## 354. Humbes.

1/2 Schoppen Milch und 1/2 Viertelpfund Butter laß kochen, rühre alsdann 6 Kochlöffelvoll Mehl, nebst ein wenig Salz hinein, laß es kochen, bis der Teig glänzend wird, laß ihn verkühlen, verdünne ihn mit 8 ganzen Eiern und etwas Milch, daß der Teig wird, wie ein Omelettenteig. Stelle 1 Schoppen Milch auf's Feuer, nebst 1/4 Pfund Butter und etwas Zucker; wenn dies kocht, schütte den Teig hinein, stelle einen Deckel mit Kohlen darauf, daß es Farbe bekommt, in 1/2 Stunde ist's fertig; man kann eine gelbe Milchsauce dazu geben.

## 355. Wein-Schnitten.

Zerschneide ein Milchbrod in 4 Theile, weiche sie in Wein und Zucker weich, drehe sie in verrührtem Ei herum, mache Schmalz heiß und backe sie auf beiden Seiten schön gelb, bestreue sie mit Zucker und Zimmt, oder mache eine Wein-Sauce darüber.

## 356. Wein-Mocken.

Werden wie die Schnitten gemacht, nur mit dem

Unterschied, daß sie in's Kreuz geschnitten werden, statt der Länge nach.

## 357. Milch-Mocken.

Reibe 2 Milchbrod auf dem Reibeisen ab, schneide sie in 4 Theile, weiche sie in der Milch weich, drücke sie aus, drehe sie in Ei, dann in geriebenem Brod um und backe sie in schwimmendem heißem Schmalz, bestreue sie mit Zucker und Zimmt, oder mache eine Hegen-Sauce dazu.

## 358. Milch-Schnitten.

Schneide 2 Milchbrod der Länge nach in 4 Theile und weiche sie in Milch, drehe sie alsdann in verrührtem Ei um und backe sie in Schmalz schön gelb; sie können zu Gemüse gegeben, oder mit Zucker und Zimmt bestreut werden

## 359. Kaffee-Brödlein.

Nimm 12 Loth Butter, 12 Loth Wasser und 6 Loth Zucker, laß es auf dem Feuer kochen, rühre ½ Pfund Mehl hinein, laß es kochen, bis der Teig glänzt, laß ihn erkalten, rühre 7 bis 8 Eier hinein, etwas abgeriebene Citrone, setze mit einem Löffel den Teig Nußgroß auf ein mit Mehl bestreutes Blech und lasse die Brödlein langsam backen.

## 360. Reis mit Mirenken.

Man nimmt ¼ Pfund Reis, kocht ihn mit Milch, welche zuvor mit Zucker und Vanille ausgekocht ist, recht weich, aber so, daß der Reis ganz bleibt, nimmt ihn vom Feuer, wenn er ganz dick eingekocht ist. Wenn er abgekühlt ist, rührt man 5 Eiergelb hinein, bestreicht dann eine Platte mit Butter, belegt die Platte im Kreis herum mit Aepfel-Compot oder Aprikosen, legt einige aufeinander, so daß es eine Mauer bildet, füllt die Reismasse in die Mitte hinein, schlägt dann 7 Eisweiß zu einem steifen Schnee, mengt dann ½ Pfund Zucker darunter, deckt es mit dem Schnee zu, so daß es einen Berg bildet und backt es auf Salz im Ofen schön gelb.

## 361. Reis-Auflauf.

Brühe ½ Pfund Reis drei Mal ab, schütte Milch daran und lasse ihn langsam kochen, schütte nie zu viel Milch daran, auch darf man nicht zu viel darin rühren, damit der Reis ganz bleibt, laß ihn so lange kochen, bis er weich und dick ist, laß ihn erkalten, rühre ¼ Pfund Butter weiß, rühre den Reis hinein, nach und nach auch 10 Eiergelb, mache ¼ Pfund Citronat und Pommeranzenschale fein, das Abgeriebene einer Citrone, Salz, Zimmt und Zucker, bis es süß genug ist, schlage das Weiße von 6 bis 7 Eiern zu Schnee und rühre es darunter, bestreiche ein Auflaufblech mit Butter, bestreue es gut mit geriebenem Milchbrod, fülle die Masse hinein und backe sie langsam im Ofen; mache eine Wein- oder Himbeer-Sauce darüber.

## 362. Reis à la Malta.

Nimm ½ Pfund Reis, brühe ihn drei Mal ab, schütte nun etwas Wein, die Schale einer Citrone und Zucker bis er süß genug ist daran und lasse ihn unter vielem Umrütteln, damit er ganz bleibt, mit Wein weich kochen, dann schütte ein Glas Madeira dazu, lasse ihn damit dick kochen, schütte ihn auf eine Platte, formire einen Berg daraus, garnire diesen oben mit eingemachten Früchten, um die Platte aber setze Borsdorfer-Aepfel, welche in der Mitte ausgestochen sind und sammt ihrer Schale in geläutertem Zucker weich gedämpft worden und gib die Platte kalt zu Tisch.

## 363. Reis mit Arack.

¼ Pfund Reis wird in der Milch gekocht, rühre ½ Viertelpfund Butter weiß, thue 7 Eiergelb nach und nach daran, den gekochten Reis dazu, Zucker bis es süß genug ist, etwas abgeriebene Citrone und ¼ Pfund feingestoßene Mandeln, das Weiße der Eier wird zu Schnee geschlagen, darunter gerührt und nun in eine Form, die mit Butter und Brod bestreut ist, gefüllt und mit einem Kohlendeckel oder im Backofen gebacken, wenn es gebacken ist, so gießt man einige Löffel voll Arack darauf und streut es dick mit Zucker.

## 364. Aepfel-Auflauf.

6 Aepfel werden geschält und in feine Blättlein geschnitten, nimm dann 4 schwache Kochlöffelvoll Mehl, rühre es mit Milch glatt, daß es wie ein dicker Omeletteig wird; dann thue Zucker, Zimmt, Citrone und von 6 Eiern das Gelbe daran, schlage das Weiße davon zu Schnee, menge es nebst den Aepfeln darunter, mache 12 Loth Butter recht heiß, schütte sie nach dem Schnee darüber, bestreiche eine Form mit Butter, bestreue sie mit Brod, fülle sie und backe es langsam im Ofen gelb.

## 365. Aepfel-Auflauf anderer Art.

Schäle und schneide 6 bis 8 Aepfel, dämpfe sie in einem Glas Wein und verrühre sie, koche von einer starken Handvoll weißem Mehl mit Milch einen dicken Brei, laß ihn verkühlen, menge die Aepfel nebst 1 Eigroß zerlassener Butter dazu, rühre es mit 6 Eiergelb recht schäumig, thue ¼ Pfund gestoßenen Zucker nebst dem Schnee der 6 Eierweiß und etwas abgeriebener Citrone dazu; mit dem Uebrigen verfahre wie oben.

## 366. Aepfel-Auflauf noch anderer Art.

Rühre 4 Loth Butter weiß, schneide 4 Weck in Stücke, lasse sie in etwas Milch weichen, drücke sie aus und thne sie in die Butter nebst 4 Loth gestoßenen Mandeln, 8 Loth Zucker, etwas Zimmt und 8 Eiern; dieses rühre recht tüchtig, dann schäle und schneide 4 Aepfel recht fein, thue sie unter die Masse, bestreiche eine Form mit Butter, bestreue sie mit Weckmehl, fülle sie ein und backe ihn.

## 367. Aprikosen-Auflauf.

Drücke das Mark von 16 bis 18 Aprikosen durch ein Sieb, stoße die Kerne davon recht fein und menge sie darunter; im Uebrigen verfahre wie beim Vorhergehenden.

## 368. Crême-Soufflée.

Man nimmt zu einer Form 1 Eßlöffelvoll Mehl, rührt es glatt mit einem schwachen Schoppen Milch, thut 10 Eiergelb, ½ Pfund Zucker, etwas Vanille oder feingeriebene Citronenschale dazu, nimmt dieses auf's Feuer und rührt bis es kochen will, dann nimmt man es weg und läßt es unter beständigem Rühren erkalten, schlägt das Weiße von den Eiern zu einem steifen Schnee, mengt ihn ganz leicht unter die Masse, bestreicht die Form mit Butter, füllt die Masse hinein und backt sie eine halbe Stunde in einem nicht zu heißen Ofen.

## 369. Gries-Auflauf mit Obst.

Koche in ½ Maaß Milch ½ Pfund Kunstgries recht weich und dick, laß ihn erkalten, rühre 8 Loth Butter, 8 Loth Zucker und 8 bis 9 Eiergelb hinein, nebst einer abgeriebenen Citrone; das Weiße der

Eier wird zu Schnee geschlagen und darunter gemengt, bestreiche und bestreue alsdann ein Auflaufblech, fülle den Boden damit, lege eine Lage gedämpfte Aepfel, Kirschen oder Aprikosen, dann wieder eine Lage Guß; so fahre fort, bis das Blech gefüllt ist

## 370. Sago-Auflauf.

Wasche ½ Pfund Sago drei Mal aus kochendem Wasser, laß ihn alsdann in Milch recht dick und weich kochen, laß ihn erkalten, rühre alsdann 10 Eiergelb nebst ⅓ Pfund Butter, ¼ Pfund gestoßenem Zucker hinein nebst einer abgeriebenen Citrone, schlage 7 bis 8 Eierweiß zu Schnee, menge ihn darunter; im Uebrigen verfahre wie bei dem andern Auflauf.

## 371. Chocolade-Soufflée.

Man reibt vier Täfelchen Chocolade ganz fein, nimmt etwas abgeriebene Citrone, zwei Händevoll Zucker und rührt alles mit 8 Eiergelb recht glatt, schält das Weiße von den Eiern zu einem steifen Schnee, mengt ihn unter die Masse, bestreicht alsdann eine Form mit Butter, füllt es hinein und backt es eine halbe Stunde in einem nicht sehr heißen Ofen, damit die Masse recht aufgehen kann.

## 372. Chocolade-Auflauf.

Nimm 6 Stück abgeriebene Milchbrode, weiche sie in Milch, koche alsdann ¼ Pfund Chocolade in ½ Maß süßem Rahm oder Milch, thue die geweichten Milchbrode dazu und laß sie recht verkochen, treibe dies durch ein Sieb, laß sie erkalten, rühre 8 Loth Butter weiß, nimm das Durchgetriebene und ¼ Pfund feinen Zucker nebst 10 Eiergelb dazu, schlage das Weiße der Eier zu Schnee, menge ihn darunter, fülle ihn in ein Blech und backe ihn ¾ Stunden im Ofen.

## 373. Kartoffel-Auflauf.

¼ Pfund Butter wird weiß gerührt, menge 12 geschälte, gekochte und geriebene Kartoffeln darunter, rühre 6 Eiergelb hinein, nebst ¼ Pfund feinem Zucker, 3 Löffelvoll süßem Rahm und dem Geschmack einer Citrone, menge Alles wohl untereinander, schlage das Weiße der Eier zu Schnee und menge ihn darunter, fülle ihn in ein Blech und backe ihn ¾ Stunden im Ofen.

## 374. Mandel-Auflauf.

Rühre ¼ Pfund Butter weiß, 12 Loth geschälte und zartgestoßene Mandeln, ¼ Pfund feinen Zucker, den Geschmack einer Citrone, nebst zwei eingeweichten und wieder ausgedrückten Milchbroden mit 9 Eiergelb; wenn die Masse leicht gerührt ist, schlage das Weiße von 5 Eiern zu einem steifen Schnee, menge ihn darunter und backe ihn ¾ Stunden im Ofen.

## 375. Mandelkranz mit Crême.

8 Eierweiß werden zu einem steifen Schnee geschlagen, menge ¾ Pfund gesiebten Zucker nebst ¼ Pfund geschälte und länglicht geschnittene Mandeln darunter, dann wird die Masse in Form eines Kranzes auf ein Papier gesetzt, dieses auf ein Blech gethan und in einem gelinden Ofen gebacken, wenn er kalt ist mit einer beliebigen Crême gefüllt und zur Tafel gegeben.

## 376. Citronat-Auflauf.

Lasse ½ Schoppen Milch nebst 1 Eigroß Butter kochend werden, rühre eine Handvoll weißes Mehl hinein, laß es kochen, bis der Teig glänzt, und dann erkalten, rühre ¼ Pfund Butter weiß, thue die Mehlmasse dazu, rühre dies mit 8 bis 9 Eiergelb ab, menge das Abgeriebene einer Citrone, 4 Loth kleingeschnittenen Citronat, 6 Loth Zucker darunter und rühre es leicht, schlage hierauf das Weiße von sechs Eiern zu Schnee, menge es darunter und backe es wie die andern.

## 377. Schwarzbrod-Auflauf.

Rühre ¼ Pfund Butter weiß, reibe 12 Loth Schwarzbrod und thue es dazu, nimm ¼-Pfund feinen Zucker, das Abgeriebene einer Citrone, Zimmt und Nelken, rühre dies mit 9 Eiergelb recht leicht, schlage die 9 Eierweiß zu Schnee, menge ihn leicht darunter, fülle es in ein Blech und backe es schön gelb; man kann eine Kirschen-Sauce darüber machen.

## 378. Süßer Pomeranzen-Auflauf.

Lasse 1 Schoppen Milch und ¼ Pfund Butter kochend werden, rühre 7 Kochlöffelvoll weißes Mehl hinein, laß es kochen, bis es ganz dick ist, laß es erkalten und rühre das Gelbe von 6 Eiern hinein, reibe alsdann von 3 Orangen das Gelbe an einem Eigroß Zucker ab, zerstoße dies und menge es darunter nebst dem Saft der 3 Orangen, verrühre dies Alles recht leicht, schlage hierauf das Weiße der Eier zu einem steifen Schnee, menge ihn darunter und backe ihn gar wie die andern.

## 379. Flädlein-Auflauf.

Backe von 3 bis 4 Eiern dünne Flädlein, schneide sie in fingerbreite Riemen, bestreiche eine Auflaufform mit Butter, lege eine Lage Flädlein und streue Rosinen, Zucker und Zimmt darauf, dann wieder eine Lage Flädlein, so fahre fort, bis das Blech gefüllt ist, verrühre alsdann 6 Eier, 2 Löffelvoll sauern

Rahm, 1 Schoppen Milch und schütte es darauf herum, und backe es eine halbe Stunde im Ofen.

## 380. Flädlein mit einer Zimmtkruste.

Backe dünne Flädlein in der Größe eines Tellers und mache folgende Fülle: 1/4 Pfund gestoßene Mandeln, 6 Loth gestoßenen Zucker, 3 ganze Eier, 3 Eiergelb; weiche das Innere eines Kreuzerwecks in Milch, drücke ihn wieder aus, rühre ihn zu obigem, schneide 2 Loth Citronat und eine halbe Citronenschale, menge es darunter, bestreiche ein Blech mit Butter, lege ein Flädlein darauf, streiche einen Löffelvoll Fülle darauf, wieder ein Flädlein und fahre so fort, bis Alles vertheilt ist; mache folgende Zimmtkruste darauf: Schlage 2 Eierweiß zu Schnee, rühre 1/2 Viertelpfund Zucker hinein, rühre es, bis es dick ist, 1/2 Viertelpfund gehackte Mandeln, 1/2 Loth gestoßenen Zimmt, rühre Alles untereinander, bestreiche die Flädlein oben und zur Seite einen Fingerdick und backe sie im Ofen schön gelb. Man kann eine Hegen- oder Himbeer-Sauce darüber machen. (Siehe Saucen.)

## 381. Kartoffel-Törtlein.

Kartoffeln werden roh geschält und nicht ganz weich gekocht, auf eine Platte gelegt, wenn sie erkaltet sind auf dem Reibeisen gerieben; rühre 8 Loth Butter weiß und 6 Eiergelb hinein, 4 Loth geschälte und gestoßene Mandeln, 6 Loth gestoßenen Zucker nebst 1/4 Pfund geriebenen Kartoffeln, etwas Citronenschale und Zimmt, schlage das Weiße von 5 Eiern zu Schnee, menge ihn darunter, bestreiche kleine Förmchen mit Butter, bestreue sie dick mit gestoßenen Mandeln, fülle und backe sie

## 382. Weck-Auflauf.

Nimm 2 Wecke, schneide die untere Kruste davon,

brühe es mit siedender Milch an, stoße ¼ Pfund geschälte Mandeln zart, drücke die Wecke aus, nimm sie und die Mandeln in eine Schüssel, thue ½ viertel Pfund Butter, Zucker, Zimmt, Citrone und Citronat nebst ¼ Pfund Rosinen daran, rühre dies Alles mit 6 Eiergelb recht schäumig, schlage 6 Eierweiß zu Schnee, thue es vor dem Einfüllen hinein und backe ihn.

## 383. Apfel Charlotten.

Schäle und schneide 12 Aepfel ganz fein, thue ¼ Pfund feinen Zucker, etwas Zimmt, die Schale einer Citrone recht fein geschnitten, nebst dem Saft einer Citrone, 2 Eßlöffelvoll Kirchenwasser recht wohl gemengt unter die Aepfel, lasse dies eine halbe Stunde stehen, bestreiche eine Form mit Butter, schneide Schnitten von Weck oder Weißbrod in der Dicke, wie man sie zum Bähen schneidet, wende sie in zerlassener Butter um, lege das Geschirr damit so aus, daß der Boden und die Seiten ganz bedeckt sind, man darf nichts mehr von der Form sehen; lege die Aepfel hinein, schütte den Saft darüber; drücke es fest zusammen, decke es wieder mit in Butter umgedrehten Schnitten zu, stelle es eine Stunde in einen heißen Ofen, nimm alsdann die Form aus dem Ofen, laß sie einige Minuten stehen, mache die Charlotten mit einem Messer am Rande los, stürze sie auf eine Platte und gib es zur Tafel.

## 384. Nudeln à la Demidoff.

Es werden Nudeln von einem Ei gemacht, in schwimmendem Schmalz gebacken, alsdann von Milch und 2 Kochlöffelvoll Mehl ein Brei gekocht, mit 4 Eiergelb abgerührt, nimm eine Salatière, mache eine Lage Brei, streue Zucker und Zimmt darauf, eine Lage Nudeln, wieder Zucker und Zimmt, fahre so fort, bis die Salatière gefüllt ist, lege kleine Stückchen Butter darauf und stelle es auf Salz in einen gelinden Ofen, bis es eine schöne gelbe Farbe hat, bestreue es mit Zucker und Zimmt und gib es zur Tafel.

## 385. Schnitten mit rothem Wein.

Schneide 2 Milchbrode der Länge nach in mehrere Theile, lasse ein Stück Zucker in einem Schoppen rothen Wein zergehen, schütte ihn darüber, wenn sie geweicht sind drehe sie in Mehl um und backe sie in heißem Schmalz schön gelb, lege sie auf eine Platte, bestreue sie mit Zucker und Zimmt, stelle sie in einen gelinden Backofen, bis sie glasirt sind; man kann eine Kirschen-Sauce dazu geben.

## 386. Gebackene Crême.

Verrühre ¼ Pfund Butter, 1 Löffelvoll Mehl, 1 Schoppen Milch, 5 Eiergelb, Zucker bis es süß genug ist, thue dies Alles in 1 Casserol auf's Feuer, rühre darin, bis es dick genug ist, schlage das Weiße zu Schnee, menge es darunter nebst etwas Vanille, schütte es auf eine Platte, streue Mandeln darauf, backe ihn schön gelb im Ofen.

## 387. Wein-Crême.

Nimm 12 Eiergelb, einen Kochlöffelvoll Mehl, das Abgeriebene von 2 Citronen, ½ Pfund Zucker, rühre es mit Wein glatt, lasse es unter beständigem Rühren kochend werden; wenn es gekocht ist, rühre von 12 Eiern den Schnee hinein und richte es an.

## 388. Warme Milchcrême.

2 Schoppen Milch werden mit der Schale von zwei

Citronen oder etwas Vanille und einem Stück Zucker bis sie süß genug ist, auf das Feuer gesetzt bis zum Kochen, dann zerschlage 8 ganze und 4 gelbe Eier, rühre die Milch, wenn sie abgekühlt ist, daran, lasse alles durch ein Haarsieb laufen und fülle es in Crêmetöpfchen, stelle diese in ein Casserol mit heißem Wasser auf den Herd, decke einige Minuten einen Deckel mit Kohlen darauf, daß es aber nicht braun wird, wenn sie gestanden sind, ist es fertig.

## 389. Flan renversé.

Nimm 10 Eier, schlage diese schaumig, thue dann ¼ Pfund Zucker hinein und rühre 1½ Schoppen Milch darunter. Röste nun ¼ Pfund Zucker dunkelgelb und lasse ihn in der Casserol herumlaufen, damit der Rand ganz voll wird, nun lasse ihn erkalten, stelle dann ein größeres Geschirr halb voll mit Wasser zum Feuer, wenn es kocht, so schütte die Crême in die Casserol mit dem gebrannten Zucker, stelle diese in das kochende Wasser, daß aber kein Wasser in die Crême laufen kann, decke es mit einem flachen Deckel zu und lasse es auf gelindem Kohlenfeuer ¾ Stunden kochen, wenn es satt ist, so stürzt man es auf eine Platte und stellt es an einen kühlen Ort. Die braune Brühe muß mit einem Löffel wieder über die Crême gegossen werden, damit sie eine schöne Farbe behält.

## 390. Kaiserkuchen.

Rühre ¼ Pfund Butter leicht, weiche 2 Kreuzerwecke in Milch ein, schneide zuerst die untere Kruste davon; wenn sie geweicht sind, drücke sie aus und rühre sie mit der Butter, stoße ¼ Pfund geschälte Mandeln, menge sie darunter, rühre 6 ganze Eier nebst einer Handvoll Rosinen, einer Handvoll Zibeben, Zucker, Zimmt, abgeriebener Citrone nach

Belieben daran; wenn dies alles gut gerührt ist, streiche eine Form mit Butter, bestreue sie mit Brod, fülle die Masse hinein und laß ihn backen; spicke ihn alsdann mit Mandeln und mache eine Hegen-Sauce darüber.

## 391. Himbeer-Auflauf.

Nimm 3 Eßlöffelvoll eingemachte Himbeeren, 3 Eßlöffelvoll gestoßenen Zucker, rühre dies mit 2 Eierweiß, schlage fünf Eierweiß zu Schnee, menge ihn darunter, fülle die Masse in eine Schüssel, thue unten und oben Kohlen, lasse ihn aufziehen und gib ihn in der Schüssel zur Tafel.

## 392. Kachelmus.

1 Kochlöffel Mehl wird mit 4 Eiern, etwas Salz und Zucker und 1 Schoppen Milch glatt gerührt, in eine mit Butter bestrichene Form gefüllt und im Ofen oder mit einem Kohlendeckel aufgezogen.

## 393. Weinmus.

Röste eine Handvoll geriebenes Schwarzbrod und ein klein wenig Mehl in ein Nußgroß Butter schön gelb, lösche es mit einem Schoppen Wein ab, thue Rosinen, Zucker, Zimmt und Citrone daran und lasse es noch ein wenig aufkochen.

## 394. Kirschen-Mus.

Röste einen Kochlöffelvoll Mehl in einem Stückchen Butter schön gelb, thue abgezopfte schwarze Kirschen hinein, dämpfe es ein wenig, lösche es alsdann mit ½ Glas Wasser ab, schütte ein Glas Wein nebst Zucker und Zimmt daran, laß es kochen, bis die Kirschen weich sind, richte es an und schütte in Schmalz geröstete Weckbröcklein darauf.

## 395. Rahm-Sulz.

Nimm einen Kochlöffelvoll Mehl, rühre es mit süßem Rahm glatt, verdünne es mit einem Schoppen Rahm oder Milch, schlage 6 Eierweiß zu Schnee, menge ihn, nebst Zucker und Rosenwasser darunter, stelle es unter beständigem Rühren auf's Feuer, laß es kochend werden und richte es auf eine Platte; es kann warm und kalt gegeben werden.

## 396. Saurer Rahm-Auflauf.

1/4 Pfund Butter wird mit 6 Eiergelb nach und nach glatt gerührt, dazu kommt 4 Loth gestoßener Zucker und ein Eßlöffelvoll weißes Mehl, dann 6 Eßlöffelvoll saurer Rahm und der Schnee von 6 Eiern. Die Masse wird in einem Auflaufblech gebacken, muß aber, wie sie gebacken ist, welches man mit einer Gabel probiren kann, gestürzt werden und gleich zu Tisch, sonst zieht er Wasser, der Ofen darf nicht zu heiß sein; er braucht eine halbe Stunde bis er gebacken ist.

## 397. Warmer Quittenschaum.

Lege 8 Quitten in heißes Wasser, bis sie Sprünge bekommen, schäle sie und laß sie erkalten, alsdann werden sie geschabt in eine Schüssel gethan, eine Viertelstunde zart gerührt, schlage 10 Eierweiß zu einem steifen Schnee, rühre immer einen Eßlöffelvoll Schnee unter die Quitten, bis er aufgeht, rühre es bis es weiß ist, menge 12 Loth feinen Zucker nebst einer fein geschnittenen Citronenschale darunter, bestreiche eine Platte mit Butter, schütte die Masse darauf, laß es in gelindem Ofen gelb backen, bis es Risse bekömmt.

## 398. Mandel-Schnitten.

½ Pfund geschälte und gestoßene Mandeln, 2 altgebackene Wecke werden gerieben, mit siedender Milch angebrüht und zugedeckt, alsdann unter die Mandeln gemengt, nebst Zucker, Zimmt, Citronen- und Pomeranzenschale, rühre diese Masse mit 4 Eiern ab, schneide Wecke in Schnitte, bestreiche sie mit obiger Masse und backe sie in Schmalz schön gelb; mache eine Sauce darüber.

## 399. Pfannenkuchen von Rosinen.

Weiche ein Milchbrod in Milch ein, rühre 8 Loth Butter weiß, menge das ausgedrückte Milchbrod darunter, nebst 8 Loth geschälten und gestoßenen Mandeln, rühre dies mit 8 Eiergelb ab, schlage das Weiße zu Schnee, menge diesen darunter, nebst 2 Loth Rosinen und dem Abgeriebenen einer Citrone, gieße den Teig in heiße Butter, decke einen Kohlendeckel darauf, wenn er schön gebacken ist, wird er mit Zucker und Zimmt bestreut zur Tafel gegeben.

## 400. Gefüllte Wecke.

Von 4 Kreuzer-Wecken schneidet man die obere Rinde ab, höhlt die Wecke aus und weicht sie in Milch ein, drückt sie wieder aus, rührt daran 4 Loth geschälte und gestoßene Mandeln, eine Handvoll Zucker, 3 Eier, etwas Zimmt, 4 Loth große und kleine Rosinen, rührt dies Alles wohl untereinander, fülle die gehöhlten Wecke damit, lege die obere Rinde wieder darauf, binde sie mit einem Faden zu, verrühre 3 Eier mit etwas süßem Rahm, kehre sie darin um, bis sie weich sind, und backe sie in Schmalz, mache eine Wein-Sauce dazu und lasse sie noch einmal darin aufkochen; man kann sie auch mit Zucker und Zimmt bestreut geben.

## 401. Milchspeise von Makronen.

Man stoßt 6 Loth Makronen, bestreicht eine Form mit Butter, streut den halben Theil von den gestoßenen Makronen darein, nimmt die andere Hälfte mit 2 Löffelvoll gestoßenem Zucker in eine Schüssel und rührt dieses mit 1 Schoppen süßem Rahm, 8 Eiern, wovon das Weiße zu Schnee geschlagen wird; ist die Masse wohl gerührt, so thut man sie in die gestreute Form, setzt diese in siedendes Wasser und gibt einen Deckel mit Kohlen darauf. Das Wasser muß beständig sieden, auch darf die Form nicht zu voll sein, damit kein Wasser in dieselbe dringt, sobald die Speise fest ist, wird sie auf eine Platte gestürzt und eine Wein- oder Mandelsauce darüber gemacht, wenn das Wasser beständig siedet, ist die Masse in ½ Stunde fertig.

## 402. Holländischer Pudding.

Rühre ¾ Pfund Butter recht schäumig, dann rühre ¾ Pfund Zucker eine Zeitlang recht damit, nimm 11 ganze und 4 gelbe Eier, das Abgeriebene einer Citrone und ¾ Pfund Mehl dazu, bestreiche eine Form mit Butter, bestreue sie mit Weckmehl, fülle die Masse hinein, nun kann man die Masse entweder im Ofen backen, oder im Wasser kochen.

## 403. Plum Pudding.

1 Pfund Nierenfett wird abgehäutet, fein gehackt, in eine Schüssel gethan, dann werden ein Pfund Rosinen, ½ Pfund Zibeben in ½ Maaß Wein gekocht, auf ein Sieb gestellt und ¾ Pfund Mehl, 8 Loth feiner Zucker, 4 ganze und 4 gelbe Eier, 2 Glas Rosenwasser mit dem Fett unter einander gerührt, bestreue eine doppelte Serviette mit Mehl, fülle die Masse hinein, binde sie gut zu und hänge

die Serviette in einen Kessel mit kochendem Wasser, lasse ihn 5 bis 6 Stunden kochen Mache eine Wein-Sauce dazu, zu dieser kann ein Glas Rum gegeben werden.

## 404. Englischer Pudding. (Plumpudding.)

¾ Pfund Nierenfett wird gehäutet und fein gehackt, 16 Loth Mehl darunter gemengt, thue dies nebst 8 Loth Zucker, 5 Eiern, 1 Glas Rum oder Branntwein, ½ geriebenen Muskatnuß, der abgeriebenen Schale einer Citrone, 1 Pfund Rosinen und Zibeben, etwas Salz in eine Schüssel, rühre es gut untereinander, bestreiche eine doppelte Serviette stark mit Butter, bestreue sie mit Mehl, schütte die Masse hinein, binde die Serviette zu und koche die Masse 6 Stunden in kochendem Wasser, wende ihn öfters um. Mache folgende Sauce dazu: 12 Loth frische Butter werden mit 1 Eßlöffelvoll Mehl gerührt, nebst 6 Eiergelb, Zucker, etwas Salz, eine Bouteille Madeirawein, laß es auf dem Feuer unter beständigem Rühren heiß werden, aber nicht kochen. Man kann auch nur Zucker und Rum dazu thun.

## 405. Ein anderer Plumpudding.

Nimm 1 Pfund Rindsnierenfett, das am Lummel steht, löse die Haut davon ab und schneide es in kleine Würfel, thue ½ Pfund Mehl, ½ Pfund Zibeben oder Sultaninen dazu, brühe diese Masse mit einem halben Schoppen kochender Milch an, thue Zucker bis es süß ist daran und verrühre die Masse mit 4 Eiern und ein wenig Salz; bestreiche eine Serviette stark mit Butter, fülle die Masse hinein und binde es fest zu, jedoch muß man der Masse zum Aufgehen Raum lassen, nun wird er im kochenden Wasser drei bis vier Stunden gekocht und eine Schotto-Sauce darüber gegeben.

## 406. National-Pudding.

Mische Rindfett, Rosinen, Korinthen, von jedem 1 Pfund, ½ Pfund Mehl, 8 Loth Zucker, 1 Eßlöffelvoll geriebene Citronenschale, eine halbe geriebene Muskatnuß ein kleines Blättchen Muskatblüthe, 1 Theelöffelvoll Ingwer und 6 verrührte Eier unter einander Laß ihn, wie die obigen Puddings 5 Stunden kochen.

## 407. National-Pudding anderer Art.

Nimm 1 Stück Butter in ein Casserol, lasse es zerlaufen, thue 4 Kochlöffelvoll Mehl hinein, lasse es ein wenig dämpfen, lösche es nach und nach mit 2 Schoppen Milch ab, thue es vom Feuer und lasse es abkühlen, thue das Abgeriebene von einer Citrone, 12 Eiergelb und Zucker dazu, schlage das Weiße der Eier zu Schnee, menge ihn darunter, theile die Masse in 3 Theile, jedes in ein Geschirr, nimm dann 2 Täfelchen Chocolade, reibe sie und thue sie zu dem ersten Theil und menge sie darunter, bestreiche eine Form mit Butter, bestreue sie mit Weckmehl, thue die Chocolademasse hinein, und lasse sie ein wenig aufkochen, nimm das zweite Theil, thue für 1 Kreuzer Cochenille dazu und rühre sie darunter, fülle nun den zweiten Theil in die Form, das erste muß aber so viel angekocht sein, daß sich die beiden Theile nicht vermengen, dann laß dieses auch wieder ein wenig aufkochen und thue den dritten Theil darauf, und lasse ihn in einer Stunde gar kochen Die Masse ist eigentlich für zwei Formen eingerichtet.

## 408. Mandel-Pudding.

Koche von ¼ Pfund Butter, ¼ Pfund Mehl, 1 Schoppen Milch einen dicken Brei, laß ihn erkalten, rühre ihn ab mit 9 Eiergelb, menge 6 Loth geschälte und gestoßene Mandeln, etwas abgeriebene Citrone,

Zimmt, Zucker, bis es süß genug ist, schlage das Weiße der Eier zu Schnee, menge ihn darunter, bestreiche eine Form mit Butter und geriebenem Brod, fülle die Masse hinein und koche sie 1½ Stunden. Mache eine beliebige Sauce dazu.

## 409. Schwarzbrod-Pudding.

Rühre ¼ Pfund Butter weiß, reibe 12 Loth Schwarzbrod darunter, ¼ Pfund feinen Zucker, 1 abgeriebene Citrone, Zimmt, Nelken, rühre dies mit 9 Eiergelb recht lange, schlage das Weiße zu Schnee, menge ihn darunter, fülle die Form und vollende ihn wie den Mandel-Pudding.

## 410. Weck-Pudding.

Man weicht 6 Wecke in so viel kochende Milch ein, daß sie über das Brod geht, von denselben muß aber die Kruste fein abgeschnitten sein und in Schnitten geschnitten; unterdessen rührt man ¼ Pfund Butter recht schaumig, hinreichend Zucker für 2 Pudding, ¼ Pfund Rosinen, ⅛ Pfund ausgesteinte Zibeben, etwas Citronat und 10 Eiergelb und dies wird Alles zur Butter gerührt; wenn die Wecke weich sind, werden sie ausgedrückt, wenn sie kalt sind, zu der Masse gethan und recht verrührt, das Weiße von den 10 Eiern zu Schnee geschlagen und darunter gethan. Die Masse wird dann in zwei Formen gegossen, die mit Butter bestrichen sind, und 1 Stunde gekocht.

## 411. Biscuit-Pudding.

¼ Pfund Zucker rühre mit 5 Eiergelb eine halbe Stunde, und den Geschmack einer Citrone nebst dem Saft einer Citrone, schlage das Weiße der Eier zu Schnee, menge ihn darunter nebst 2 Eßlöffelvoll feinem Mehl, fülle dies in eine Form und koche es ¾ Stunden. Mache einen Schotto darüber.

## 412. Reis-Pudding, beste Art.

Man brüht $1/4$ Pfund Reis dreimal ab, thut $1/2$ Maß Milch nebst einer Nußgroß Butter daran, läßt ihn ganz weich und dick kochen, nimmt dann $1/2$ Viertelpfund Butter an's Feuer, dämpft einen starken Kochlöffelvoll Mehl darin, rührt es mit Milch glatt bis es die Dicke eines Spätzleteiges hat, thut es vom Feuer, läßt es erkalten, rührt 10 Eiergelb daran nebst etwas abgeriebener Citrone, Zucker bis es süß genug ist, verrührt den Reis mit dem Teig, schlägt das Weiße von 10 Eiern zu Schnee, mengt es darunter, bestreicht eine Form mit Butter, füllt die Masse hinein, stellt es mit kochendem Wasser an's Feuer und läßt es $1\,1/2$ Stunden langsam kochen.

## 413. Pudding von Aepfeln.

Nimm $1/4$ Pfund Butter, rühre ihn schäumig, rühre dann 6 Eiergelb und 10 Loth Zucker darein, blättle nun 3 schöne Aepfel recht fein, thue sie nebst etwas abgeriebener Citronenschale und Zimmt dazu, nimm nun das Geriebene von 4 Milchbrod, schlage das Weiße der Eier zu Schnee, menge ihn nebst dem Brodmehl darunter, bestreiche eine Form mit Butter, bestreue sie mit Brodmehl, fülle die Masse ein und koche sie in $1\,1/2$ Stunden fertig.

## 414. Nudel-Pudding.

Man macht von 2 Eiern Nudelkuchen, schneidet sie in schmale Streifen und kocht sie dann in einem starken Schoppen Milch so lange, bis letztere ganz eingekocht ist Dann nimmt man ein Stückchen Butter wie eine Nuß groß in ein Casserol, dämpft 1 Kochlöffelvoll Mehl darin und füllt dann mit Milch auf, daß es ein dicker Brei wird, dann rührt man das Gelbe von 6 Eiern nebst Zucker und dem Abgeriebenen einer halben Citrone dazu, schlage das Weiße der Eier zu einem steifen Schnee. Nachdem die Nudeln erkaltet sind, werden sie mit dieser Masse angerührt, fülle es dann in eine mit Butter bestrichene Form und lasse es 1 1/2 Stunden kochen. Man gibt eine Vanille-Sauce dazu.

## 415. Gries-Pudding mit Kirschen.

Lasse 3 Schoppen süßen Rahm oder Milch kochend werden, rühre 12 Loth Kunstgries hinein, laß ihn dick und weich kochen, lege 12 Loth Butter dazu, laß es erkalten, rühre 8 Eiergelb hinein, nebst 1/4 Pfund Zucker, etwas abgeriebene Citrone, schlage das Weiße zu Schnee, menge ihn nebst 1 Pfund ausgesteinter Kirschen darunter und behandle ihn wie den vorhergehenden.

## 416. Brand-Pudding.

Lasse 1/4 Pfund Butter, 1 Schoppen Milch kochend werden, rühre 1/2 Pfund Mehl hinein, laß es kochen, bis der Teig glänzend und dick ist, laß ihn erkalten, rühre alsdann 10 Eiergelb darunter, den Saft von 2 Citronen, 1 Glas Arac, Zucker bis es süß genug ist, rühre dies Alles 1 Stunde lang, bestreiche eine Form mit Butter, koche ihn wie die andern. Als Sauce wird 1/4 Pfund Zucker mit einem halben Schoppen Wasser kochend gemacht, darüber geschüttet, mit Arac angezündet und so brennend servirt.

## 417. Pudding von gefüllten Flädchen.

Backe ganz dünne Flädchen, bestreiche ein jedes mit etwas Confiture von Himbeeren oder Johannisbeeren, rolle sie zusammen und schneide sie in fingerlange Stückchen; bestreiche eine Form mit Butter, setze die Stückchen hinein, bis die Form voll ist; schlage dann 8 ganze Eier mit 1 Schoppen Milch und gehörigem Zucker in einem Topf recht untereinander, schütte es über die Flädchen, stelle die Form in Wasser und lasse es 1 Stunde kochen.

## 418. Kartoffel-Pudding.

Rühre $\frac{1}{2}$ Pfund Butter weiß, menge $1\frac{1}{4}$ Pfund gekochte geriebene Kartoffeln darunter, nebst 4 Loth feinem Mehl, $\frac{1}{2}$ Pfund feinem Zucker, von zwei Citronen die Schale, Zimmt, rühre dies Alles mit 12 Eiergelb recht glatt, schlage das Weiße der Eier zu Schnee, menge ihn darunter und koche ihn wie die andern. Mache eine Kirschen-, Sago- oder Weinsauce dazu.

## 419. Kartoffeln-Pudding mit Mandeln.

Nimm $\frac{3}{4}$ Pfund gekochte und geriebene Kartoffeln, $\frac{1}{4}$ Pfund Zucker, 4 Loth gestoßene Mandeln, 4 Löffelvoll Rahm, Zimmt, Citrone, rühre dies Alles mit 8 Eiergelb, schlage das Weiße zu Schnee, menge ihn darunter und koche ihn wie die andern; mache eine beliebige Sauce dazu.

## 420. Chocolade-Pudding.

Reibe 3 Täfelchen Chocalade am Reibeisen, menge einen starken Eßlöffelvoll Mehl darunter, rühre dies mit einem Schoppen süßen Rahm recht glatt, rühre es auf dem Feuer zu einem dicken Brei, rühre $\frac{1}{4}$ Pfund Butter weiß, und nach und nach 5 bis 6 Eier hinein, menge es unter den Brei nebst Zucker und Vanille, wenn Alles recht gerührt ist, fülle es in die Form und koche den Pudding $1\frac{1}{2}$ Stunden; mache folgende Sauce: Ein Täfelchen geriebene Chocolade lasse in einem Schoppen süßem Rahm kochen, rühre alsdann 3 Eiergelb, ein Stückchen Zucker und Vanille hinein, laß es unter beständigem

Rühren dick werden. Richte den Pudding an und schütte die Sauce darüber.

## 421. Mehl-Pudding.

Nimm ¼ Pfund Butter, lasse sie auf dem Feuer verlaufen, dämpfe ¼ Pfund Mehl ein wenig darin, verarbeite es mit Milch auf dem Feuer bis zu einem steifen Teig, nimm es weg, lasse die Masse erkalten, rühre es mit 6 Eiergelb, etwas abgeriebener Citrone recht glatt, schlage das Weiße der Eier zu Schnee, rühre ihn darunter, fülle die Masse in eine Form und lasse sie 1¼ Stunde kochen.

## 422. Pudding au Citrone zu 2 Formen.

14 Loth Zucker, 14 Loth Butter, 14 Eiergelb werden auf dem Feuer zusammen gerührt, nebst dem am Zucker Abgeriebenen von zwei Citronen, bis es dick ist; dann muß beständig darin gerührt werden, bis es kalt ist. Thue den Saft von den zwei Citronen daran, schlage das Weiße von den 14 Eiern zu einem steifen Schnee und menge ihn unter die Masse; ehe der Schnee aber hinein kommt, rührt man ein starkes ¼ Pfund Kartoffelmehl darunter, bestreicht die Form mit Butter, füllt die Masse hinein, stellt sie in kochendes Wasser in den Backofen und läßt sie 1 Stunde kochen, sie muß aber auch von oben Hitze haben.

## 423. Zwieback-Pudding.

Man reibt Zwieback und nimmt 8 gute Eßlöffelvoll davon, schüttet 3 bis 4 Kaffeelöffel Milch daran, und verrührt dieses ganz glatt; schlägt 8 Eiergelb nach und nach daran, rührt dann ¼ Pfund Butter oder Nierenfett weiß, thut obige Masse hinein nebst dem Abgeriebenen von 1 Citrone und ¼ Pfund gestoßenem Zucker, 2 Loth feingeschnittenem Citronat, 1/8 große und 1/8 kleine Rosinen, 1/4 Pfund geschälte und gestoßene Mandeln, thut dieses nebst 1/2 Schoppen Arac hinein, verrührt Alles wohl miteinander, schlägt das Weiße von 8 Eiern zu Schnee, bestreicht eine Form mit Butter, bestreut sie mit Weckmehl, füllt die Masse hinein, stellt sie bis zur Hälfte in kochendes Wasser läßt sie 2 bis 3 Stunden kochen; zu diesem Pudding kann jede geistige Sauce gegeben werden; er ist für 10 bis 12 Personen.

## 424. Scheiterhaufen.

Man schneidet sechs Milchbrod in Scheiben und legt sie auf eine Platte, verrührt sechs Eier mit Milch und gestoßenem Zucker und etwas süßem Rahm recht stark, gießt sie über die Brode und wendet sie darin um, daß sie auf beiden Seiten weich werden, nun nimmt man eine Handvoll gestoßene Mandeln, vermengt sie mit Zucker, Zimmt und Rosinen, bestreicht ein Auflaufblech mit Butter, gibt eine Lage Milchbrod darauf und bestreut sie mit dem Vermengten, und fährt so fort, bis es zu Ende ist, thut nun einige Stückchen Butter dazwischen, gießt die übrigen Eier nebst einigen Stückchen Butter darauf, überstreut es mit Weckmehl und backt es im Ofen gelb; wenn es fertig ist, kann man beliebige süße Sauce dazu geben.

## 425. Pfitzauf.

Man nimmt 1/2 Pfund Mehl in eine Schüssel, rührt es etwas mit einem Schoppen Milch glatt, dann fünf Eier daran und 1/4 Pfund zerlassene Butter, von der man so viel zurückbehält, um die Förmchen bestreichen zu können, rührt die Masse mit der übrig gelassenen Milch vollends an, füllt die bestrichenen Förmchen halbvoll, backt sie in frischer

Hitze und überstreut sie vor dem Auftragen mit Zucker und Zimmt.

---

# Süße Saucen.

## 426. Schotto.

Thue 8 Eiergelb, 2 Loth gestoßenen Zucker, 1 Schoppen guten Wein, ein wenig Citronenschale in ein Casserol, verrühre es recht schaumig, nimm es auf's Feuer, strudle darin bis es dick ist; es darf aber nicht kochen.

## 427. Citronen-Sauce.

3 Eiergelb werden in ein Cassèrol gethan, ein halber Schoppen Milch, 2 Loth gestoßener Zucker und eine Citronenschale daran gerührt; nimm dies auf's Feuer, laß es dick werden, aber ja nicht kochen.

## 428. Hegen-Sauce.

Röste einen halben Kochlöffelvoll Mehl schön braun, lösche es mit 1 Schoppen Wein ab, thue 2 Eßlöffelvoll Hegenmark, Zucker, Citronenschale dazu und laß es kochen. Man kann auch frische Hegen in Wasser abkochen und durch ein Haarsieb treiben.

## 429. Kirschen-Sauce.

Wasche 2 bis 3 Händevoll dürre Kirschen, alsdann werden sie grob gestoßen, mit ½ Maaß Wasser gekocht, bis sie dick sind, und mit einer Bouteille Wein durch ein Harsieb getrieben; röste 1 Kochlöffelvoll Mehl schön braun, die durchgetriebenen Kirschen thue dazu, nebst Zucker, Citronenschale, Zimmt,

Nelken, laß die Sauce kochen und richte sie an. Es können auch 1 Pfund schwarze und 1 Pfund saure frische Kirschen dazu genommen werden.

## 430. Citronen-Sauce anderer Art.

Röste einen Kochlöffelvoll Mehl in einem Stückchen Butter schön gelb, gieße 1 Schoppen Wasser, 1 Schoppen Wein daran, nebst dem Abgeriebenen und dem Saft einer Citrone, Zucker bis es süß genug ist, laß es kochen, rühre alsdann 8 Eiergelb daran und laß sie unter beständigem Rühren heiß werden, aber ja nicht kochen.

## 431 Mandel-Sauce.

4 Loth geschälte und gestoßene Mandeln werden in ein Casserol gethan nebst einem Kochlöffelvoll Mehl, rühre dies mit ein wenig Milch glatt, thue 5 bis 6 Eiergelb daran, nebst Zucker, verdünne es mit Milch, setze sie auf's Feuer und lasse sie unter beständigem Rühren kochend werden. Man kann auch bittere Mandeln dazu nehmen.

## 432. Vanille-Sauce.

Koche ein Stück Vanille in einem Schoppen Milch, rühre 3 bis 4 Eiergelb mit kalter Milch ab, nebst Zucker und etwas Mehl, rühre die Vanillemilch daran und lasse die Sauce unter beständigem Rühren heiß werden.

## 433. Sago-Sauce.

¼ Pfund Sago wird 3 Mal aus kochendem Wasser gewaschen; schütte alsdann rothen oder weißen Wein daran, nebst Zucker, Zimmt, Citronenschale, und lasse den Sago langsam zugedeckt kochen, bis er weich ist, verdünne ihn alsdann mit Wein und gib ihn als Sauce.

### 434. Himbeer-Sauce.

Nimm 2 Schoppen Himbeeren und drücke den Saft durch ein Tuch, röste einen Kochlöffelvoll Mehl gelb, lösche es ab mit einem Schoppen Wein, schütte den Saft dazu, nebst Zucker, Zimmt und Citronenschale, und lasse die Sauce kochen, ist sie zu dick, verdünne sie mit etwas Wasser. Man kann auch gekochten Himbeersaft nehmen.

### 435. Johannisbeer-Sauce.

Wird wie die vorstehende gemacht, nur daß ein Schoppen Johannisbeeren genommen wird.

### 436. Braune Wein-Sauce.

Röste 1 Kochlöffelvoll Mehl schön braun, lösche es mit 1½ Schoppen Wein ab, thue Zucker und Citrone daran und lasse sie kochen.

---

## Sauere Saucen.

### 437. Maître d'hotel liée.

Man thut in ein Casserol ¼ Pfund frische Butter, einen Kochlöffelvoll Weißmehl, feingehackte Petersilie, Kerbelkraut, etwas Pimpinell und Estragon, etwas groben Pfeffer zwei Anrichtlöffelvoll frisches Wasser, etwas Salz; setze die Sauce erst dann zum Feuer, wenn man anrichten will, rühre darin, bis sie kocht, thue alsdann den Saft von 2 Citronen daran; sie soll fast so dick sein, wie eine Buttersauce, ist sie zu dick, so wird noch Wasser daran gethan.

### 438. Kräuter-Sauce.

Es wird ein Kochlöffelvoll Mehl in einem Stückchen

Butter gedämpft, alsdann Petersilienkraut, Sellerie-kraut, Lauch, Sauerampfer, Thymian, Basilikum, alles fein gewiegt und dazu gethan, wenn dies mit-gedämpft hat, wird es mit Fleischbrühe und Weinessig aufgefüllt, thue etwas Pfeffer, Salz und Muskatnuß daran, lasse die Sauce dick kochen und richte sie an.

## 439. Butter-Sauce.

¼ Pfund Butter lasse auf dem Feuer zergehen, rühre 2 Eßlöffelvoll Mehl hinein, lasse es dämpfen, doch so, daß es weiß bleibt, lösche es mit guter Bouillon und etwas Salz ab, und lasse sie kochen. Hebe das Fett wieder oben ab.

## 440. Oliven-Sauce.

Schäle eine Handvoll Oliven von den Steinen, doch so, daß das Geschälte an einem Stücke bleibt, rolle es wieder zusammen, wie sie vorher ausge-sehen, die Steine werden weggeworfen; schütte nun 2 Gläser voll Jus und Salz daran, lasse es einige Minuten aufkochen und richte sie an.

## 441. Gurken-Sauce.

Schneide 3 bis 4 Gurken in runde Stückchen, salze sie ein wenig ein und lasse sie eine Viertelstunde stehen, röste einen Kochlöffelvoll Mehl schön braun, lösche es mit einer fein geschnittenen Zwiebel ab, dämpfe sie mit den ausgedrückten Gurken, thue einen Schöpflöffelvoll Fleischbrühe daran, ½ Glas Essig, Pfeffer, Salz und Jus, lasse sie 1 bis 2 Stunden kochen; diese Sauce kann zu übrig gebliebenem Fleisch gegeben werden.

## 442. Morcheln-Sauce.

Die Morcheln werden, nachdem die Stiele abgeschnitten sind, abgewellt, wieder in kaltes Wasser gelegt und ausgedrückt; schneide sie fein, röste einen Kochlöffelvoll Mehl in einem Stückchen Butter gelb, dämpfe eine Handvoll feine Petersilie darin, schütte einen Schöpflöffelvoll Fleischbrühe daran, nebst Salz und Muskatnuß, lasse sie mit den Morcheln kochen, und richte sie zu einem beliebigen Ragout an.

## 443. Trüffeln-Sauce.

2 Loth Trüffeln werden geputzt und in einem halben Schoppen Wein gekocht, röste einen Kochlöffelvoll Mehl, dämpfe ein Paar Schalottenzwiebeln darin, thue die Trüffeln nebst dem Wein an das Mehl, schütte Fleischbrühe daran, den Saft einer Citrone, Muskatnuß, Pfeffer, Nelken und Jus, lasse sie kochen und richte sie an.

## 444. Sardellen-Sauce mit Kapern.

Nimm eine Handvoll Kapern, ein Paar gewaschene Sardellen, eine Zwiebel, Petersilie, Basilikum, hacke Alles recht fein, dämpfe dies in einem Stückchen Butter nebst einem Kochlöffelvoll Mehl, fülle es mit Fleischbrühe und Essig auf, lasse die Sauce kochen und gib sie zu warmen Pasteten.

## 445. Andere Saucen zu Pasteten.

Eine Handvoll Petersilienwurzeln, ein Paar Zwiebeln und einige Weckschnitten werden in guter Fleischbrühe und einem Stückchen Butter gekocht; wasche 4 Sardellen, stoße sie mit Butter fein, lasse Alles durch ein Sieb laufen, lasse die Sauce wieder kochend werden, drücke den Saft einer Citrone dazu; beim Anrichten legire die Sauce mit 2 Eiergelb ab.

## 446. Kalte Saucen.

Es werden 2 Milchner Häringe geputzt, die Milchner bei Seite gelegt und die Häringe in kleine Stücke geschnitten, siede alsdann 3 bis 4 Eier hart, nimm das Gelbe heraus, menge die Häringsmilchen mit einer Handvoll klein gehackter Petersilie, eben so viel fein gehackten Kapern, etwas Pfeffer, verrühre Alles recht zart, gieße 4 Eßlöffelvoll Provencer-Oel und eben so viel Essig dazu, so daß es eine dicke Sauce ist, rühre die klein geschnittenen Häringe darunter, richte sie an; man kann sie zu jedem kalten Braten geben.

## 447. Borasch-Sauce.

Eine Handvoll Borasch wird gewaschen und fein geschnitten, dann mit Essig, Oel, Salz und Pfeffer angemacht.

## 448. Mandel-Sauce.

Eine Handvoll geschälte Mandeln werden mit etwas Zucker, 6 hart gesottenen Eidottern im Mörser fein gestoßen, alsdann in eine Saucière gethan, nebst etwas feinem Schnittlauch und Petersilie mit Essig und Oel angemacht, doch so, daß die Sauce dick bleibt.

## 449. Kalte Saucen zu Feldhühnern.

Das Gelbe von 6 Eiern wird mit einem Trinkglas Provenceröl, 3 Eßlöffelvoll Senf, einer Messerspitze feinem Pfeffer, etwas Salz langsam dick gerührt, dann ein Nußgroßes Stückchen Zucker auf einer Pomeranze abgerieben, dazu gethan, nebst dem Saft einer Pomeranze.

## 450. Grüne Remulade.

Nimm eine Handvoll Kerbelkraut, halb so viel Pimpinel und Estragon, grüne Zwiebeln und Schnittlauch, brühe dieses in kochendem Wasser ab, thue es gleich wieder in kaltes Wasser, damit es schön grün bleibt, thue groben Pfeffer und ein gutes Glasvoll Senf daran, stoße dies Alles miteinander in einem Mörser, wenn es fein ist, thue es heraus, rühre nach und nach ½ Glasvoll Baumöl hinein, thue alsdann 2 bis 3 rohe Eidotter dazu, treibe Alles durch ein Haarsieb mit 5 bis 6 Löffelvoll Essig, es muß aber gut dick sein, wie ein Purée; wäre es nicht grün genug, so thut man einen Spinatapparat dazu.

## 451. Majonais für Fisch und Geflügel.

Um 2 Platten zu decken, nimmt man 4 rohe Eiergelb, rührt gutes Provenceröl tropfenweise daran, damit es nicht gerinnt; man rechnet ungefähr ½ Schoppen Oel, es muß aber immer geschlagen oder gerührt werden bis es ganz dick ist. Thue dann etwas Salz, etwas saure Gelee hinzu, welche man zuerst vergehen läßt, doch darf es nicht warm sein. Dann gießt man etwas feinen Essig daran, doch muß es die Dicke behalten, um die Speise zu decken, ohne daß es abläuft. Stelle es dann auf Eis, damit es recht dick bleibt; eine halbe Stunde ehe man es braucht, richtet man es zu. Man deckt die Fische oder das Geflügel ganz damit zu. Die Garnitur kann man nach Belieben machen, man nimmt gewöhnlich Gelee in zweierlei Farben, hart gesottene Eier und Salat und garnirt es schön damit; man kann auch noch Kapern, Sardellen, rothe Rüben, Trüffeln und Krebse zur Garnitur nehmen.

## 452. Ordinaire Remulade.

Man nimmt ein Glasvoll Senf in eine Schüssel, 4 hart gesottene Eidotter verrührt man mit dem Senf, hacke einen guten Theil Schalotten, Petersilie, Kerbelkraut, Estragon und Pimpinell, auch etwas Kapern und Sardellen; wenn dies Alles fein ist, thue ½ Glas Baumöl, eben so viel Estragon-Essig, Pfeffer und Salz daran, rühre es wohl untereinander und gib sie zu kaltem Geflügel oder Fischen.

### 453. Kalte Sauce zum Rindfleisch.

Einige hartgesottene Eiergelb werden durch ein Haarsieb gedrückt und mit etwas Senf glatt gerührt, dann werden Sardellen, Kapern, Schnittlauch, Petersilie, grüne eingemachte Gurken und ein wenig Eierweiß und Rothrüben, jedes besonders rein gemacht und dazu genommen, wieder recht gerührt und mit Essig, Oel, Zucker, Salz, Pfeffer und noch etwas Senf angemacht.

---

## Braten.

### 454. Auerhahn gebraten.

Der Hahn wird bis an den Kopf gerupft, ausgenommen, die Brustknochen nach Innen hineingebogen, damit er eine hübsche Form erhält, gut ausgewaschen, innen mit Salz und Pfeffer ausgerieben, die Brust mit kleingeschnittenem Speck stark bespickt, mit einer Speckscheibe überbunden und dressirt. Nachdem nun dies geschehen und der Kopf mit Papier umbunden ist, wird er in ein schickliches Geschirr gethan, nebst Butter, Speck, Schinken, Citronenrädchen, Zwiebeln, Gewürz, mit Salz eingerieben, mit einem Schoppen Wein und nöthiger Fleischbrühe weich gedämpft, jedoch nie zuviel auf einmal, dann läßt man ihm Farbe geben, hebt das Fett von der Sauce ab, nimmt die Speckscheibe von der Brust, läßt die Sauce durch ein Haarsieb laufen und servirt ihn; der Hahn kann auch einen Tag vorher in Essig gebeizt werden.

### 455. Fasan gebraten.

Der Fasan wird bis an den Kopf gerupft, und dieser sammt den Federn abgeschnitten und bis zum Serviren bei Seite gelegt, dann wird er wieder auf den Hahn gesteckt und dient als Zierde auf dem Tisch. Nachdem er also geputzt ist, wird er ausgenommen, die Klauen abgehauen, sauber gewaschen, inwendig mit Salz und Pfeffer ausgerieben, die Brust mit geschnittenem Speck gespickt, in eine dünne Speckscheibe eingewickelt und ein passendes Geschirr gethan, nebst etwas Butter, Schinken, Zwiebeln, gelben Rüben, Petersilienwurzeln, Gewürz, Salz und ein klein wenig Knoblauch, so wird er mit einem Schoppen Wein, Bouillon und etwas Jus weich gedämpft, doch muß es nach und nach daran geschüttet werden und darf nie zu viel Brühe haben, dann läßt man die Sauce einbraten, treibt sie durch ein Haartuch und servirt den Fasan.

## 456. Wilde Gans gebraten.

Nachdem die Gans rein geputzt, ausgenommen, gewaschen und dressirt ist, wird sie in einem passenden Geschirr mit Butter, Speck, Zwiebeln, Petersilienwurzeln, gelben Rüben, Pfeffer, Nelken, Citronenscheiben, Thymian, Lorbeerblatt, Salz und Bouillon weich gedämpft. Wenn sie nun halb weich ist, wird 1 Glas Wein daran geschüttet und vollends weich gedämpft; kurz vor dem Anrichten werden 2 Eßlöffelvoll saurer Rahm daran gerührt, die Sauce durch ein Haarsieb getrieben und der Braten servirt.

## 457. Feldhühner mit Trüffeln gefüllt.

Die Hühner werden, nachdem sie geputzt und ausgenommen, unten wieder zugenähet und nachstehende Farce dazu gemacht: Dämpfe etwas feingehackte Schalotten, Petersilie und Speck, einige würflicht geschnittene Trüffeln, Pfeffer und Salz in einem Stück Butter einige Minuten auf dem Feuer, fülle dann Alles oben in die Hühner und nähe sie wieder zu und binde ihnen eine dünne Speckscheibe auf die Brust, dämpfe sie in einem Stück Butter nebst Zwiebeln, gelben Rüben, Lorbeerblatt, Gewürz, Salz, Citrone, Thymian, mit guter Bouillon und 1 Glas Wein weich; 1/4 Stunde vor dem Anrichten, wenn die Sauce durchgetrieben ist, lege einige Trüffeln hinein, lasse sie noch ein wenig mitdämpfen und richte nun die Sauce über die Hühner mit den Trüffeln an.

## 458. Krammetsvögel gebraten.

Nachdem sie geputzt und ausgenommen sind, werden die gerupften Köpfe um die Flügel geschränkt und so vollends dressirt, dann werden sie mit etwas Butter, Zwiebeln, Pfeffer, Salz und einigen Wachholderbeeren saftig gebraten Hierauf röstet man eine Handvoll geriebenes Weißbrod in Butter gelb, und gibt, wenn die Vögel angerichtet sind, auf jeden einen Eßlöffelvoll von dem Brod und garnirt die Platte mit in Schmalz gebackener Petersilie.

## 459. Becassinen gebraten.

Wenn die Vögel gerupft und ausgenommen sind, wird der Schnabel durch die Brust gesteckt, die Füße übereinandergeschränkt und so dressirt, eine Speckscheibe auf die Brust gebunden und in Butter mit Zwiebeln, Pfeffer, Salz, Nelken saftig gebraten, dann etwas Jus daran gethan und so mit dem Speck servirt.

## 460. Haselhühner gebraten.

Diese werden wie die Feldhühner zubereitet, nur wird der Kopf nicht gerupft sondern abgeschnitten, und wenn sie gebraten sind wieder hingesteckt; auch muß man recht Acht geben, daß sie schön weiß bleiben.

## 461. Schnepfen zu braten.

Sind die Schnepfen sammt dem Kopf gerupft, ausgenommen und das Eingeweide zur Verwendung der Crouton zurückgelegt, dann wird die Schnepfe dressirt, nämlich der Schnabel durch beide Schlägel gesteckt, mit Speck umbunden, dann mit Butter und etwas Salz in einem passenden Geschirr schön hellgelb gebraten.

## 462. Crouton zu Schnepfen.

Von Weißbrod vom zweiten Tag wird die Kruste genommen und beliebige Crouton davon geschnitten und folgende Farce darauf gemacht: feine Schalotten werden in einem Stückchen Butter gedämpft, dann hackt man das Eingeweide der Schnepfe ein bischen, thut es nebst etwas Gänseleber, Wachholderbeeren, weißem Pfeffer, Lorbeerblatt, Muskatnuß, etwas Thymian zu feinem Gewürz gemacht, darunter, nebst 2 Stück Sardellen. Alles wird etwas gedämpft, dann durch ein Haarsieb getrieben, auf die Crouton gestrichen und dann auf einem mit Butter bestrichenen Blech im Ofen gebacken und die Schnepfen damit garnirt.

## 463. Wachteln zu braten.

Nachdem die Wachteln bis an den Kopf gerupft und dieser in Papier eingewickelt ist, werden sie ausgenommen, gewaschen und dressirt, mit Speck umbunden, in ein Casserol mit Butter gethan, sammt Zwiebeln, Lorbeerblatt, Salz und Pfeffer, und so mit etwas Wein und Bouillon weich gedämpft und dann gebraten.

## 464. Lerchen zu braten.

Wenn die Lerchen schön gerupft und die Füße eingeschränkt sind, wird der Kopf an die Füße gesteckt. Sie werden nicht ausgenommen, in heiße Butter gelegt, schön gelb gebraten, mit geriebenem Brod und Salz bestreut und so zur Tafel gegeben.

## 465. Welscher Hahn gebraten.

Obwohl die Hennen kleiner, sind sie den Hähnen doch weit vorzuziehen; sie müssen jedenfalls 1 bis 2 Tage vorher geschlachtet sein, damit sie mürbe werden. Sie müssen ganz gerupft werden, der Kopf bleibt stehen, das Brustbein wird eingedrückt, der vordere Fuß abgehauen, der Kopf in die Flügel gelegt, die Brust mit Speck umbunden und so zurecht gemacht; inwendig wird er ausgewaschen, 1 Kreuzerweck in die Kropfhöhle gethan, damit sie nicht einfällt, ein Stückchen Butter mit Salz und Pfeffer verknetet, in den Körper gesteckt, außen mit Pfeffer und Salz eingerieben, und mit Butter, Zwiebelscheiben, gelben Rüben und Speck hübsch gebraten, dann ein wenig Jus zugegossen, das Fett von der Sauce abgenommen, durchgetrieben und so beim Anrichten über den Hahn gegossen.

## 466. Welscher Hahn mit Trüffeln gefüllt.

Der Hahn wird auf dieselbe Art gebraten wie der vorhergehende und dazu gib folgende Farce: Dämpfe 1 Handvoll feingehackte Schalottenzwiebel und Petersilie nebst geschabtem Speck, rund abgedrehten Trüffeln, Pfeffer, Salz und der feingehackten Leber des Hahns in einem Stück Butter einige Minuten auf dem Feuer, lasse es dann verkühlen, fülle zuerst die Kropfhöhle damit und thue dann das Uebrige in den Körper, nähe ihn zu, lasse ihn schön braten und servire ihn.

## 467. Warme Farce zu Welschhahn und Kapaun.

Nimm ein Pfund Schweinefleisch (vom Schoos), schneide es in Stückchen und hacke es fein, dann nimmt man es mit Gansleber in den Mörser und stößt es fein nebst 1 Eiergelb und dem Gewürz.

Dann wird es durch ein Haarsieb getrieben, man nimmt 1 Stück Butter in ein Casserol, thut einige feingeschnittene Schalotten hinein, läßt sie ein wenig dämpfen, thut dann 2 bis 3 geschälte Trüffeln nebst etwas Jus daran, läßt es noch ein wenig auf dem Feuer ziehen, mengt es unter die Farce nebst etwas Salz und füllt das Geflügel damit.

Zubereitung des Gewürzes: Eine halbe Muskatnuß wird in kleine Stückchen geschnitten, ein Lorbeerblat, 6 weiße Pfefferkörner, für einen halben Kreuzer Thymian wird im Backofen gedörrt und fein gestoßen.

## 468. Welscher Hahn mit Kartoffeln gefüllt.

Rund gebohrte, rohe Kartoffeln werden nebst feingehackten Schalotten, Petersilie und der Leber einige Minuten in Butter, nebst Salz und Pfeffer gedämpft, der Hahn damit gefüllt, zugenäht und wie ersterer gebraten.

## 469. Gebratene Gans mit Kastanien gefüllt.

Nachdem die Gans gebrüht und ausgenommen ist, läßt man sie 1 oder 2 Tage liegen, damit sie recht mürbe wird, mache dann folgende Farce, und fülle sie damit: Dämpfe eine Handvoll feingehackte Schalotten und Petersilie in einem Stück Butter weich, nimm es vom Feuer, rühre 4 bis 5 Eier nebst Salz, Pfeffer und die gehackte Gansleber hinein, koche ein halbes Mäßchen Kastanien weich, schäle sie, menge sie auch unter die Fülle, gib nun Alles in die Gans, nähe sie gut zu, haue die Flügel davon ab und stelle die Gans mit 2 Schöpflöffelvoll Fleischbrühe oder Wasser, in Scheiben geschnittenen Zwiebeln, 1 gelben Rübe und Salz auf's Feuer und lasse sie so weich kochen und zuletzt im eigenen Fett braten

Anmerkung. Man kann die Gänse auf diese Weise auch mit Kartoffeln füllen.

## 470. Zahme Enten mit Kastanien gefüllt.

Diese werden ganz auf dieselbe Art wie die Gänse gebraten.

## 471. Wilde Enten gebraten.

Die Ente wird gerupft, ausgenommen, gewaschen und dressirt, die Brust mit Speck umbunden, inwendig mit Salz und Pfeffer ausgerieben, in ein Casserol gethan, mit Butter, Speck, Zwiebeln, gelben Rüben, Lorbeerblatt, Nelken, Citronenrädchen, ganzem Pfeffer und Salz gedämpft, dann etwas Bouillon zugegossen und so schön gelb gebraten.

## 472. Kapaun gebraten.

Wenn der Kapaun rein gemacht ist, wird er dressirt, in Speck eingebunden und mit Butter, Zwiebeln, gelben Rüben, Salz und ganzem Pfeffer schön gelb gebraten.

## 473. Junge Hühner gebraten.

Diese werden ganz auf dieselbe Art bereitet wie die Kapaunen.

## 474. Junge Hühner gefüllt.

Die Hühner werden, wenn sie rein geputzt sind, ausgenommen, gewaschen und folgende Farce von Krebsen gemacht: Man siedet 25 Krebse, schält die Krebsschwänze davon, schneidet diese klein, dämpft etwas feingehackte Schalotten und Petersilie in einem Stück Butter weich, rührt drei Eier darein, bis es dick ist, dann nimm es vom Feuer weg, rühre die Krebsschwänze nebst einem halben eingeweichten und wieder ausgedrückten Weck hinein, rühre es mit Pfeffer, Salz, Muskatnuß, einem ganzen und 3 gelben Eiern wohl durcheinander, fülle die Hühner damit, nähe sie zu und umbinde sie auf der Brust mit Speck und brate sie in Butter mit Zwiebeln und gelben Rüben schön gelb.

## 475. Gefüllte Tauben.

Nachdem die Tauben rein gerupft, ausgenommen und gewaschen sind, werden etwas feingehackte Schalotten und Petersilie in einem Stück Butter weich gedämpft, dann wird ein eingeweichter und wieder ausgedrückter Weck auch mitgedämpft, vom Feuer weggenommen, etwas Salz, Muskatnuß und Pfeffer dazu gethan, mit einigen Eiern abgerührt, in die Tauben gefüllt, diese zugenäht, mit Zwiebeln, gelben Rüben, Lorbeerblatt, ganzem Pfeffer, Salz und zwei Nelken in Butter weich gedämpft, immer etwas Bouillon zugegossen und zuletzt hübsch gelb gebraten.

## 476. Hammelsschlägel gedämpft.

Der Hammelsschlägel wird gut geklopft und gewaschen, nachdem er schon 1 bis 2 Tage gelegen hat, mit Knoblauch gespickt, mit Salz eingerieben und in einer Bratpfanne im Ofen, nebst Butter, etwas Wasser und Zwiebeln schön gelb gebraten; das öftere Uebergießen darf aber dabei nicht versäumt werden.

## 477. Hammelsschlägel gebeizt.

Wenn der Schlägel 2 Tage in Essig gelegen hat, wird er geklopft, mit Knoblauch gespickt, in einer Pfanne mit Butter, Zwiebeln, gelben Rüben, Lorbeerblatt, Nelken, Pfeffer, Salz und etwas Beizbrühe und Salbei gebraten, dabei öfters übergossen, etwas Bouillon daran gethan und so im Backofen fertig gebraten.

## 478. Kalbsschlägel gebraten.

Der Schlägel wird geklopft, in eine Bratpfanne mit Butter, Zwiebeln, gelben Rüben, Pfeffer, Salz und etwas Bouillon gethan, im Backofen gebraten, dabei öfters mit der Sauce übergossen und so fertig gemacht.

## 479. Kalbsschlägel gebeizt.

Dieser wird wie der gebeizte Hammelsschlägel gebraten, nur mit der Ausnahme, daß er mit Speck gespickt wird.

## 480. Schweineschlägel gebraten.

Man stellt den Schlägel mit etwas Zwiebeln, Salz, Pfeffer und Wasser in einer Pfanne in den Ofen und läßt ihn so bei öfterem Uebergießen schön gelb braten.

## 481. Rehschlägel gebeizt.

Man beizt einen Schlägel 2 Tage vorher in Essig, häutelt ihn ab und spickt ihn, stellt ihn dann mit Butter, Zwiebeln, gelben Rüben, Nelken, Pfeffer, Lorbeerblatt, Speck, ein wenig Knoblauch, Salz und Citrone und ein wenig Beizbrühe in einer Pfanne in den Bratofen und läßt ihn so mit öfterem Uebergießen der Sauce fertig braten, hebt dann das Fett von der Sauce ab, rührt 2 Eßlöffelvoll sauern Rahm hinein und richtet sie über den Braten an

## 482. Rehziemer gebraten.

Wird ganz auf dieselbe Weise verfertigt wie der Rehschlägel.

## 483. Hirschziemer mit einer Kruste und Kirschen-Sauce.

Der Ziemer wird abgehäutet, jedoch das Fett daran

gelassen, in eine Bratpfanne gethan, mit etwas Wasser, Wein und Essig (doch darf die Brühe nicht zu weit am Ziemer herauf gehen), Butter, Zimmt, Nelken, Pfeffer, Salz, Lorbeerblatt, Citrone und einigen Wachholderbeeren im Bratofen weich gedämpft, läßt ihn ein wenig erkalten, nimmt alsdann 2 Händevoll Schwarzbrodbrosam, feuchtet sie mit ¼ Pfund zerlassener Butter an, reibt von einer Citrone die Schale nebst ½ Loth Zimmt, ein klein wenig gestoßenen Nelken, mengt dies nebst einer Handvoll Zucker und dem Saft einer Citrone unter das Brod, streicht den obern Theil des Ziemers mit Eiweiß an, gibt von der Masse darauf, schlägt es mit der Hand darauf, daß es eine gleichmäßige Kruste bildet, gibt kleine Stückchen Butter darauf, stellt ihn wieder in den Ofen, schüttet ein klein wenig von der Sauce in die Pfanne, damit er nicht anbrennt, und läßt ihn oben schön gelb werden. Kirschen-Sauce dazu: man nimmt 2 bis 3 Händevoll dürre Kirschen, stößt sie in einim Mörser fein, kocht sie mit Wasser und der Kruste von 2 Wecken weich, treibt sie mit einer halben Maaß Wein durch ein Haarsieb, thut ein wenig gestoßenen Zimmt, etwas Nelken, Citronenschale, eine Handvoll gestoßenen Zucker hinein, und läßt sie so noch ein wenig kochen, dann wird der Ziemer trocken auf den Tisch gegeben und die Sauce besonders servirt.

## 484. Hasen zu braten.

Nach dem Abstreifen wird der Hase ausgenomm… das Schlußbein von einander gehauen, daß Schlägel auseinander glatt da liegen, die Lamp nebst Bug, Hals und Kopf abgeschnitten, der Zier und die Schlägel gehäutelt und gespickt, und so 1 2 Tage in Essig gelegt, das Uebrige aber Ragout gegeben; dann wird er in eine Bratpfa gethan, mit Butter, Zwiebeln, gelben Rüben, L beerblatt, Knoblauch, Speck, Pfeffer, Citrone, Salz, einigen ganzen Nelken und etwas Beizbrühe im Bratofen weich gedämpft, öfters überschüttet, dann das Fett von der Sauce abgenommen, einige Löffelvoll saurer Rahm daran gethan, durchgetrieben und so über den Braten servirt.

## 485. Fricando von Kalbfleisch.

Schneide aus einer halben Schale ein Fricando, häute es ab, spicke es mit Speck, lege es in ein Casserol mit Butter, Speck, ein wenig Schinken, Zwiebeln, gelben Rüben, einigen Nelken, Salz, Pfeffer nebst etwas Bouillon, lasse die Brühe immer kurz kochen, übergieße es öfter mit der Sauce, decke es mit einem Kohlendeckel zu und lasse es so schön gelb und weich dämpfen, hebe das Fett ab und servire es.

## 486. Nierenbraten.

Ein schöner Nierenbraten wird am Rücken gespickt in ein Casserol gethan und mit Butter, Zwiebeln, gelben Rüben, Salz und Pfeffer schön gelb gebraten, dann etwas Jus zugegossen, vollends fertig gemacht, das Fett abgenommen, die Sauce über den Braten geschüttet und dann servirt.

## 487. Gefüllte Kalbsbrust.

Die Brust wird mit einem Messer aufgestochen, damit die Höhle recht groß wird, und dann folgende Fülle dazu gemacht: 2 bis 3 eingeweichte und wieder ausgedrückte Wecke werden nebst etwas fein gehackten Schalottenzwiebeln und Petersilie in Butter weich gedämpft, etwas Salz, Pfeffer und Muskatnuß hinein gethan und mit 4 bis 5 Eiern abgerührt; dann wird die Brust damit gefüllt, wieder zugenäht, in Wasser ein wenig abblanchirt und mit Butter, Zwiebeln und Salz gebraten.

## 488. Gefülltes Spanferkel.

Wenn das Spanferkel geputzt ist, so wird nachstehende Fülle dazu gemacht: Man hackt Lunge, Leber und Herz recht fein, dämpft etwas feine Zwiebeln und Petersilie in einem Stück Butter, nebst einem ausgedrückten Weck, Pfeffer, Salz, Muskatnuß und ein wenig Thymian, thut die gehackte Lunge dazu, rührt es mit 2 Eiern ab und füllt das Spanferkel damit, näht es zu, setzt es in eine Bratpfanne, thut unter die Vorder- und Hinterfüße ein Stück Holz, damit das Spanferkel eine hübsche Form bekommt, bestreut es mit Salz, gibt ein wenig Wasser in die Pfanne, damit es nicht anbrennt, streicht es, so oft es trocken ist, mit einem Pinsel mit Oel an und läßt es so im Bratofen fertig braten.

Anmerkung. Wenn die Spanferkel gefüllt sind, werden sie nie so rösch, als ohne Fülle; sie werden aber auf dieselbe Art gemacht, nur die Fülle weggelassen.

## 489. Lummelbraten.

Nachdem der Lummel abgehäutelt ist, wird er gespickt, mit Butter, Zwiebeln, Petersilienwurzeln, Speck, Pfeffer und Salz gebraten, etwas Jus zugegossen und so wie in einer Bratpfanne im Backofen oder in einem Casserol mit einem Kohlendeckel fertig gemacht.

## 490. Lendenbraten.

Das Lendenstück liegt oberhalb dem Lummel beim Ochsen; es ist gut, wenn es einige Tage alt ist, bis es gebraten wird. Schneide den Knochen heraus, klopfe es gut, salze und pfeffere es, lege es in eine Bratpfanne mit Butter, Nierenfett und Wasser und lasse es so im Backofen weich braten; es wird öfters auch am Spieß gebraten.

## 491. Gedämpfte Rindsrippen.

Ungefähr 6 bis 8 Pfund vom Rippenstück werden, nachdem die Beine abgelöst, mit fingerdickem Speck, der in gehackten Schalotten, Petersilie, Salz und Pfeffer umgewendet ist, gespickt, so daß man jedoch von Außen nichts davon sieht, bindet es mit Bindfaden zusammen, damit es eine hübsche Form behält, thut nun in ein schickliches Geschirr auf den Boden einige Speckbatten, thut das Rippenstück sammt Zwiebeln, gelben Rüben, Petersilienwurzeln, Citrone, Gewürz, Thymian, Salz und etwas Schinken hinein, gießt etliche Suppenlöffelvoll Fleischbrühe auf, gibt oben und unten Kohlen und läßt es so einige Stunden dämpfen; wenn die Brühe eingekocht ist, gieße es mit einem Schoppen Wein auf, lasse es schön gelb braten, hebe dann das Fett davon ab, treibe die Sauce durch und richte sie nun über das Rippenstück an.

## 492. Rindsrippen auf dem Rost gebraten.

Wenn das Rippenstück einige Tage gelegen, werden die Rippen zerschnitten, die Beine davon abgelöst, jedes recht mit dem Klopfer breit geschlagen, mit fein gehackten Schalotten, Petersilie, ein klein wenig Knoblauch, nebst Pfeffer und Salz bestreut, in Provenceröl umgewendet und auf dem Rost fertig gebraten, dann wird etwas Jus mit Citronensaft und gestoßenen Sardellen vermengt, die Rippen bis zum Anrichten darin warm gehalten und so beim Anrichten über die Rippen geschüttet.

# Salat zu Braten und Rindfleisch.

## 493. Salat à l'Italien.

Es werden Kartoffeln, so viel als nöthig abgekocht und geblättelt, dann 2 Häringe, 1/4 Pfund Sardellen, 2 Bricken geputzt und geschnitten, 1/4 Pfund Kapern, 6 hartgesottene Eier nebst etwas fein gehackten rothen Rüben, Schalotten und Hühnerfleisch, mit Essig, Oel, Pfeffer und Oliven angemacht; man kann auch die Kartoffeln unten in die Salatière legen und mit den gehackten Kräutern den Salat garniren, ihn als Zierde auf den Tisch stellen und dann erst anmachen.

## 494. Kartoffelsalat mit Häring.

Die abgekochten Kartoffeln werden geschnitten, desgleichen auch einige Häringe, mit Essig und Oel angemacht und servirt.

## 495. Gurkensalat mit Speck.

Die Gurken werden geschnitten, eingesalzen und wieder ausgedrückt, dann würflicht geschnittener Speck gelb gebraten, mit Essig abgelöscht, an den Salat geschüttet, einige Löffelvoll saurer Rahm daran gethan und mit etwas Pfeffer und Salz untereinander gemacht.

## 496. Englischer Salat.

Man verschlägt 3 ganze Eier, rührt 4 Eßlöffelvoll Oel und 3 Löffelvoll Essig, nebst einem Löffelvoll Senf, Pfeffer und Salz hinein, rührt diese Sauce eine Zeitlang, schüttet sie an den gewaschenen Kopfsalat, mengt ihn untereinander, legt hartgesottene Eier in 4 Theile geschnitten in die Mitte darauf, und außen herum gebratene Hühner, auch zerschnitten.

## 497. Hopfen-Salat.

Das Harte wird von den Hopfen gebrochen, diese in Büschel gebunden und in Salzwasser weich gekocht, in frischem Wasser abgeschwenkt, in kurze Stückchen geschnitten und mit Essig, Oel, Pfeffer, Salz und Schnittlauch angemacht.

## 498. Schnecken-Salat.

Nachdem die Schnecken in Salzwasser weich gekocht sind, werden sie herausgenommen, gereinigt, dann ein Häring in Stückchen geschnitten, etwas feingehackte Schalotten, rothe Rüben, Schnittlauch und Kapern darunter gethan und mit Essig, Oel, Pfeffer und Salz angemacht.

## 499. Russischer Salat.

Das Gelbe von 3 hartgesottenen Eiern wird mit ein wenig Wasser glatt gerührt, 4 Eßlöffelvoll Oel nebst Essig, Pfeffer und Salz dazu gethan; dann schneidet man gebratenes Kalbfleisch, gesalzene Zunge und gekochte Kartoffeln in kleine Stückchen, macht es mit dem schon Zubereiteten an, garnirt den Salat mit Oliven, Kapern, Sardellen, Krebsschwänzen und hartgesottenen Eiern und gießt folgende Sauce darüber: Man verrührt das Gelbe von 3 hartgesottenen Eiern mit etwas Oel, thut einen Eßlöffelvoll geriebenen grünen Käse nebst einigen Löffelnvoll Senf und einem Eßlöffelvoll sauern Rahm dazu, wenn es nöthig ist auch noch etwas Oel und Essig, und begießt den Salat damit.

## 500. Spargel-Salat.

Nachdem die Spargeln in Salzwasser weich gekocht sind, wird das Grüne davon in kleine Stückchen geschnitten und mit Essig, Oel, Pfeffer und Salz, auch etwas Schnittlauch angemacht.

## 501. Bohnen-Salat.

Die geschnittenen Bohnen werden in Salzwasser abgekocht, dann läßt man das Wasser ablaufen und kalt werden, macht sie mit fein gehackten Zwiebeln, Pfeffer, Salz, Essig und Oel an, läßt sie einige Stunden stehen und giebt sie zu Tisch.

## 502. Kraut-Salat.

Ein Krautkopf wird auf einem Hobel geschnitten und etwas gesalzen in eine Schüssel gethan, zugedeckt und so zur Wärme gestellt, damit es ein wenig dünstet, dann wird das Wasser davon gedrückt, etwas grüner Speck würflich geschnitten und auf dem Feuer gelb geröstet, dann mit Essig abgelöscht und der Salat nebst Pfeffer und Salz warm damit angemacht.

## 503. Gelbe Rüben-Salat.

Einige gelbe Rüben werden in Salzwasser weich gekocht und dann geblättelt; darauf läßt man sie kalt werden und macht sie mit Pfeffer, Salz, Essig und Oel an.

## 504. Rothe Rüben-Salat.

Mehrere rothe Rüben werden abgekocht, dann geschält, geblättet und mit gestoßenem Coriander, Pfeffer, Salz und Essig angemacht, dann einige Zeit stehen gelassen und kalt zu Tisch gegeben.

## 505. Rettig-Salat.

1 geputzter Rettig wird gewaschen, in dünne Blättchen geschnitten und so mit Pfeffer, Salz, Essig und Oel angemacht; man kann den Rettig statt in Blättchen zu schneiden, auch reiben, und auf dieselbe Weise anmachen.

## 506. Rübenkeim-Salat.

Wenn die weißen Rüben Keime bekommen, was gewöhnlich im Frühjahr geschieht, werden solche abgenommen, mit kochendem Wasser in einer Schüssel abgebrüht, damit sie den bittern Geschmack verlieren; man läßt das Wasser alsdann wieder ablaufen und macht sie mit fein gehackten Zwiebeln, nebst Oel, Essig, Pfeffer und Salz an.

## 507. Sellerie-Salat.

Die Wurzeln, so viel als nöthig, werden geputzt und in Salzwasser halb weich gesotten, dann in dünne Blättchen geschnitten und mit Pfeffer, Salz, Essig und Oel angemacht; die rohen Selleriewurzeln werden auf dieselbe Weise angemacht.

## 508. Ochsenmaul-Salat.

Das Ochsenmaul wird in Salzwasser weich gekocht, die Beinchen herausgenommen und recht zart geschnitten, dann mit feingehackten Zwiebeln, Pfeffer, Salz, Oel und Essig angemacht.

## 509. Brunnenkressen-Salat.

Der Kressen wird sauber gelesen und gewaschen, dann mit Pfeffer, Salz, Oel und Essig angemacht.

## 510. Blumenkohl-Salat.

Nachdem der Kohl sauber geputzt und gewaschen ist, wird er in Salzwasser weich gekocht, dann in ein Geschirr gelegt, damit er nicht zerbricht; unterdessen wird das Gelbe von einigen hartgesottenen Eiern, Pfeffer und Salz mit einigen Löffelvoll Oel glatt verrührt, so viel als nöthig Essig beigegossen und so über den Kohl etliche Mal geschüttet.

### 511. Rosenkohl-Salat.

Wenn der Kohl gereinigt ist, koche man ihn in Salzwasser weich, lasse das Wasser rein davon ablaufen, rühre dann einige Löffelvoll Senf mit Essig, Oel, Pfeffer und Salz daran, und menge den Salat darunter.

---

## Warme und kalte Pasteten.

### 512. Warme Pastete von Stockfisch.

Mache von 1 Pfund Mehl und 1 Pfund Butter einen Butterteig; das Mehl und etwas Salz muß zuerst mit dem Wasser etwas geschafft werden, dann wird die Butter hineingewellt und so öfter überschlagen, bis der Teig und die Butter sich ganz angenommen haben; hierauf läßt man ihn eine Stunde ruhen. Dann welle ihn zweifingerdick aus, in Form eines runden Tellers, streiche es mit Ei an, schneide mit einem spitzigen Messer in der Mitte einen Kreis, doch darf der Schnitt nicht durchgehen und muß ein dreifingerbreiter Rand bleiben, backe sie hierauf auf einem mit Mehl bestreuten Blech schön gelb, hebe den Deckel mit einem Messer heraus, nimm das Speckige heraus, lege den Deckel wieder darauf und halte sie bis zum Anrichten warm. Man nehme 3 bis 4 Stückchen Stockfisch, koche sie ab, löse die Gräten ab und zerschneide ihn in kleine Stückchen, dämpfe einige fein gehackte Zwiebeln in einem Stückchen Butter, thue die Stockfische nebst Muskatnuß, Ingwer und Salz hinein, verschlage 5 Eiergelb mit einem Schoppen süßen Rahm, rühre es an die Stockfische, fülle sie in die Pastete und gib sie warm zu Tische.

## 513. Warme Pastete von Fleisch.

Dazu wird ein geriebener Teig gemacht (siehe Butterteig), ein Auflaufblech mit Butter bestrichen, der Teig hinein gelegt, so daß die Form von allen Seiten belegt ist; dann wird folgende Farce dazu gemacht: 2 Pfund Fleisch vom Nierenbraten, etwas Nierenfett, eine Zwiebel und 3 Loth Sardellen werden recht fein gehackt, thue dieses in eine Schüssel, drücke den Saft einer Citrone daran und rühre es mit 2 Eiergelb, Salz, Pfeffer und Muskatnuß wohl untereinander; nun legt man von der Farce einen Fingerdick in die Form, legt eine Lage in Scheiben geschnittenen Kalbsbraten oder auch gebratene Hühner darauf, gibt die Farce vollends darauf, macht nun von dem übrigen Teig einen Deckel darauf, streicht ihn mit Eiergelb an und backt sie im Ofen schön gelb; dann wird sie umgestürzt und folgende Sauce dazu servirt: Es wird ein Kochlöffelvoll Mehl mit einem Stück Butter braun geröstet, etwas Zwiebeln mitgedämpft, mit Jus abgelöscht, etwas Wein, Citronensaft, Nelken und Salz daran gethan und so kochen gelassen; nun kann man die Sauce in die Pastete hineingießen oder auch besonders dazu geben.

## 514. Warme Pastete von Fischotter.

Nachdem die Fischotter abgezogen und ausgenommen ist, wird sie 1 Tag in Essig gelegt und Zwiebeln, Citrone, Gewürz, Lorbeerblatt und Salz daran gethan; dann wird so viel Fischotter als nöthig in ein Casserol mit Butter gethan und die Kräuter aus dem Essig nebst 1 Glas rothem Wein dazu genommen; nun läßt man dieses zusammen dämpfen, bis die Sauce eingekocht ist. Dann nimmt man das Fleisch von einem 2pfündigen Hecht, ohne Haut und Gräten, läßt dieses mit Butter, feingehackten Zwiebeln, Petersilie, Gewürz, etlichen Champignons und Salz einige Minuten auf dem Feuer dämpfen, hackt nun

Alles auf einem Brett recht fein, gibt dann den Saft von einer Citrone nebst einigen Eiergelb daran und verarbeitet es wohl mit einander. Dann wird von geriebenem Butterteig ein Boden ausgewallt, von der Farce fingerdick darauf gethan, dann eine Lage Fischotter, und dann die Farce vollends darauf. Man muß suchen, der Pastete eine hübsche Form zu geben; dann wird von Butterteig ein Deckel darüber gemacht, außen herum ein Rand gelegt und oben an der Pastete eine Oeffnung gemacht, diese wird nun mit Ei angestrichen, auf einem mit Butter bestrichenen Papier auf ein Blech gesetzt und im Ofen schön gelb gebacken; nun wird etwas Jus mit Citronensaft und Salz vermengt und entweder in die Oeffnung der Pastete gegossen oder auch besonders dazu servirt.

## 515. Kalte Pastete von Gansleber.

Zu einer mittelgroßen Pastete werden 5 bis 6 Ganslebern genommen, dann werden 2 Pfund Trüffeln geschält und gewaschen und 3 in Stücke geschnittene Lebern damit gespickt, gesalzen und in Butter ein wenig auf beiden Seiten gedämpft, der andere Theil der Trüffeln wird nebst 2 geschabten Ganslebern, 1 Pfund Kalbfleisch, ½ Pfund rohem Speck und einigen Sardellen zuerst etwas gehackt und dann in einem steinernen Mörser nebst Muskatnuß, Nelken, Pfeffer, Salz und Thymian recht fein gestoßen; dann bereite folgenden Teig: Nimm 3 Pfund Mehl, 1 Pfund Butter, 2 ganze und 4 gelbe Eier, nebst Salz, schaffe dieses mit 1 Glas Wasser zu einem festen Nudelteig, dann walle einen ovalen Boden fingerdick aus, lege ihn in der Mitte mit dünnen Speckbatten aus, thue von der Farce darauf, dann eine Lage Gansleber und so fort, bis Alles vertheilt ist, doch muß obenauf eine Lage Farce kommen; das Ganze wird nun wieder mit Speck überdeckt, mit einem Deckel von Teig zugedeckt und dieser mit dem Boden fest umwickelt, damit sie im Ofen nicht aufspringt. Dann wird oben im Deckel eine Oeffnung gemacht, die Pastete mit Ei bestrichen (man kann auch ein Netz, von Teig geflochten, oder Verzierungen andrer Art anbringen), lege nun ein Papier darauf und lasse sie im Ofen 2 Stunden schön backen; wenn sie von innen kocht, so ist sie fertig, dann wird sie herausgenommen, das Papier weggenommen und die obere Oeffnung verstopft, damit der Dunst nicht herausgeht. Ist sie kalt, so kann man Aspic hineingießen. (Siehe Aspic.)

## 516. Kalte Pastete von Wildpret.

Ungefähr 4 bis 5 Pfund Wildpret vom Schlägel wird in zweifingerdicke Riemen geschnitten, mit 1½ Pfund Speck gespickt, daß der Speck aufgeht; man nimmt dann ein Stück Butter und dämpft das Wildpret nebst fein gehackten Schalotten, Petersilie, Knoblauch, Thymian, Muskatnuß, Pfeffer, Nelken, der Schale von 1 Citrone, 1 Glas Essig und Wein nebst Salz und läßt dieses auf beiden Seiten etwas andämpfen, alsdann bereite man folgende Farce: 2 Pfund Wildpret, 1 Pfund rohes Kalbfleisch, 1 Pfund Speck, ¼ Pfund Sardellen, 1 Handvoll Schalotten, Petersilie, Trüffeln, Kapern, Gewürznelken, Pfeffer und Salz werden fein gehackt und in einem steinernen Mörser fein gestoßen, dann wird auf dieselbe Weise verfahren wie bei der Gansleber-Pastete.

## 517. Kalte Pastete von Feldhühnern.

3 Feldhühner werden gerupft und ausgenommen, Kopf und Flügel abgeschnitten, dann ausgebeint, daß kein Bein darin bleibt; nun werden einige fingerlange Stückchen Speck und Schinken hineingethan, mit nachstehender Farce ausgefüllt, hierauf in Butter, Zwiebeln, Gewürz und Salz etwas angedämpft und folgende Farce dazu gemacht: 2 Pfund rohes Kalbfleisch, 1

Pfund Schinken und 1 Pfund Speck, 4 Loth Sardellen, 4 Loth Kapern, 1 Handvoll Schalotten, Petersilie, Trüffeln, die Schale von 1 Citrone, Pfeffer, Muskatnuß, Nelken, Thymian, Rocambol, wird Alles zusammen gehackt, in einem Mörser gestoßen, dann wird von Pastetenteig ein ovaler Boden ausgewallt, auf einem mit Butter bestrichenen Papier auf ein Backblech gelegt, mit Speck belegt, gib von der Farce darauf, lege die gefüllten Feldhühner auf die Brust hinein und die übrige Farce oben darauf; hierauf wird von dem übrigen Teig ein Deckel gewallt, darüber geschlagen und damit zugedeckt und mit der Hand in die Höhe getrieben, mit dem Boden gut verbunden, mit Ei bestrichen, in der Mitte oben eine Oeffnung herausgestochen, damit der Dampf heraus kann und sie im Backen nicht zerspringt; dann kann man sie auf jede Art von Außen verzieren und läßt sie im Ofen 2 Stunden backen; wenn sie von innen kocht, ist sie fertig, und wenn sie kalt ist, gießt man Aspic hinein.

### 518. Kalte Pastete von Kapaun.

Wird auf dieselbe Art verfertigt wie die Pastete von Feldhühnern.

### 519. Kalte Pastete von Hasen.

Wird wie die Wildpret-Pastete gemacht.

### 520. Kalte Pastete von Fasan.

Wird auf gleiche Art wie die Feldhühner-Pastete bereitet.

---

## Kalte Fleisch-Speisen.

### 521. Gansleber-Purée.

2 schöne Ganslebern werden mit Butter, etwas Speck, Schinken, Peterlingwurzeln und gelben Rü-

ben, etwas Zwiebeln, ganze Nelken, Pfeffer, Salz und etwas Fleischbrühe gedämpft, bis sie nicht mehr blutig sind; sie müssen aber schön weiß bleiben; dann legt man sie auf ein Sieb, damit das Fett abläuft, und stößt sie in einem Mörser recht zart. Alsdann werden 2 Pfund Kalbsfüße, 3 Pfund Kalbfleisch, 1 altes Huhn, etwas Schinken und Gewürz zu einer guten Glace eingekocht und diese gute Brühe mit den Gänslebern durch ein Haarsieb getrieben, dann wird eine Form mit Butter bestrichen, das Purée hineingefüllt und so an einem kalten Ort stehen gelassen; beim Anrichten wird die Form in laues Wasser gethan, dann auf eine Platte gestürzt und der Rand derselben mit Aspic belegt.

## 522. Gansleber-Pastete zu 2 Terrinen.

4 schöne Gänselebern, 2½ Pfund Schweinefleisch vom Schooß mit dem Fett, 1 Pfund Trüffeln, ¼ Schoppen Madeira. Schneide jede Leber in 4 Theile, thue das Häutige weg und gib der Leber eine hübsche runde Form, spicke sie dann mit Trüffeln, in jede 3 bis 4 Stücke, salze und würze dies bis es recht ist und gieße die Hälfte des Madeira daran. Mache dann folgende Farce dazu: Nimm das Abgeschnittene der Lebern, schabe etwas von dem Speck des Fleisches und dämpfe es mit etwas Gelberüben, Schalotten, Zwiebeln, Lorbeerblatt, Thymian, Nelken, weißem Pfeffer, Salz; wenn Alles gedämpft ist, thue die Zwiebeln und Gelberüben heraus, lasse es erkalten, treibe es dann durch ein Haarsieb. Dann schneidet man den Speck von dem Fleisch weg und stoßt ihn recht fein, theile dann das Fleisch von den Knochen und Nerven, hacke und stoße es recht fein, nimm Alles zusammen noch einmal in den Mörser, das heißt die gedämpfte Leber, das Fleisch und den Speck, nebst einigen Trüffeln, gieße dann den Madeira von den zugerichteten Lebern und Trüffeln ab und auch

dazu, nebst Salz und obigem Gewürz dazu, bis es im Geschmacke gut ist, stoße es noch einmal recht fein, nimm es heraus und verarbeite es noch recht in einer Schüssel; dann nimmt man etwas Farce und legt die Terrinen damit aus, lege an verschiedene Stellen Trüffeln, dann eine Leber, bedecke die Leber wieder mit Farce, es muß aber ganz fest ausgefüllt sein, damit es gar keine Lücken gibt, sodann wieder etliche Trüffeln und so fährt man fort, bis die Terrine gefüllt ist, dann legt man eine Scheibe frischen Speck darüber und ein mit Butter bestrichenes Papier oben auf, thue den Deckel darauf und klebe ihn mit Wasserteig zu. Dann stellt man die Terrinen in eine Pfanne mit heißem Wasser, welches bis an die Hälfte der Terrinen gehen muß, stellt sie in einen recht heißen Backofen und läßt sie zwei Stunden darin stehen, dann nimmt man sie heraus und läßt sie bis zum andern Morgen ruhig stehen, nimmt dann die Deckel herunter mit dem Papier und Speck, nimmt dann ½ Pfund Gänseschmalz und ½ Pfund recht reines Schweineschmalz, läßt es verschleichen und gießt es über die Pasteten; damit sie ganz bedeckt sind, thue den Deckel darauf und klebe sie mit Papier fest zu. Vor dem Gebrauch der Pasteten nimmt man das Fett rein herunter.

Anmerkung. Die Trüffeln, welche man nicht zum Spicken der Leber braucht, werden auch in die andere Hälfte des Madeira eingeweicht und dann der Madeira an die Farce zum Stoßen genommen.

## 523. Wild-Schweinskopf farcirt.

Wenn der Kopf gebraunt ist, wird er am untern Theil der Länge nach aufgeschnitten und die Knochen herausgelöst, jedoch die Haut nicht verletzt, dann wird er innen mit Pfeffer und Salz ausgerieben und folgende Farce dazu gemacht: 4 Pfund Schweinefleisch werden mit dem Fett ganz fein gehackt und gesalzen, Pfeffer, Nelken und allerhand Gewürz daran gethan, dann schneidet man eine gesalzene und gekochte Rindszunge und 1 Pfund Speck, 1 Pfund Trüffeln in lange würflichte Stückchen nebst 1 Pfund gesalzene und abgekochte Schweinsohren, und mengt Alles unter das gehackte Fleisch, füllt den ausgebeinten Schweinskopf damit recht fest, nähet ihn wieder zu, nähet hinten am Kopf die Haut von dem Schweinefleisch darauf oder statt dessen eine Schweineblase, wickle eine Serviette darum, binde ihn mit Bindfaden zusammen und koche ihn in einem Geschirr mit Zwiebeln, Peterlingwurzeln, gelben Rüben, Lorbeerblatt, Thymian, Citronenscheiben, ganzem Gewürz, Salz, etlichen Kalbsfüßen, 1 Maaß Wein, 1 Schoppen Essig, einigen Löffelvoll Jus und 2 Schoppen Wasser, so daß die Brühe Handhoch darüber geht und lasse ihn so neun Stunden langsam fortkochen, der Deckel muß aber fest darauf bleiben; dann lasse ihn in der Brühe verkühlen, nimm ihn heraus, thue die Serviette davon ab; wenn er kalt ist, wird er in Transchen geschnitten, auf eine Platte gelegt und mit der gestandenen Brühe garnirt; wenn nämlich der Kopf aus der Brühe genommen ist, läßt man die Brühe bis den andern Tag stehen, hebt das Fett davon ab, kocht es mit 6 verschlagenen Eierweiß hell, läßt es durch eine Serviette laufen, und wenn es gestanden ist, wird die Platte damit garnirt

## 524. Kapaun farcirt.

Wenn der Kapaun rein geputzt ist, wird er mit einem Tuch schön abgerieben, auf dem Rücken der Länge nach aufgeschnitten, das Eingeweide sammt allen Knochen herausgelöst und folgende Farce dazu bereitet: 3 Händevoll geschälte Trüffeln, eben so viel Schalotten, 2 Gänselebern und 1 Pfund Speck wird zusammen gehackt, dann wird das Gelbe von 6 Eiern nebst etwas Allerhandgewürz, Pfeffer und Salz dazu genommen und fein gestoßen, dann wird

½ Pfund Speck, 1 Handvoll geschälte Trüffeln, 1 geräucherte und abgekochte Rindszunge in fingerlange Würfel geschnitten und mit dem Gestoßenen vermengt, dann wird der Kapaun mit der Farce gefüllt, zugenähet, die Füße aber abgeschnitten, mit dünnem Speck belegt, in eine Serviette eingebunden und in ein schickliches Geschirr sammt Zwiebeln, gelben Rüben, Schinken, Thymian, Lorbeerblättern, 1 Citronenschale, Pfeffer, Nelken, Salz, 1 Bouteille Wein, 4 Suppenlöffelvoll Fleischbrühe und den Knochen von dem Kapaun gethan; decke ihn gut zu und laß ihn 2 Stunden langsam kochen, laß ihn dann in der Brühe erkalten, nimm ihn heraus, löse den Speck nebst der Serviette davon ab, schneide ihn in Stücke und lege Aspic darum. (Siehe Aspic.)

## 525. Welscher Hahn farcirt.

Wird auf dieselbe Weise bereitet, wie der Kapaun.

## 526. Schwarzwildpret mit Aspic.

Nimm dazu ein Stück von der Brust, nachdem es gebeizt ist, thue es in ein schickliches Casserol, dazu einige Kalbsfüße, Pfeffer, Nelken, Wachholderbeeren, Citrone, Salz, Lorbeerblätter, einige Zwiebeln, gelbe Rüben und Petersilienwurzeln, 2 Schoppen Wasser, 2 Schoppen Wein, ½ Schoppen Essig, einige Löffel Jus, lasse es darin langsam weich kochen. Alsdann nimm das Wildpret heraus, lasse den Sud durch ein Sieb laufen, lasse ihn gestehen, hebe das Fett davon ab, zerschlage einige Eierweiß, lasse es auf dem Feuer einigemal damit aufkochen, lasse es durch eine Serviette laufen, das Aspic kalt werden und garnire das Schwarzwild damit; oder man kann auch, so lange es noch warm ist, etwas in eine Form gießen, dies gestehen lassen, dann das in Scheiben geschnittene Wildpret darauf thun und mit der Aspic vollends aufgießen; dann läßt man es gestehen, hält es ein wenig in warmes Wasser, und stürzt es auf eine Platte um.

## 527. Preßkopf mit Aspic.

Ein Ochsenmaul, ein halber Schweinskopf, 4 Schweinsohren, 2 Schweinszungen und eine geräucherte Rindszunge werden mit Zwiebeln, gelben Rüben, Petersilienwurzeln, Citrone, Lorbeerblatt, ganzen Nelken, Pfeffer, Salz und Wasser, daß es darüber geht, beinahe weich gekocht; dann wird es herausgenommen, die Beine sauber abgenommen und nudelartig geschnitten; dann nimmt man 2 Schoppen Wein, 1 Schoppen Essig, einige Löffelvoll Jus und läßt das geschnittene Fleisch vollends darin weich kochen. Dann nimmt man das geschnittene Fleisch heraus, bindet es in eine Serviette und beschwert es, läßt den Weinsud gestehen, hebt dann das Fett ab, verrührt einige Eierweiß und stellt die Brühe wieder damit auf's Feuer, läßt sie einigemal damit aufkochen und die Brühe, wenn sie in Salz und Säure recht ist, durch eine Serviette laufen, und wenn sie gestanden ist, wird der in Scheiben geschnittene Preßkopf damit garnirt.

## 528. Schinken zu sieden.

Ein geräucherter Schinken wird zwei Tage in frisches Wasser eingeweicht und dann in einem tiefen Hafen, worin der Schinken ganz hineingeht, mit Zwiebeln, gelben Rüben, Peterlingwurzel, Lorbeerblatt, Gewürz und kaltem Wasser zum Feuer gestellt, bis er anfängt zu kochen, dann gieße kaltes Wasser nach, so daß er nie zum Strudeln kommt, und laß ihn einen halben Tag am Feuer, bis sich die Haut losschälen, und auch mit dem Finger leicht durchdrücken läßt; dann nimmt man ihn aus dem Wasser, läßt ihn erkalten und schneidet ihn kalt auf.

## 529. Geräucherte Zunge zu sieden.

Die Zungen werden auf dieselbe Art gekocht, wie

der Schinken. Die Zungen sind weich, sobald sie sich schälen lassen.

## 530. Pöckelfleisch zu machen.

Das Fleisch muß entweder vom Gausspitzen oder der Schwanzfeder sein und muß in Dicke einer Rindszunge geschnitten werden; dann wird zu 10 bis 12 Pfund 3 Händevoll Salz, 1 starke Handvoll Salpeter, eben so viel Wachholderbeeren, etwas gestoßener Pfeffer, Gewürznelken, Allerhandgewürz, 4 Zinken Knoblauch, etwas Rosmarin, etliche Lorbeerblätter, 1 Löffelvoll Koriander, Estragon, Basilicum untereinander gemischt und das Fleisch recht damit eingerieben; hierauf wird es in ein passendes Geschirr gethan, zugedeckt, mit einem Stein beschwert und 14 Tage liegen gelassen; in der Zeit muß es öfters umgewendet werden, dann kann davon gekocht werden und das Uebrige wird in Rauch gehängt. Das Fleisch wird in klarem Wasser gekocht und kann entweder warm oder kalt aufgeschnitten zu Tisch gegeben werden.

## 531. Eier mit Aspic.

In 8 bis 10 Stück Eier werden oben und unten kleine Oeffnungen gemacht und ausgeblasen, dann werden sie in heiße Asche gelegt, damit sie von Innen ganz trocknen; nun muß man suchen, sie aufrecht zu stellen und die untere Oeffnung mit Teig zu verwahren, alsdann wird etwas Schinken, Hühnerfleisch und in Ermangelung dessen auch gebratenes Kalbfleisch, Gurken in Essig und das Gelbe von einigen hart gesottenen Eiern in ganz kleine Würfel geschnitten und in die obere Oeffnung der Eier gethan, bis sie voll sind, dann wird Aspic (siehe Aspic) hinein gegossen und läßt man dann die Eier gestehen, bricht die Schale davon ab und garnirt kalte Fleischspeisen damit.

## 532. Aspic oder saure Gelée.

Es werden 6 Kalbsfüße in Stücke zerhauen und in ein Geschirr gethan, nebst 2 Pfund Kalbfleisch, 2 Pfund Rindfleisch, einer Bouteille Wein, 1 Schoppen Essig und 6 Schoppen Wasser (damit es eine schöne Farbe bekömmt, gieße 2 Schöpflöffel Jus daran, man kann auch etwas Zucker daran brennen), Zwiebeln, gelben Rüben, Petersilienwurzeln, Citrone, Lorbeerblatt, ganzen Nelken, Pfeffer, nöthigem Salz und Thymian, einige Stunden langsam gekocht, bis das Fleisch weich ist; dann wird die Brühe, wenn sie im Geschmack recht ist, durch ein Haarsieb geschüttet und stehen gelassen, das Fett abgenommen, einige Eierweiß verkleppert und mit der Brühe noch einige Mal auf dem Feuer aufgekocht, dann wird eine Serviette an die Beine eines umgekehrten Stuhles gebunden, die Aspic dadurch geschüttet und gestehen gelassen; dann kann jede kalte Platte damit garnirt, oder es auch sonst zu allem Beliebigen gebraucht werden.

## 533. Krammetsvögel mit Aspic.

Wenn die Vögel gerupft und ausgenommen sind, werden sie der Länge nach auf dem Rücken aufgeschnitten und ausgebeint, dann folgende Farce dazu gemacht: Eine Handvoll Trüffeln und Schalotten, eine Gansleber, 1/4 Pfund Speck wird zusammen gehackt und dann mit 3 Eiergelb, Allerhandgewürz, Pfeffer und Salz in einem Mörser fein gestoßen; mit dieser Farce werden nun die Krammetsvögel gefüllt und wieder zugenäht, die Vögel sammt Flügeln, Köpfen und Füßen hübsch dressirt und in Butter mit Zwiebeln, gelben Rüben, Gewürz, Salat und etwas Wein weich gedämpft, wenn sie kalt sind in eine Form gesetzt, mit sauerm Gelée übergossen und wenn dieses gestanden ist, auf eine Platte gestürzt.

---

# Compots.

## 534. Compot von gelben Rüben.

Man nimmt einen Tellervoll nudelartig geschnittene gelbe Rüben und die Schale von einer Citrone ebenso geschnitten, stellt sie dann mit Wasser hin und läßt sie kochen, bis sie weich sind; hernach nimm ½ Pfund Zucker, 1 Schoppen Wein und den Saft von einer Citrone und koche es ganz kurz ein, schütte die gelben Rüben durch einen Seiher und thue sie an den Wein, und koche sie, bis der Saft daran eingekocht ist; wenn sie kalt sind, gibt man sie zu Tisch.

## 535. Compot von Aprikosen.

Man schneidet die Aprikosen in der Mitte entzwei und nimmt die Steine heraus, thut sie alsdann in ein Casserol, eine neben die andere, schüttet Wein, Wasser und 6 Loth Zucker daran, bis es darüber geht, thut auch etwas Citronenschale, Zimmt und Nelken daran, und läßt sie schnell kochen bis sie weich sind, nimmt dann eine um die andere mit einem Löffel heraus in ein Geschirr, welches man zu Tische gibt, läßt den Saft noch kochen, bis er dick ist, und schüttet ihn alsdann über die Aprikosen.

## 536. Compot von Pfirsing.

Man schält und schneidet sie in 2 Theile, läutert ¼ Pfund Zucker mit einem Glas Wasser und dem Saft von einer Citrone, schäumt es ab, thut alsdann kleingeschnittene Citronenschalen hinein, hierauf die Pfirsinge, läßt sie kochen, bis sie weich sind, dann werden sie auf eine Salatière gelegt; sollte der Saft nicht dick genug sein, so läßt man ihn noch eine Zeitlang kochen und schüttet ihn alsdann über das Compot.

## 537. Compot von Kirschen.

Man nimmt die Hälfte saure und die Hälfte süße

Kirschen und steint sie aus; zu 2 Pfund nimmt man ¼ Pfund Zucker in ein Casserol, thut die ausgesteinten Kirschen nebst dem Saft dazu, läßt sie langsam auf Kohlen kochen, und schöpft das Schäumige mit einem Löffel fleißig ab. Wenn sie kurz eingekocht sind, richtet man sie auf einen Teller an, streut ein wenig Zimmt darüber und gibt sie kalt zu Tisch.

## 538. Compot von Aepfeln.

Dazu sind Borstorfer Aepfel die besten; man nimmt ungefähr 18 Stück und schält sie schön, schneidet sie in der Mitte durch, und nimmt die Butzen heraus, kocht alsdann die Schälzicht von den Aepfeln nebst der Schale von einer Citrone mit ½ Maaß Wasser weich, seiht sie durch ein Sieb, thut ½ Pfund Zucker nebst den Aepfeln hinein und läßt sie weich kochen, thut sie hierauf vom Feuer und läßt den Saft ganz dick einkochen; ist dies geschehen, dann drücke man den Saft einer Citrone dazu, gieße ihn auf einen Teller und lasse ihn gestehen, dann richtet man die Aepfel auf eine Salatière an und gibt das Gelée über die Aepfel.

## 539. Compot von gefüllten Aepfeln.

10 schöne, gleich große und runde Aepfel werden, ehe man sie schält, mit einem fingerdicken Ausstecher von dem Butzen bis zum Stil ausgestochen, hierauf schön rund und gleich geschält, alsdann in runde papierdünne Scheiben geschnitten (wobei aber keine halben Scheiben sein dürfen) und auf eine Platte gelegt. So wie ein ganzer Apfel geschnitten ist, wird eine Handvoll fein gestoßener Zucker und Zimmt darüber gestreut und dann und wann etwas Citronensaft darauf gedrückt, setzt dann die Scheiben alle wie sie gehören wieder aufeinander, macht es alsdann mit jedem Apfel so, bestreut sie dann oben darauf wie-

der stark mit Zucker und Zimmt, läßt sie einige Stunden so stehen, füllt sie mit Hegenmark oder sonstigem Eingemachten Nun werden sie auf ein flaches Geschirr gesetzt, der Saft von den Aepfeln darüber geschüttet und in einen gelinden Backofen gestellt, bis sie weich sind, hierauf wenn sie kalt sind, zu Tische gegeben.

## 540. Compot von Birnen.

Gute Kochbirnen werden hübsch geschält, die Stiele müssen daran bleiben, dann setzt man sie in ein Casserol, doch so, daß die Stiele in die Höhe stehen, und eine Birne neben der andern (sie dürfen nicht aufeinander liegen), schüttet eine Bouteille Wein darüber, je nachdem es viel oder wenig Birnen sind, thut ein großes Stück Zucker, etwas Zimmt, Nelken und Citronenschale daran, setzt dies Alles zusammen auf Kohlen, deckt es zu und kocht es so lange, bis die Birnen weich sind, alsdann stellt man die Birnen aufrecht auf eine Compotière, läßt den Saft noch ein wenig kochen, bis er recht dick eingekocht ist, und schüttet ihn alsdann über die Birnen. Wenn es große Birnen sind, kann man sie auch in 2 Theile schneiden, den Butzen heraus thun und auf dieselbe Art kochen, und als Compot geben.

## 541. Compot von Prünellen.

Man wäscht die Prünellen rein, stellt sie mit halb Wein und Wasser, nebst einem Stück Zucker, ganzem Zimmt, Nelken und Citronenschale auf's Feuer läßt sie kochen, bis sie weich sind und die Sauce kurz eingekocht ist.

## 542. Compot von Zwetschgen.

Man th ut die frischen Zwetschgen, um sie besser schälen zu k önnen, in heißes Wasser, zieht alsdann die Häute a b, drückt die Steine heraus, und kocht di

Zwetschgen in einem Casserol mit Wein, Zucker und Zimmt ¼ Stunde lang, legt sie in ein Sieb zum Ablaufen und dann auf eine Compotière, den Saft läßt man noch mit einem Stück Zucker einkochen, bis er dick ist, und schüttet ihn über die Zwetschgen.

## 543. Compot von Quitten.

Die Quitten werden geschält, in 4 Theile geschnitten und von ihren steinigen Bestandtheilen befreit, dann koche man sie in Wasser halb weich, nimm sie dann wieder heraus, und mache in einem Casserol rothen Wein mit Zucker, Zimmt und Nelken kochend, lege die Quitten hinein und laß sie noch ein wenig damit kochen, richte sie hernach auf eine Platte an, laß den Saft noch ein wenig kochen und schütte ihn dann auf die Quitten.

## 544. Compot von Ananas.

Nachdem die Schale gelöst, schneide sie in dicke Rädchen, ordne diese auf eine Compotière und bestreue sie mit Zucker, koche alsdann 6 Loth Zucker mit einem Glas Wasser, schäume ihn ab, und menge den Saft von 2 Pomeranzen darunter, gieße es kochend über die Ananas und lasse sie erkalten.

## 545. Orangen-Compot.

Man nehme nach Belieben Orangen, löse die Schale und Haut rein ab und zertheile sie in Schnitze, lege solches auf ein passendes Geschirr, alsdann koche nach Anzahl der Orangen Zucker mit etwas Wein recht dick, schütte dieses über die Orangen, lasse sie erkalten und gib sie zu Tisch.

## 546. Compot von süßen Pomeranzen.

Man nimmt ungefähr 8 bis 10 schöne Pomeranzen und schält sie gehörig, das heißt: erst wird die gelbe

Schale ganz dünn heruntergenommen, dann ist noch eine weiße Haut darunter, die ebenfalls abzuschälen ist; letztere wird weggeworfen, wo hingegen die gelbe Schale wie Nudeln ganz fein geschnitten wird. Hierauf werden die Pomeranzen in messerrückendicke Scheiben geschnitten und im Kreis herum auf eine Compotière gelegt und über jede Lage Pomeranzenscheiben wird eine Handvoll fein gestoßener Zucker gestreut und so fortgefahren, bis alle die Scheiben aufgeschichtet sind; die feingeschnittene gelbe Schale wird mit einem Glas Wein und einem Stück Zucker so lange gekocht, bis der Zucker ganz dick wie Syrup geworden ist, worauf man ihn erkalten läßt und darüber gießt.

## 547. Compot von Traubenbeeren.

Man nimmt einen Schoppen schwarze Traubenbeeren, kocht sie in einem Schoppen rothen Wein, ½ Schoppen Wasser und ¼ Pfund Zucker auf; sobald die Traubenbeeren welken, sind sie fertig, dann richte sie an.

## 548. Compot von Reineclaudes und Mirabellen.

Man nimmt schöne reife Reineclaudes und kocht sie mit Wein, Wasser, Zucker und ganzem Zimmt, bis sie weich sind, schüttet sie dann durch ein Sieb läßt die Sauce davon dick einkochen, thut die Reineclaudes auf eine Compotière und schüttet den Saft darüber. Mirabellen werden auf dieselbe Art bereitet.

---

# Crêmes.

## 549 Crême mit Vanille und Chocolade.

Man kocht 3 Loth Hausenblase mit 1 Schoppen

Wasser ganz kurz, schneidet sie vorher in kleine Stücke, und weicht sie über Nacht ein, koche alsdann 2 Tafeln Chocolade mit Zucker und Wasser kurz, thue 1/4 von der gekochten Hausenblase, welche vorher durchgeseihet wird, hinein, fülle den Boden einer Form damit und laß es gestehen, koche alsdann 1 1/2 Schoppen süßen Rahm oder Milch mit Zucker und Vanille, welche in ein Tüchelchen gebunden wird, thue sie dann vom Feuer, und laß sie erkalten, rühre alsdann 15 Eiergelb an die Milch, nimm sie dann wieder auf's Feuer und rühre darin, bis es dick ist, menge dann die übrige Hausenblase darunter, thue es wieder vom Feuer und laß es erkalten, schlage 1 Schoppen Doppelrahm zu Schnee, menge ihn unter die erkaltete Masse, fülle die Form damit auf und laß es an einem kalten Ort stehen; beim Anrichten wird die Form in heißes Wasser getaucht und dann auf eine Platte gestürzt.

## 550. Vanille-Crême.

Man nimmt 1 Kochlöffelvoll Mehl, rührt es mit 3 schwachen Schoppen Milch und 12 Eiergelb an, thut auch 1 Stück Vanille und 1/2 Pfund Zucker hinein, schlägt es auf dem Feuer recht schäumig, bis es an das Kochen kommt, wenn es etwas abgekühlt ist, kann man Stand von Kalbsfüßen hinein thun oder 6 Loth Gelatin. Dann schlage man 2 Schoppen Schlagrahm zu einem steifen Schnee, menge ihn dann unter die abgekühlte Masse, fülle es dann in Formen. Man kann die Formen auch mit Provenceröl leicht ausreiben, um daß sie besser herausgehen.

## 551. Crême von Chocolade.

Man nehme 8 Loth geriebene Chocolade und 3 Loth Zucker, koche es mit 1 Schoppen Wasser bis zu 1/2 Schoppen, thue dann 3 Loth Hausenblase, welche zuvor mit 1/2 Schoppen Wasser bis zu 1/4 Schoppen eingekocht und durchgeseiht ist, darunter, nehme hierauf 1 Schoppen süßen Rahm, schlage ihn mit dem Schneebesen zu Schaum, menge ihn unter die Hausenblase und Chocolade, fülle die Masse in eine Form, stelle sie in Eis oder an einen kalten Ort und stürze ihn auf eine Platte.

## 552. Crême mit Mandeln.

Man stößt 2 Händevoll geschälte Mandeln mit ein wenig Milch, rührt dann 12 Eiergelb, 2 Löffelvoll Rosenwasser und 2 Schoppen süßen Rahm daran, nebst ¼ Pfund Zucker, an welchem eine Citrone abgerieben wird, stellt es in einem Casserol auf's Feuer und rührt beständig darin bis es dick ist, schüttet es alsdann in eine Compotière und läßt es gestehen.

## 553. Crême mit Karmel.

Nimm ¼ Pfund Zucker in ein Casserol, gib dazu etwas Wasser und lasse ihn zum Karmel brennen, das heißt, schön dunkelgelb. Ist dies geschehen, so gieße man 3 Loth vorher klar gekochte Hausenblase dazu und lasse das Karmel sich wieder damit auflösen; ist es etwas verkühlt, so wird 1 Schoppen geschlagener süßer Rahm darunter gemengt, in eine Form gefüllt, in Eis gesetzt und wenn es gestanden ist die Form in heißes Wasser getaucht, gestürzt und servirt.

## 554. Warme Karmel-Crême zu einer Form.

Man nimmt 8 ganze Eier und 4 Eiergelb, zerschlägt sie mit dem Schneebesen, rührt dann 1½ Schoppen lauwarme Milch nebst Zucker und etwas Vanille darunter, bestreicht dann eine Form mit Butter, begießt den Boden mit Karmel, füllt obige Masse hinein, stellt die Form mit heißem Wasser in ein Casserol, thut sie in den Backofen und läßt es 2½ Stunden im Ofen langsam kochen. Ehe man es anrichtet, muß es zuvor eine starke ¼ Stunde vom Feuer gestellt werden, dann stürzt man es auf eine Platte und servirt es. Man kann es auch auf dem Heerd kochen, doch muß dann ein Kohlendeckel darauf.

## 555. Crême von Kaffee.

Zu ½ Maaß Milch nimmt man ¼ Pfund guten Kaffee, welcher aber hell gebrannt sein muß, stößt ihn im Mörser grob, thut ihn in die siedende Milch nebst einem Stück ganzen Zimmt, Citronenschale, und so viel Zucker dazu, wie man es in der Süße haben will, läßt es ½ Stunde kochen, seiht es dann durch ein Haarsieb, und wenn es kalt ist, rührt man 8 Eiergelb hinein, seiht es wieder durch ein Haarsieb, schüttet es dann in eine Salatière oder Compotière, setzt das Geschirr in kochendes Wasser, thut einen Deckel mit Kohlen darauf und kocht es schnell; wenn die Crême fest ist, wird sie kalt aufgetragen.

## 556. Crême von Thee.

Man nimmt 2 Loth grünen Thee, kocht dann 3 Schoppen Milch mit ein wenig Zimmt, Citronenschale, Zucker bis es süß genug ist, ¼ Stunde und brüht den Thee damit an, läßt ihn dann ½ Stunde stehen und seiht es durch ein Haarsieb, rührt dann von 10 Eiern das Gelbe daran, gießt es in eine Salatière, stellt es in kochendes Wasser, thut einen Kohlendeckel darauf und wenn es fest ist läßt man es kalt werden und giebt es zu Tische.

## 557. Crême von Kirschen.

Man nimmt 2 Pfund schwarze Kirschen, steint sie aus und kocht sie mit einem Stück Zucker und etwas Zimmt auf schwachen Kohlen, bis der Saft ganz eingekocht ist. (Außer der Kirschenzeit müssen es eingemachte Kirschen sein, wobei man den Zucker wegläßt.)

Dann nimmt man 3 Loth klar gekochte Hausenblase, welche zu ¼ Schoppen eingekocht sein muß, darunter, nebst 1 Schoppen geschlagenem süßen Rahm, füllt dies Alles in eine Form, stellt es an einen kalten Ort, und wenn es gestanden ist, taucht man es in heißes Wasser und stürzt es auf eine Platte.

## 558. Erdbeer-Crême zu einer Form.

Man nimmt einen Kaffeelöffel Mehl, rühre es mit ½ Glas Milch und 3 Eiergelb glatt, thue es unter beständigem Rühren auf's Feuer bis zum Kochen; rühre es dann bis es wieder erkaltet ist. Nimm dann 3 Schoppen Erdbeeren, treibe sie durch ein Haarsieb, thue Zucker daran, bis es süß genug ist, nebst dem Saft ½ Citrone, dem Stand von 1½ Kalbsfüßen oder 2 Loth Gelatin, rühre es nebst obiger Crême recht untereinander, schlage dann 1 Schoppen Schlagrahm zu einem recht steifen Schnee; lasse dann obige Masse unter beständigem Schlagen in den Schnee laufen und schlage es dann noch 10 Minuten fort, fülle es in die zuvor mit Provenceröl bestrichene Form und stelle die Form in Eis; beim Anrichten taucht man die Form zuerst in warmes Wasser und stürzt den Inhalt auf eine Platte. Wenn man der Crême eine schöne rothe Farbe geben will, thut man ein bischen Cochenille daran.

## 559. Crême von Himbeeren.

Wird bereitet wie Crême von Erdbeeren.

## 560. Crême von Punsch.

Man nimmt 3 Loth klargekochte Hausenblase, kocht dann ½ Maaß weißen Wein mit einem Stück Zucker, thut ihn nebst dem Saft einer Citrone und der Schale derselben auf Zucker abgerieben zu der Hausenblase; dieses wird nun zusammen aufgekocht und mit 12 Eiergelb legirt, wo man es recht stark mit einem hölzernen Schneebesen schlägt, bis es kocht; dann nimmt man es vom Feuer, thut ein Glas Arac hinein, läßt es durch ein Haarsieb laufen, füllt es in eine Form und stellt es in Eis; wenn es gestanden ist, taucht man es ein wenig in heißes Wasser und stürzt es auf eine Platte.

## 561. Orangen-Crême.

Man nimmt 10 Eiergelb, rührt sie mit 1 Schoppen Milch glatt, nimmt dazu den Saft einer Orange und die Schale der Orange an Zucker abgerieben und 1½ Vierling Zucker, stellt es unter beständigem Rühren auf's Feuer bis es kocht, thut es dann vom Feuer weg und läßt es wieder unter beständigem Rühren erkalten; dann schlägt man von 1 Schoppen Schlagrahm einen recht steifen Schnee und mengt ihn leicht darunter. Man läßt die Masse alsdann gefrieren und garnirt sie mit Früchten oder thut Gelatin daran, läßt sie gestehen und stürzt sie.

## 562. Citronen-Crême.

Nimm 1½ Schoppen Wein, die Schale und den Saft von 2 Citronen, 16 Eiergelb, Zucker bis es süß genug ist, bringe dieses in einem Casserol auf das Feuer, bis es dick ist, lasse es durch ein Haarsieb laufen und erkalten, rühre alsdann den Stand von zwei Kalbsfüßen dazu, schlage das Weiße von 8 Eiern zu Schnee, menge ihn darunter, bestreiche eine Form mit Provenceröl, fülle den Crême hinein und stelle ihn in Eis, ehe er gestürzt wird umschlage ihn mit einem heißen Tuch und stürze ihn.

## 563. Franco Belge.

1 Schoppen Milch, ¼ Pfund Reis, etwas Vanille, 1 Pfund Zucker, 8 Eiergelb, 2 Pfund Aprikosen, 2 Gläser Madeira, Kirschen, Angelique, Trauben, Erdbeeren. Man wascht den Reis, feuchtet ihn mit

der Milch und läßt ihn mit der Vanille ganz verkochen, dann läßt man ihn abtropfen, rührt die Eiergelb daran, glacirt es und thut einen Teller Schlagrahm dazu, schlägt es, ehe man die Form richtet, mengt die Aprikosen mit dem Madeira und 2 Löffel von dem Reis und thut dieses mitten in die Form. Wenn der Reis gut geschlagen ist, gießt man ihn in die Form, welche zuvor mit Papier umgeben und mit Erdbeeren oder Kirschen garnirt ist, die Aprikosen in die Mitte, stellt es in's Eis und servirt es; dann giebt man eine Sauce darum, 2 Löffel von obiger Reismasse mit Madeira und Aprikosen. Das ganze wird lagenweise eingefüllt, immer nachdem eine eingefroren ist.

## 564. Crême von Reis.

Man nimmt ¼ Pfund Reis, brüht ihn 3 Mal mit Wasser ab, kocht ihn dann mit Milch weich, es darf aber nicht stark darin gerührt werden, damit der Reis ganz bleibt, dann wird ½ Quentchen Vanille mit ½ Schoppen kochender Milch angebrüht, durchgeseiht und an den Reis geschüttet, läßt es dann noch ein wenig damit kochen. Der Reis muß, so lange er kocht, immer mit Milch aufgegossen werden, wenn er weich ist, muß er so dick wie ein Reisbrei sein; thue alsdann Zucker nach Belieben daran und laß ihn kalt werden, koche 3 Loth feingeschnittene Hausenblase mit einem Schoppen Wasser, bis es zu ¼ Schoppen eingekocht ist, seihe es durch und schütte es an den Reis, menge dann 1 Schoppen süßen geschlagenen Rahm leicht darunter, fülle es in eine Form und stelle es an einen kalten Ort, wenn es gestanden ist, taucht man es in heißes Wasser und stürzt es auf eine Platte; mache dann folgende Sauce darüber: Man kocht 1 Schoppen Himbeersaft mit 1 Trinkglasvoll Wein und einem Stück Zucker recht dick ein, läßt sie kalt werden und schüttet sie dann über den Crême.

## 565. Reis-Crême anderer Art.

Nimm $^{3}/_{4}$ Pfund Reis, brühe ihn 3 Mal ab, schütte ihn auf ein Haarsieb, daß das Wasser abläuft, thue nun 2 Schoppen Milch und ein Stückchen Butter dazu, stelle ihn wieder auf's Feuer und lasse ihn so lange kochen, bis er dick und weich ist, thue ihn vom Feuer, treibe ihn durch ein Haarsieb in eine Schüssel, lasse ihn abkühlen, thue dazu das Abgeriebene von einer Citrone und 8 ganze und 4 gelbe Eier und Zucker mit ein wenig Vanille bis es süß genug ist, rühre Alles recht untereinander, bestreiche 2 Formen mit Butter, fülle die Masse ein, stelle die Formen in kochendes Wasser und lasse es zwei Stunden langsam kochen.

## 566. Reis mit Marasquino.

12 Loth schöner Reis werden dreimal abgebrüht, mit $^{1}/_{2}$ Pfund Zucker, einer Stange Vanille und 2 Schoppen süßem Rahm dick gekocht, wenn die Masse erkaltet ist, fügt man den Schnee von $^{1}/_{2}$ Schoppen Schlagrahm bei; doch zuerst für 24 Kreuzer Marasquino, 1 Loth aufgelöste Hausenblase oder für 9 Kreuzer Gelatine; hierauf wird die Masse in eine Form gefüllt, einige Stunden stehen gelassen, am besten auf Eis; kurz vor dem Serviren stürze sie und gieb eine Himbeersauce dazu.

## 567. Charlotte russe.

Nimm 6 Eiergelb in ein Casserol, ein wenig Mehl, rühre es mit 1 Schoppen Milch und einer in Stückchen geschnittenen Stange Vanille auf dem Feuer bis es kochen will, nimm es schnell weg und passire es durch ein Haarsieb, thue Zucker daran bis es süß genug ist. Nimm dann zu einer Form 2 Loth Gelatine, stelle sie mit $^{1}/_{2}$ Schoppen Wasser auf's Feuer und lasse sie bis auf $^{1}/_{4}$ Schoppen einkochen, wenn sie abgekühlt ist, schütte sie unter die Masse; schlage hierauf $^3/_4$ Schoppen Schlagrahm steif (besser ist es, wenn man den Schlagrahm vom Conditor nimmt), und rühre ihn darunter, lege die Form mit breiten Biscuits aus, fülle die Masse ein so lange sie noch lau ist, und stelle sie auf's Eis bis sie gestanden ist.

## 568. Russische Crême zu einer Form.

Man nimmt 2 Glas Hegenmark, 1 Handvoll Zucker, und 1 Glas Rum, rührt es eine zeitlang miteinander in einer Schüssel, thut 1 Loth Gelatine heiß darunter, nimmt es dann auf's Eis und rührt beständig darin bis es dicklicht wird, schlage dann 1 Schoppen Schlagrahm zu einem steifen Schnee, menge es darunter und fülle es in eine mit Biscuit und Macaronen ausgelegte Form; man muß sich dieselbe extra beim Conditor bestellen nach der Form, den Boden kann man mit den Abschnitzeln, welche man zuvor stoßt, ausfüllen.

## 569. Blanc manger von 3 Farben.

Man nimmt $^1/_2$ Pfund süße Mandeln, brüht sie in kochendem Wasser an, nimmt die Schale davon weg, wäscht sie in kaltem Wasser ab und stößt dieselben mit etwas Milch in einem Mörser recht fein; dann thue sie in ein Casserol, gib dazu 3 Schoppen süßen Rahm oder Milch nebst etwas Vanille und $^1/_4$ Pfund Zucker, rühre es auf dem Feuer ab, lasse es einigemal aufkochen und treibe es durch ein Haarsieb, thue alsdann 4 Loth in Wasser gekochte und durchgeseihte Hausenblase darunter, dann theilt man die Masse in 3 Theile; in einen Theil thut man spanischen Flor und etwas Zimmt, in den andern feingesiebte Chocolade und den dritten läßt man weiß. Alsdann läßt man jeden Theil noch einmal kochen, thut dann zuerst den Theil mit Chocolade in eine

Form, läßt es kalt werden, dann gießt man den Theil mit spanischem Flor und wenn es wieder kalt ist, gießt man das Weiße darauf, stellt es dann in Eis oder an einen kalten Ort; wenn es gestanden ist, taucht man es in heißes Wasser und stürzt es auf eine Platte.

## 570. Blanc manger von Citronen.

Man koche einen oder mehrere Kalbsfüße in Wasser, bis sie recht weich sind, lasse es durch einen Seiher ablaufen, die Brühe lasse man recht dick einkochen, stelle sie vom Feuer und lasse sie gestehen, nimm dann zu einem Fuß 1 Schoppen Milch und 1 Löffelvoll Mehl, rühre es mit ein wenig Milch glatt, thue ½ Pfund feingestoßene und geschälte Mandeln, 2 an Zucker abgeriebene Citronen und dann vollends die Milch in ein Casserol, nimm dann das Fett von der Kalbsbrühe herunter, schütte das Helle in das Casserol und laß Alles recht kochen. Nimm es dann vom Feuer und laß es abkühlen, rühre 4 Eiergelb gut darunter, seihe Alles durch ein Sieb, gieße es in eine Form und laß es gestehen; beim Stürzen mache es wie bei dem vorhergehenden.

## 571. Kabinets-Crême, zu einer Form.

Man belegt den Boden einer Form mit Malagatrauben oder Sultaninen im Kreis herum, nimmt dann Biscuit, legt die Form ganz voll damit, bricht sie in der Mitte auseinander, legt immer 3 Lagen Biscuit und eine Lage Sultaninen bis die Form beinahe voll ist. Dann nimmt man 3 große Händevoll Zucker und 1 Kochlöffelvoll Mehl in ein Casserol, nebst 14 Eiergelb, rührt es mit 3 Schoppen Milch recht glatt, thut Vanille daran, nimmt es unter beständigem Rühren auf's Feuer, bis es anfängt zu kochen, schüttet es dann durch ein Haarsieb, rührt dann ½ Glas Marasquino daran, thut eine Tassevoll davon weg zur Sauce; unter das Uebrige mengt man 2 Loth gekochte Hausenblase, gießt es warm in die Form über den Biscuit, stellt es dann einige Stunden in Eis oder an einen kalten Ort; wenn es gestanden ist, stauche es in warmes Wasser und stürze es auf eine kalte Platte und gib die Sauce darum.

---

# Gelée.

## 572. Gelée von Himbeeren.

Man nimmt ½ Pfund Zucker und läutert ihn mit 1 Schoppen Wasser und 2 Eierweiß, schüttet ihn alsdann durch ein Tuch, nimmt hernach ½ Maaß gekochten Himbeersaft nebst 1 Glas Wein und 4 Loth klar gekochter Hausenblase, schüttet dann den Saft, den Zucker und die Hausenblase untereinander, füllt es in eine Form und stellt es auf Eis; wenn es gestanden ist stürzt man es und schlägt ein heißes Tuch um die Form, damit es herausgeht oder taucht es in heißes Wasser.

## 573. Gelée von Johannisbeeren.

Wird zubereitet, wie das Himbeer-Gelée.

## 574. Kirschen-Gelée.

Man setze 4 Kalbsfüße mit frischem Wasser zum Feuer bis sie kochen, schütte dann die Brühe rein ab, fülle sie wieder mit frischem Wasser auf und lasse die Füße so lange kochen, bis sie ganz verkocht sind und lasse die Brühe durch ein Haarsieb laufen, nehme 2 Schoppen Wein und von 2 Citronen den Saft dazu, setze alles zusammen auf's Feuer, schäume ihn, wenn er kocht, rein ab und lasse ihn über Nacht stehen, den andern Tag nimm ihn mit 6 Eierweiß wieder auf's Feuer, rühre fleißig darin, bis sich der Stand klären will, dann lasse ihn durch ein Tuch laufen und erkalten, lasse nun 2 Pfund ausgesteinte Kirschen mit 1 Pfund Zucker kochen, wenn sie weich sind menge sie unter den Stand, fülle es in Formen, die mit Provenceröl ausgestrichen sind, stelle sie in Eis und lasse es gestehen; beim Anrichten tauche ein Tuch in heißes Wasser, umwinde die Form damit und stürze sie auf die Platte.

## 575. Gelée von Erdbeeren.

6 Hände voll reife Erdbeeren werden etwas zerdrückt und in ein neues irdenes Geschirr gethan, nebst einer Bouteille altem Wein, etwas grob gestoßenem Zimmt, dem Saft von 2 Citronen und etwas Citronenschale, decke es fest zu und lasse es über Nacht stehen. Koche alsdann ½ Pfund Zucker mit 1 Trinkglas voll Wasser und dem Weißen von 1 Ei ¼ Stunde recht langsam; ist es recht hell, so gieße es durch eine Serviette, koche alsdann 3 Loth Hausenblase auf die nämliche Art, wie bei dem Kirschen-Gelée. Schütte nun die Erdbeeren sammt dem dabei befindlichen Wein durch eine Serviette und laß es bis auf den letzten Tropfen durchlaufen, winde es jedoch nicht stark aus, damit der Saft nicht trübe wird. Thue nun den gekochten und durchgeseihten Zucker, sowie die gekochte und durchgeseihte Hausenblase darunter, rühre es gut untereinander, fülle es in eine Form und stelle es auf's Eis.

## 576. Gelée von Aprikosen.

Man schält die Aprikosen, steint sie aus, und stellt sie mit einer Hand voll Zucker auf's Feuer, läßt sie kochen, bis sie weich sind, schüttet sie alsdann in ein Tuch, preßt den Saft sauber aus und stellt ihn zugedeckt an einen kühlen Ort, damit er sich setze. Indessen setzt man 4 Kalbsfüße mit einer Maaß gutem

Wein auf's Feuer, schäumt sie ab, thut die Schale von einer Citrone, ein Stück Zimmt, einige Nelken und etwas Muskatnuß daran, während dem Kochen muß fleißig Wein zugegossen werden; wenn die Füße recht weich sind wird die Brühe in eine Schüssel abgeschüttet und abgekühlt, dann nimmt man das Fett oben herunter, gießt die Brühe in ein Casserol, thut den durchgepreßten Saft von den Aprikosen nebst der Schale von 2 Citronen, die am Zucker abgerieben worden, daran, drückt den Saft von 2 Citronen daran, schlägt das Weiße von 1 Ei dazu, nimmt so viel Zucker bis es süß genug ist, stellt es auf's Feuer und läßt es eine Zeitlang kochen, gießt es dann durch eine Serviette; ist es nicht hell, so läßt man es einigemal durch die Serviette laufen, schüttet es dann in eine Form, stellt es auf Eis und wenn es gestanden ist, taucht man es in heißes Wasser und stürzt es auf eine Platte.

## 577. Gelée von Orangen.

6 Kalbsfüße werden in 2 Maaß Wasser weich gekocht, die Brühe wird durch ein Sieb geschüttet, und läßt man sie dann bis zu 1½ Schoppen einkochen, läßt es gestehen und hebt das Fett davon ab; thue nun das Gestandene mit 3 Schoppen Wein, ½ Pfund Zucker, dem Saft von 8 Orangen, nebst der am Zucker abgeriebenen Schale von 2 Citronen, etwas ganzem Zimmt und 4 verklopften Eierweiß in ein Casserol und laß es unter beständigem Rühren einigemal aufkochen, nimm es dann vom Feuer weg, gib einen Deckel mit Gluth darauf, lasse es so einige Zeit stehen, dann binde eine Serviette an die Füße eines umgekehrten Stuhles, gieße das Gelée langsam darauf, sollte es das erste Mal nicht hell laufen, so wird es noch einmal aufgegossen, in eine Form gefüllt, an einen kalten Ort gestellt; beim Anrichten muß die Form in laues

Wasser gehalten und dann schnell gestürzt und servirt werden.

## 578. Gelée von Citronen.

Dieses wird auf dieselbe Art bereitet, wie das Orangen-Gelée, nur statt dem Saft der Orangen nimmt man den Saft von 6 Citronen nebst der Schale von 3 derselben.

## 579. Gelée von Punsch.

Wird zubereitet, wie das Citronen-Gelée; nur wird, wenn das Gelée ganz fertig ist, nach Belieben Arac oder Rum hinein gegossen, dann in eine Form gefüllt und gestehen gelassen.

## 580. Gelée von Kaffee.

Ist wie das Citronen-Gelée, nur wird mit 2 Schoppen Wasser ein ganz starker Kaffee gekocht, dieser wird hell unter das Gelée geschüttet, ehe es durchgelaufen ist, dann wird es in eine Form geschüttet und gestehen gelassen.

## 581. Gelée von Brunnenkressen.

4 Loth Hausenblase wird verschnitten und mit 3 Schoppen Wasser recht verklopft, dann auf das Feuer gebracht und so lange gekocht, bis sie ganz verkocht ist, hiezu thue dann 2 Schoppen Wein, 1 Pfund Zucker, 3 Händevoll Brunnenkressen, die zuvor gestoßen sind, und gib dann den Saft davon, der durch eine Serviette gepreßt ist, nebst 2 verklepperten Eierweiß und der Schale von einer Citrone, und lasse dies auf dem Feuer einigemal aufkochen, schütte dieses durch eine aufgespannte Serviette, sollte es nicht gleich hell laufen, so wird es noch einmal aufgeschüttet, dann in eine Form gegossen, an einen kalten Ort gestellt, bis es gestanden ist; dann wird es ein wenig in

warmes Wasser gehalten; schnell gestürzt und servirt. Anstatt der Kalbsfüße kann man zu jedem Gelée auch Hausenblase nehmen; es geht damit etwas rascher.

### 582. Quitten-Gelée auf beste Art.

Man nimmt schöne Aepfelquitten, reibt sie mit einem Tuche sauber ab, schneidet sie dann mit der Schale und den Kernen in kleine Stücke, gießt kaltes Wasser daran bis es darüber geht, läßt es kochen bis die Quitten ganz weich sind, läßt es dann durch ein Tuch laufen, nimmt zu 2½ Schoppen Quittensaft 2 Pfund Zucker, läßt es dann ganz langsam kochen, verschäumt es öfters, und probirt es auf einem Zinnteller; wenn es sich stellt, füllt man es in kleine Gläschen und picht es mit Papier fest zu.

Die Quitten kann man durch ein Haarsieb treiben, zu einem Pfund Quitten nimmt man ¾ Pfund Zucker, läutert ihn, läßt ihn dann mit den Quitten langsam aber lange kochen; man kann auch noch Aepfel darüber nehmen, welches dann eine gute Marmelade gibt.

### 583. Gelée von Aepfeln.

Wird auf dieselbe Art bereitet, wie das Quitten-Gelée, doch wird auf 1 Pfund Aepfelsaft nur ¾ Pfund Zucker gerechnet; beide Gelées können aber nicht gestürzt werden.

---

## Butterbackwerk nebst Torten und Kuchen.

### 584. Butterteig.

Es wird 1 Pfund Butter geschafft, daß die Buttermilch herauskömmt, wirke alsdann 1 Pfund Mehl nebst

Wasser und Salz darunter, arbeite ihn gut, aber schnell, lasse ihn 1 bis 2 Stunden ruhen, welle ihn aus Man kann ihn zu allen Torten oder Backwerk brauchen.

## 585. Geriebener Butterteig.

Nimm $^3/_4$ Pfund Butter, 1 Pfund Mehl, 2 Eiergelb, $^1/_2$ Schoppen Milch und etwas Salz auf's Nudelbrett und schaffe alles gut untereinander, lasse es einige Zeit ruhen.

## 586. Butterteig anderer Art.

1 Pfund Mehl schaffe auf dem Nudelbrett mit etwas Salz, Wasser und sauerm Rahm zu einem lockern Teig bis er Blasen hat, und welle ihn aus; nimm alsdann 1 Pfund Butter, welle es gleichfalls aus, lege es über den Teig; überschlage ihn 3 bis 4 Mal, welle ihn aus, und fahre so fort, bis der Teig und die Butter einander angenommen. Man kann auch statt Rahm Kirschenwasser nehmen.

## 587. Weingebackener Butterteig.

Verrühre das Gelbe von 6 Eiern mit $^1/_2$ Schoppen gutem Wein in einer Schüssel, rühre eine Handvoll feinen Zucker, etwas Salz, nebst Weißmehl hinein bis der Teig zum Wellen wird, nimm ihn alsdann auf's Nudelbrett und welle ihn in 2 Theile aus; hierauf welle 1 Pfund Butter aus, lege es auf die eine Hälfte, und auf die andere den Teig und welle ihn ganz dünn aus, überschlage ihn alsdann 3 bis 4 Mal, doch berühre ihn nicht zu viel mit den Händen, dann wird er noch einmal aber etwas dicker ausgewellt.

## 588. Weingebackenes.

Nimm von obigem Teig, welle ihn 2 Messerrückendick aus, stich alsdann kleine Modelförmchen aus, setze sie auf ein mit Mehl bestreutes Blech, bestreiche sie mit zu Schnee geschlagenem Eierweiß, bestreue sie mit Zucker und Zimmt und backe sie schön gelb im Ofen.

## 589. Rahmtörtlein.

Bestreiche kleine Auflaufförmchen mit Butter, belege sie mit Butterteig (siehe Butterteig) und mache folgenden Guß: Verrühre 9 Eier, 1 Schoppen sauern Rahm, 1/4 Pfund feinen Zucker, 1/4 Pfund gewaschene Rosinen, etwas gestoßenen Zimmt, rühre es recht schäumig, fülle die Förmchen damit, backe sie in einem nicht zu heißen Ofen schön gelb, nimm sie heraus und bestreue sie mit Zucker.

## 590. Mandelbriefe.

Welle einen Butterteig einen starken Messerrückendick aus (siehe Butterteig), schneide viereckige Stücke und mache folgende Fülle: Stoße 1/4 Pfund geschälte Mandeln und 1/4 Pfund Zucker recht fein, schneide 1/4 Pfund Citronat und Pomeranzenschale, rühre dieses Alles mit 2 ganzen Eiern und 1 Eiergelb, bestreiche die viereckigen Stücke mit Eiergelb, setze mit einem Löffel von der Fülle auf die Mitte der Blättchen, lege alle vier Ecken auf die Mitte, bestreiche sie mit Ei und Zucker, daß sie nicht aufspringen, und backe sie im Ofen gelb.

## 591. Apfel-Krapfen.

Es werden Blättchen von Butterteig wie oben gewellt und folgende Fülle dazu gemacht: Schäle und dämpfe 6 Aepfel mit Zucker und 1 Glas Wein, wenn sie weich sind, werden die Aepfel verrührt und dick gekocht, alsdann rühre man Zimmt, geschnittene Mandeln, Citronen- und Pomeranzenschale, nebst 1/4 Pfund Rosinen in die gedämpften Aepfel und rühre Alles gut untereinander, bestreiche die Blättchen mit Eiergelb, fülle von der Masse hinein, setze wieder ein Blättchen darauf, bestreiche es wieder mit Ei, so fahre fort bis die Fülle vertheilt ist, setze sie auf ein mit Mehl bestreutes Blech und backe sie im Ofen schön gelb. Man kann auch Hegen oder andere Früchte hinein füllen.

## 592. Gefüllte Waffeln.

Es wird ein Papier geschnitten, so groß wie das Waffeleisen, welle alsdann Butterteig aus (siehe Butterteig), schneide Blättchen von der Größe des Papiers, bestreiche sie mit Eiergelb, fülle eingemachte Früchte hinein, lege wieder ein Blättchen darauf, bestreiche das Waffeleisen mit einer Speckschwarte, lege sie hinein und backe sie schön gelb, fahre fort, bis der Teig vertheilt ist, bestreue sie mit Zucker und Zimmt.

## 593. Linzer Torte.

3/4 Pfund geschälte und gestoßene Mandeln, 1/2 Pfund feingesiebter Zucker, 3/4 Pfund Butter, 3/4 Pfd. Mehl, 1/4 Pfund geschnittener Citronat und Pomeranzenschale, 2 Loth Zimmt, abgeriebene Citronenschale und 1 Quentchen Nelken werden auf dem Nudelbrett mit 8 Eiergelb recht verschafft, setze dies in eine mit Mehl bestreute Schüssel über Nacht in den Keller, damit es recht steif wird, bestreiche eine Form mit Butter, welle alsdann die Hälfte des Teigs aus, belege den Boden damit, bestreiche ihn mit eingemachten Kirschen oder Himbeeren, doch lasse einen fingerbreiten Rand rings herum, bestreiche ihn mit Eiergelb, mache von der andern Hälfte des Teigs eine dicke Wargel, lege sie am Rand herum, mache vom andern Teig dünne Wargeln, lege sie im Viereck darauf, bestreiche die Streifen mit Eiergelb und backe sie langsam im Ofen.

## 594. Mandel-Torte.

Zu 3/4 Pfund gesiebtem Zucker nimm 1/2 Pfund

geschälte und fein gestoßene Mandeln, thue dies in eine Schüssel, rühre 6 ganze und 9 Eiergelb dazu, rühre es eine Stunde recht schäumig, schlage das Weiße der 9 Eier zu Schnee, menge ihn nebst Citronat und Pomeranzenschale darunter, belege das Tortenblech mit Butterteig (siehe geriebener Butterteig), fülle die Masse hinein und backe sie schön gelb.

### 595. Mandel-Torte anderer Art.

Mache den Guß von der Mandeltorte (wie vorstehend), belege die Form mit Papier, bestreiche sie mit Butter, fülle die Masse hinein und backe sie im Ofen gelb.

### 596. Mandeltorte noch anderer Art.

Schäle ½ Pfund Mandeln, stoße die Hälfte davon recht zart, die andere Hälfte wird länglicht geschnitten, rühre die gestoßenen Mandeln mit ½ Pfund gesiebtem Zucker, 6 ganzen und 6 Eiergelb eine Stunde, schneide 4 Loth Pomeranzenschale und Citronat, menge dies nebst dem Saft einer halben Citrone unter die Masse; die geschnittenen Mandeln nebst ¼ Pfund gesiebten Zucker werden mit 3 Eierweiß zu Schnee geschlagen und gerührt, bestreiche ein Tortenblech mit Butter, lege die Oblaten doppelt darauf, setze von den geschnittenen Mandeln einen fingerhohen Rand im Kreis herum, streiche in der Mitte eingemachte Kirschen oder Himbeeren darauf, schütte die Masse darauf und backe sie in einem gelinden Ofen; wenn sie gebacken ist, werden die Oblaten am Rand gleich geschnitten und auf die Platte gerichtet.

### 597. Guß-Torte.

Belege das Tortenblech mit Butterteig, bestreiche den Boden mit eingemachten Kirschen, Himbeeren oder gedämpften Aepfeln, mache den Guß wie oben bei der Mandeltorte, doch ohne Citronat und Pomeranzenschale, fülle den Mandelguß darauf und backe sie eine Stunde schön gelb im Ofen.

## 598. Guß-Torte anderer Art.

3/4 Pfund Zucker wird mit 9 Eiergelb und 3 ganzen Eiern 1/2 Stunde recht schäumig gerührt, dann 1/2 Pfund ungeschälte Mandeln fein gestoßen nebst 1 Quentchen Zimmt darunter gerührt, dann wird 3 Loth Stärkemehl mit dem Schnee von 9 Eierweiß darunter gemacht. Dann legt man ein Blech mit dreifingerhohem Rand mit Butterteig und streiche halbfingerdick Quittenmarmelade darauf, damit der Boden bedeckt ist, sodann gebe obige Mandelmasse darauf, mit welcher er bis oben an gefüllt wird, stelle es dann in einen mittelmäßig heißen Ofen und lasse es 1/2-Stunde langsam backen, bis es eine braune Farbe hat, nimm die Torte dann heraus auf eine Platte.

## 599. Schwarzbrod-Torte.

Stoße 3/4 Pfund geschälte Mandeln mit 2 ganzen Eiern recht fein, thue sie in eine Schüssel nebst 1 Pfd. fein gesiebtem Zucker, rühre dies mit 10 ganzen und 12 Eiergelb eine Stunde, feuchte 6 Loth geriebenes Schwarzbrod mit 1/2 Glas rothem Wein an, schneide 1/4 Pfund Citronat und Pomeranzenschale, das Abgeriebene einer Citrone, Zimmt und Nelken, menge Alles untereinander, schlage das Weiße von 6 Eiern zu Schnee, menge ihn darunter, lege alsdann die Form mit Papier aus, bestreiche es mit Butter, fülle die Masse hinein, backe sie langsam im Ofen.

## 600. Brod-Torte mit Kartoffeln.

3/4 Pfund Zucker wird mit 10 Eiergelb eine halbe Stunde gerührt, dann thue 4 Loth geschnittene Pomeranzenschale, 4 Loth Citronat, 1 Loth gestoßenen Zimmt nebst 4 Loth feingeriebenem geröstetem Schwarzbrod, welches mit ein wenig Wein angefeuchtet wird und 1 Pfund geriebene Kartoffeln hinein, schlage das Weiße der Eier zu Schnee, menge es unter die Masse, bestreiche eine Form stark mit Butter, fülle sie hinein und backe sie schön gelb.

## 601. Citronat-Torte.

Rühre ½ Pfund Butter schäumig, stoße ¼ Pfund geschälte Mandeln recht fein, menge sie nebst ¼ Pfund gesiebtem Zucker unter die Butter, rühre 2 ganze und 8 Eiergelb hinein, thue 8 Loth geschnittenen Citronat darunter, rühre es eine Stunde, bestreue ein Tortenblech mit Butter, belege es mit Butterteig (siehe Butterteig), fülle die Masse hinein, bestreue sie oben mit Zucker und geschnittenen Mandeln, backe sie langsam im Ofen gelb.

## 602. Reis-Torte.

½ Pfund Reis wird drei Mal mit kochendem Wasser abgebrüht, ½ Maaß guter Wein daran geschüttet, stelle den Reis auf glühende Asche, damit er aufquillt und weich wird, er darf aber nicht kochen; schneide alsdann die Schale von 2 Citronen recht klein, nebst ¼ Pfund Citronat und Pomeranzenschale, menge dies nebst dem Saft einer Citrone unter den Reis, läutere ½ Pfund Zucker mit ½ Glas Wasser, menge den Reis in den Zucker, sollte es zu dick sein, schütte noch etwas Wein daran, lasse dies mit einander kochen, laß ihn ein wenig anziehen, damit er eine Scharre und beim Umrühren eine gelbe Farbe bekömmt. Belege ein Tortenblech mit Butterteig (siehe geriebener Butterteig), streiche den Reis zweifingerhoch darauf, lasse rings herum einen zweifingerbreiten Rand am Butterteig frei, bestreiche ihn mit Eiergelb, welle den übrigen Butterteig aus, lege feine Streifen im Viereck darauf, lege einen zweifingerbreiten Rand herum, bestreiche den Teig mit

Eiergelb, backe sie eine halbe Stunde in einem nicht zu heißen Ofen.

## 603. Crême-Torte.

Belege den Boden eines Tortenblechs mit Butterteig (siehe Butterteig), bestreiche ihn mit Eiergelb, backe ihn schön gelb, bestreiche den Boden mit eingemachten Kirschen oder Himbeeren, und mache folgende Crême: Rühre einen Kochlöffel voll feines Mehl mit etwas süßem Rahm glatt, das Gelbe von 10 Eiern nebst dem Abgeriebenen einer Citrone, ein Eigroß gestoßenen Zucker, verdünne es mit 1 Schoppen süßen Rahm; setze es auf's Feuer, laß es unter beständigem Rühren dick werden; hierauf laß ihn erkalten, überstreiche alsdann die gebackene Torte damit und mache folgende Decke: Schlage von den 10 Eierweiß einen steifen Schnee, menge mehrere Hände voll feinen Zucker und etwas abgeriebene Citronenschale darunter, bestreiche alsdann eine Form mit Wachs, setze den Schnee darauf und backe ihn langsam gelb, setze ihn auf die Crême-Torte und bestreue sie mit Zucker.

## 604. Sand-Torte.

Rühre 12 Loth Butter weiß, 12 Loth feinen Zucker darunter und dann 6 Eiergelb, etwas feine Citronenschale, 4 Loth Pomeranzenschale und Citronat daran, rühre dies eine halbe Stunde, dann rühre ½ Pfund Weißmehl hinein, schlage 6 Eierweiß zu Schnee und menge ihn darunter, belege alsdann ein Tortenblech mit Papier, bestreiche es mit Butter, bestreue es mit Mehl, fülle die Masse hinein, bestreiche sie oben mit Schnee, feinem Zucker und Zimmt, backe sie schön gelb, nimm das Papier weg und setze sie auf die Platte.

## 605. Chocolade-Torte.

Rühre $1/2$ Pfund feinen Zucker, 8 Loth geschälte und zart gestoßene Mandeln, 8 Loth geriebene Chocolade mit 10 Eiergelb $1/2$ Stunde, menge alsdann $1/4$ Pfund durchgesiebtes Mehl hinein, schlage das Weiße der Eier zu Schnee, belege ein Tortenblech mit Papier, bestreiche es mit Butter, menge den Schnee unter die Masse, fülle sie in das Blech und backe sie langsam; man kann auch eine Chocolade-Glasur darüber machen: Koche $1/4$ Pfund Zucker, $1/4$ Pfund Chocolade mit 1 Glas Wasser dick und überziehe die Torte damit.

## 606. Rahm-Torte.

Stelle 8 Schoppen süßen Rahm auf's Feuer, drücke den Saft einer Citrone hinein und lasse es auf dem Feuer zu Käse werden, gieße es auf ein Sieb, damit die sauere Milch abtropft, rühre alsdann $1/4$ Pfund Butter schäumig, rühre $1/4$ Pfund feinen Zucker nebst 6 Eiergelb hinein, rühre den Käse dazu nebst dem Geschmack einer Citrone oder Vanille; rühre dies eine halbe Stunde, menge 4 Loth feines Mehl darunter, nebst dem zu Schnee geschlagenen Eierweiß, belege ein Tortenblech mit Butterteig (siehe geriebenen Butterteig), fülle die Masse hinein und backe sie schön gelb.

## 607. Kartoffel-Torte.

$3/4$ Pfund Zucker wird mit 11 Eiergelb recht schäumig gerührt, $1/4$ Pfund geschälte und gestoßene Mandeln nebst dem Abgeriebenen von einer Citrone, thue nun $3/4$ Pfund geriebene Kartoffeln und den Schnee von den Eiern dazu, fülle die Masse in ein mit Butter bestrichenes Auflaufblech oder backe sie auf einer Platte schön gelb.

## 608. Französische Torte.

Rühre 6 Loth Butter weiß, mit $3/4$ Pfund geschälten

und gestoßenen Mandeln, menge das Abgeriebene von 2 Citronen, nebst dem Saft von 2 Citronen, ½ Pfund feinem Zucker darunter, rühre dies eine Stunde, belege alsdann ein Tortenblech mit Butterteig (siehe Butterteig), bestreiche den Boden mit eingemachten oder verdämpften Aepfeln, fülle die Masse darauf, mache ein Gitter von Butterteig darüber und backe sie eine kleine Stunde im Ofen.

## 609. Französische Torte anderer Art.

Mache von ½ Pfund Butter einen Butterteig, welle ihn zu drei Blättchen, jedes einen Tellergroß, aus, setze jedes auf ein mit Mehl bestreutes Blech, und backe sie gelb; mache alsdann folgenden süßen Teig: Nimm 16 Loth feines Mehl, 8 Loth feinen Zucker, 4 Loth Butter, 2 Eierweiß, das Abgeriebene einer Citrone, verfertige davon einen Teig, welle ihn aus zu drei Blättchen, in der Größe wie die vorhergehenden, nur dünner, lege sie auf ein mit Butter bestrichenes Blech und backe sie schön gelb. Den andern Tag lege das eine Butterblättchen auf ein Blech ohne Rand, bestreiche es mit eingemachten Kirschen, alsdann mache von Zuckerteig einen Boden, bestreiche diesen mit eingemachten Himbeeren, lege darauf wieder einen Boden von Butterteig, überstreiche diesen mit Hegenmark, dann lege einen Boden von Zuckerteig mit eingemachten Johannisbeeren bestrichen; den dritten Boden mache von Butterteig und thue eingemachte Aprikosen darauf, den letzten Boden mache von Zuckerteig, drücke sie alle fest zusammen, schneide sie alle gleich und mache folgende weiße Glace darüber: Rühre ¼ Pfund feingesiebten Zucker, den Saft einer Citrone, den Schaum von einem Eiweiß, rühre dies eine halbe Stunde, glacire die Torte sowohl oben wie zur Seite damit, lasse sie alsdann trocknen.

## 610. Prinz Friedrichs Backerei.

Walle einen guten Butterteig nicht zu dünn aus, bringe ihn auf ein langes Blech, streiche verdämpfte Aepfel darauf und lasse ihn im Ofen ein wenig anbacken, dann schlage einige Eierweiß zu Schnee, wenn er steif ist menge einige Händevoll gestoßenen Zucker darunter, streiche ihn auf die angebackene Masse, lasse eine Handvoll geschälte und langgeschnittene Mandeln trocknen, streue sie auf den Schnee und lasse es noch im Ofen bis es eine schöne gelbe Farbe hat, dann schneide es in viereckige Stückchen, bestreue sie mit Zucker und gib sie zu Tisch; man kann diese Masse auch als Torte backen.

## 611. Spanische Torte.

20 Loth geschälte und gestoßene Mandeln rühre mit ½ Pfund Butter, 4 Loth Citronen- und Pomeranzenschale schäumig, rühre 10 Eiergelb hinein nebst 16 Loth feinem Zucker, dem Saft einer Citrone, ½ Loth gestoßenem Zimmt, 1 Quent Nelken, 1 geriebene Muskatnuß, 8 Loth geriebenes Milchbrod, menge Alles wohl untereinander, schlage 6 Eierweiß zu Schnee, menge ihn darunter, bestreiche alsdann ein Tortenblech mit Butter, lege von Butterteig (siehe geriebener Butterteig) Riemen im Viereck auf den Boden, fülle die Masse hinein, lasse es langsam backen.

## 612. Punsch-Torte.

Nimm 1 Pfund gesiebten Zucker, 20 Eiergelb, 12 Eier schwer feines Mehl, rühre den Zucker mit den 20 Eiergelb eine Stunde, nebst dem Abgeriebenen einer Citrone, schlage alsdann 16 Eierweiß zu einem steifen Schnee, menge das Mehl und den Schnee zu gleicher Zeit unter den Zucker, belege 3 Tortenbleche mit Papier, bestreiche sie mit Butter, fülle in jedes gleichviel von der Masse, stelle sie alle in einen gelinden heißen Ofen und backe sie gelb, löse alsdann das Papier, lege ein ausgeschnittenes Papier auf die Platte, lege eine Lage von der Torte darauf, alsdann rühre 1 Hand voll feinen Zucker in ein Glas Arac, den dritten Theil schütte davon auf die Lage, streiche alsdann eingemachte Kirschen darauf, lege wieder eine Lage von der Torte, schütte vom Arac darauf, überstreiche es mit Quitten oder Hegenmark, lege nun die dritte Lage, übergieße es mit dem übrigen Arac und mache ein Eis darüber (siehe französische Torte).

## 613. Aepfel-Torte.

Schäle 8 bis 10 Aepfel, stelle sie mit Zucker und 1 Glas Wein auf's Feuer, lasse sie weich dämpfen, verrühre sie, laß sie dick kochen und erkalten, schneide 1 Loth geschälte Mandeln, 4 Loth Citronat und Pomeranzenschalen, wasche 8 Loth Rosinen, menge dies unter die Aepfel, thue Zucker daran, bis es süß genug ist, lege alsdann das Tortenblech mit Butterteig aus (siehe Butterteig), lege die Aepfel darauf, mache ein Gitter von Butterteig darauf, bestreiche den Teig mit Eiergelb, und backe die Torte eine halbe Stunde.

## 614. Aepfel-Torte von geriebenen Aepfeln.

Man belege ein Tortenblech mit Butterteig, nimm 10 Loth gestoßenen Zucker, 4 Loth geschälte und gestoßene Mandeln, etwas Zimmt und Citronenschale und rühre dieses mit dem Gelben von 5 Eiern ½ Stunde, reibe nun 5 schöne Aepfel auf dem Reibeisen, thue solche zu der Masse, schlage das Weiße der Eier zu Schnee, menge ihn darunter, fülle die Masse in das Tortenblech und backe sie.

## 615. Kirschen-Torte.

3 Pfund saure Kirschen werden abgezupft und aus-

gesteint, läutere alsdann $^3/_4$ Pfund Zucker mit 1 Glas Wasser, thue die Kirschen hinein; wenn sie einige Minuten gekocht haben, nimm sie wieder heraus, laß die Sauce dick einkochen, lege sie wieder hinein, laß sie nebst Zimmt und Nelken mitkochen; im Uebrigen verfahre wie bei der Aepfel-Torte.

## 616. Aprikosen-Torte.

30 Aprikosen werden ausgesteint; koche sie in Wasser ab, nimm sie wieder heraus und setze eine an die andere in ein Casserol, bestreue sie dick mit Zucker, decke sie zu, laß sie kochen bis sie keine Sauce mehr haben; im Uebrigen verfahre wie bei der Aepfel-Torte

## 617. Pfirsich-Torte.

Es werden 25 bis 30 Pfirsiche ausgesteint, eine neben die andere in ein Geschirr gethan, Wasser daran geschüttet und abgekocht; nimm sie heraus und schäle sie, lege sie wieder in ein Geschirr, bestreue sie dick mit Zucker und koche sie, nimm sie wieder heraus und laß die Sauce dick kochen, belege alsdann ein Tortenblech mit Butterteig (siehe Weingebackenes), lege die Pfirsiche hart neben einander darauf, schütte den Saft darauf und backe sie im Ofen gelb.

## 618. Ringlo-Torte.

Es werden 40 bis 50 Ringlo ausgesteint, neben einander in ein Casserol gelegt und dick mit Zucker bestreut, lasse sie kochen, nimm die Ringlo wieder heraus, damit sie nicht zu weich werden, laß die Sauce dick einkochen; im Uebrigen behandle sie wie die vorhergehende Torte

## 619. Himbeer-Torte.

Es wird eine Salatière voll Himbeeren rein gelesen, mit Zucker und Zimmt auf's Feuer gestellt, lasse sie dick kochen, hierauf lasse sie erkalten, belege ein Tortenblech mit Butterteig (siehe Weingebackenes), streiche die Himbeeren darauf, lege ein Gitter von Butterteig darauf und backe sie eine halbe Stunde im Ofen.

## 620. Johannisbeer-Torte.

Wird wie die Himbeer-Torte gemacht.

## 621. Maulbeer-Torte.

Auf dieselbe Art wie die Himbeer-Torte.

## 622. Heidelbeer-Torte.

Wird auf dieselbe Art gemacht, wie die vorhergehenden Torten, aber statt des Gitters von Butterteig streue gestoßene Mandeln und Zimmt darauf.

## 623. Biscuit.

1 Pfund feiner Zucker wird mit 20 Eiergelb eine Stunde gerührt, thue das Abgeriebene einer Citrone dazu, schlage alsdann 16 Eierweiß zu Schnee, wiege Mehl, so schwer wie 12 Eier, menge es mit dem Schnee darunter, belege alsdann die Form mit Papier, bestreiche es mit Butter, fülle die Masse hinein und backe sie langsam im Ofen.

## 624. Biscuit auf schnelle Art.

Man wiegt ½ Pfund gesiebten Zucker, eben so viel Eier, halb so viel Mehl, rühre das Gelbe der Eier ½ Stunde mit dem Zucker nebst dem Abgeriebenen einer Citrone, schlage das Weiße der Eier zu Schnee, menge ihn mit dem Mehl darunter und fülle sie wie oben.

## 625. Biscuit auf schnellste Art.

Man wiegt ½ Pfund gesiebten Zucker, eben so viel

Eier, halb so viel Mehl, rühre das Gelbe der Eier ½ Stunde mit dem Zucker nebst dem Abgeriebenen einer Citrone, schlage das Weiße der Eier zu Schnee, menge ihn mit dem Mehl darunter und fülle sie wie oben

## 626. Biscuit von Rosinen.

Rühre 12 Loth Butter weiß, rühre 9 Eiergelb, eines nach dem andern hinein, menge 12 Loth gesiebten Zucker, 12 Loth gewaschene Rosinen, 12 Loth Mehl und etwas Zimmt darunter, rühre es eine halbe Stunde, schlage das Weiße zu Schnee, menge ihn auch darunter und fülle die mit Butter bestrichene und mit Zucker bestreute Form damit, backe sie langsam im Ofen.

## 627. Biscuit von Chocolade.

Man vermengt ganz schnell den Schnee von 10 Eierweiß unter ½ Pfund fein gestoßenen Zucker, rührt dann die Eiergelb hinein, dann ¼ Pfund geriebene Chocolade und zuletzt ¼ Pfund Mehl darunter, die Masse wird in eine mit Butter und Weckmehl bestreute Form gefüllt und in einem nicht zu heißen Ofen gebacken.

## 628. Butter-Biscuit.

½ Pfund Butter wird weiß gerührt, dann ½ Pfd. gesiebter Zucker, 10 Eiergelb, das Abgeriebene einer Citrone zu der Butter gethan und alles zusammen recht gerührt, menge nun ½ Pfund Mehl darunter, fülle die Masse in beliebige Formen und backe sie in einem mäßig heißen Ofen.

## 629. Englischer Kuchen.

½ Pfund frische Butter wird weiß gerührt, ½ Pfund Mehl wird auf einen Teller gethan, deßgleichen 12 Loth feiner Zucker nebst 8 Eiergelb, rühre immer

1 Löffelvoll Zucker, 2 Löffelvoll Mehl, 1 Eiergelb hinein, bis es aufgeht, thue alsdann 8 Loth gewaschene und wieder abgetrocknete Rosinen hinein, schlage 2 Eierweiß zu Schnee, menge ihn nebst dem Abgeriebenen einer Citrone darunter, bestreiche und belege eine Form (Kuchenblech) mit Papier und Butter, fülle die Masse hinein, streiche den Kuchen fingerdick auseinander, schäle und schneide 4 Loth Mandeln, menge eine Handvoll Zucker darunter, bestreiche den Kuchen mit Eiergelb, streue die Mandeln darauf und backe ihn langsam im Ofen gelb.

## 630. Blitzkuchen.

Man nehme 18 Loth Zucker, 5 Eiergelb, 2 Eierweiß, 24 Loth Mehl, 18 Loth Butter, rührt die Butter weiß und thut dann das andere hinein, dann füllt man die Masse in ein mit Butter und Weckmehl bestrichenes Blech, streut Zucker und Mandeln darauf und backt es in einem nicht zu heißen Ofen.

## 631. Kirschen-Kuchen.

½ Pfund Zucker wird gesiebt, ¼ Pfund geschälte und zart gestoßene Mandeln werden mit 8 ganzen Eiern schäumig gerührt, thue 4 Loth geschnittenen Citronat und Pomeranzenschale, ½ Loth Zimmt, ½ Quentchen Nelken dazu, weiche 8 Loth geriebenes Schwarzbrod in ½ Glas rothen Wein, menge dies nebst zwei Pfund Kirschen, wovon die Hälfte ausgesteint ist, untereinander, bestreiche eine Kugelhopf-Form mit Butter, streue sie mit geriebenem Brod aus, fülle die Masse hinein und backe den Kuchen langsam. Man kann die Wecke auch in Wasser einweichen und in Butter dämpfen.

## 632. Kirschen-Kuchen anderer Art.

Schneide 4 Weck in kleine Schnitten, schütte Milch daran und lasse sie weichen, drücke sie wieder aus und rühre sie glatt, rühre alsdann 8 Loth Butter weiß, thue die ausgedrückten Wecke dazu, nebst 8 Loth gestoßenen Mandeln, 8 Loth feinem Zucker, Zimmt und Nelken, rühre die Masse mit 8 Eiern ab, menge 2 Pfund abgezupfte Kirschen darunter, bestreiche ein Kuchenblech mit Butter, bestreue es mit geriebenem Brod, fülle die Masse hinein, backe ihn.

## 633. Kirschen-Kuchen mit geriebenem Teig.

Weiche ein geriebenes Milchbrod in Milch ein, lasse 8 Loth Butter zergehen, rühre das Milchbrod, die Butter, 8 Loth gestoßene Mandeln, 8 Loth Zucker mit 6 Eiern recht schäumig, rühre 1 Schoppen Milch nebst Zimmt und abgeriebener Citrone daran. Belege alsdann ein Kuchenblech mit geriebenem Butterteig, belege den Boden dick mit Kirschen, schütte den Guß darüber und backe ihn im Ofen.

## 634. Kirschen-Kuchen ohne Guß.

Belege das Kuchenblech mit Butterteig (siehe Butterteig), bestreue den Boden mit Zucker und Mandeln, belege ihn alsdann dick mit Kirschen, streue Zucker, Zimmt und Mandeln darauf, laß ihn halb backen, nimm ihn alsdann aus dem Ofen, gieße ½ Glas Wein darauf und backe ihn vollends fertig.

## 635. Trauben-Kuchen.

Belege das Blech mit Butterteig, wie oben, und mache folgenden Guß: 8 Loth gesiebter Zucker und 8 Loth geschälte Mandeln werden mit 1 Eiergelb gestoßen; thue dies in eine Schüssel, rühre es mit 2 Eiergelb, 6 Löffel voll süßem Rahm, Zimmt und abgeriebener Citrone glatt, bestreiche den Boden damit, lege weiße und rothe Beeren darauf; verschlage alsdann 6 ganze Eier, Zimmt, 1 Handvoll Zucker, ½ Schoppen Milch, rühre Alles gut unter einander, schütte es auf die Beeren und backe den Kuchen langsam im Ofen.

## 636. Apfel-Kuchen.

Belege das Kuchenblech mit Butterteig, schäle alsdann 8 bis 10 Aepfel, schneide sie in 6 Theile, lege einen an den andern, stelle sie etwas aufrecht und mache folgenden Guß: Lasse ¼ Pfund Butter zergehen, rühre ½ Schoppen sauern Rahm und 6 ganze Eier, 8 Loth gestoßene Mandeln, 8 Loth Zucker, Zimmt und Citrone darunter, schütte den Guß über die Aepfel und backe den Kuchen.

## 637. Apfelkuchen anderer Art.

Belege das Kuchenblech mit Butterteig und Aepfel, streue Zucker, Zimmt und Mandeln darauf, gieße ½ Glas Wein darüber, schneide einige Stückchen Butter darauf und backe den Kuchen.

## 638. Zwetschgen-Kuchen.

Belege das Kuchenblech mit Butterteig (siehe Butterteig), mache alsdann der Länge nach einen Schnitt in die Zwetschgen, steine sie aus, lege sie auf den Butterteig, doch mehr aufrecht, damit recht viele darauf gehen, stoße 8 Loth Mandeln, Zucker und Zimmt, je nachdem die Zwetschgen süß sind, lege einige Stückchen Butter darauf und laß ihn eine halbe Stunde backen.

Es ist gut, wenn man auf den Butterteig der Obstkuchen geriebenes Milchbrod streut, damit der Boden nicht zu sehr erweicht.

## 639. Käse-Kuchen.

Rühre 4 saure Käschen in einer Schüssel, rühre 1 Handvoll Mehl, oder koche von dem Mehl einen dicken Brei (auf diese Art wird er zärter) hinein, rühre alsdann 8 Loth Butter weiß, dann thue 5 bis 6 Eier hinein, wenn man Mehl nimmt auch etwas Milch oder sauern Rahm, nebst 8 Loth gewaschenen Zibeben, Zimmt und Salz, belege ein Kuchenblech mit Butter- und Bierhefenteig, fülle die Masse hinein und backe ihn.

## 640. Käse-Kuchen, süßer.

Rühre mit gestandener Milch, 3 Kochlöffelvoll Mehl und 4 Eiern einen Teig an. Mache hierauf 1 Schoppen Milch siedend, rühre den Teig hinein, schütte alsdann etwas Molken dazu, damit es sich scheidet; wenn dies geschehen, laß es durch eine Serviette laufen, wenn die Milch abgelaufen ist, thue die Käse in eine Schüssel, rühre 2 ganze und 3 gelbe Eier nebst 8 Loth gewaschenen Rosinen und Zibeben, Zucker, Zimmt, etwas süßen Rahm und Salz, wenn Alles gut verrührt ist fülle die Masse in ein Kuchenblech, welches zuerst mit Butterteig belegt ist, und backe ihn.

## 641. Zwiebel-Kuchen.

Zuerst wird ein mürber Teig gemacht, wie folgt: 12 Loth Butter laß zergehen, nimm hieran ein Mäßlein Mehl in eine Schüssel, rühre die Butter, 1 Glas laue Milch, für 3 Kreuzer Essighefe und etwas Salz daran, schaffe den Teig so lange bis er vom Löffel losgeht, bestreue ein Blech mit Mehl, welle den Teig aus, belege das Blech damit und lasse ihn an der Wärme gehen.

Den Tag zuvor werden 14 bis 16 große Zwiebeln geschält und fein geschnitten, lasse alsdann ¼ Pfund Butter zergehen, lasse die Zwiebeln 1 Stunde langsam darin dämpfen, und schütte sie über Nacht in eine Schüssel. Den andern Tag rühre 6 ganze Eier nebst Salz und Kümmel hinein; man kann auch einige Löffelvoll sauern Rahm daran thun; wenn die

Masse gut gerührt ist streiche die Zwiebeln fingerdick auf den gegangenen Teig, schneide rohen, geräucherten Speck in kleine viereckige Stücke, streue ihn darauf und backe den Kuchen in einem gut geheizten Ofen schön gelb.

## 642. Süße Fleisch-Torte.

Man nimmt 1½ Pfund fein gehacktes Fleisch, die Hälfte Kalbfleisch und Rindfleisch. Das Fleisch, unter welches ein Stück Weißbrod in Wasser eingeweicht, ohne ausgedrückt zu sein, gethan wird, hackt man fein mit etwas Pfeffer, Salz, Zimmt, Muskatnuß, geschnittenen Mandeln, Citronenschale, ⅛ Citronat, ⅛ Rosinen, ¼ Pfund Zucker, ⅜ Pfund Meertrauben, ½ Pfund fein gehacktem Nierenfett, alles dieses wird mit ¾ Schoppen Wein und 1 Schoppen Wasser angerührt und wohl vermengt. Sodann wird ein Kuchenblech mit Butterteig belegt; der Rand muß aber doppelt werden und mit kleinen Stückchen Butter bestreut und dann die Masse darauf gethan, auch der Saft einer Citrone darauf gedrückt; nun wird ein Deckel von Butterteig darüber geschlagen, jedoch zuerst mit frischem Wasser bestrichen, der Deckel mit geklopftem Eiergelb bestrichen. Ist die Torte halb gebacken, so wird sie mit fein gestoßenem Zucker bestreut und ausgebacken.

# Hefen- und Schmalzbackerei.

## 643. Brioche.

Es wird 1 Pfund Mehl in eine Schüssel gethan, in der Mitte wird eine Grube gemacht, verrühre alsdann 4 Eßlöffelvoll Bierhefe mit etwas lauer Milch, rühre alles Mehl zu einem dicken Vorteig, mache 2 Schnitte über's Kreuz darauf und lasse die

Masse an der Wärme gehen. Hierauf werden drei Pfund Mehl in eine andere Schüssel gethan, gleichfalls eine Grube in die Mitte gemacht, schneide 2 Pfund Butter in kleine Stückchen hinein, nebst 12 ganzen Eiern, etwas feinem Salz, schaffe Alles mit der Hand untereinander; wenn der Vorteig gegangen ist, so mache in die Mitte des andern eine Vertiefung, thue den Vorteig hinein und schaffe denselben langsam unter den andern, bestreue ein Tuch mit Mehl, setze den Teig darauf und lasse ihn 10 Stunden langsam gehen; nach Verlauf dieser Zeit wird er einigemal überschlagen; wirke alsdann 4 Kuchen leicht aus, doch immer einen kleiner wie den andern, lege ein Papier auf ein Blech, bestreiche es mit Butter und lege den größten der Kuchen darauf, bestreiche ihn mit Eiergelb, lege den zweiten darauf, bestreiche ihn ebenfalls mit Ei, und so fahre fort, bis sie alle auf einander sitzen, bestreiche alsdann ein Papier mit Butter, wickle es darum, doch muß es dreifingerbreit darüber gehen, umwickle es in der Rundung mit Bindfaden, lasse ihn noch 2 Stunden gehen und backe ihn hierauf im Ofen gelb.

## 644. Gugelhopf.

½ Pfund Butter wird weiß gerührt, thue 2 ganze und 4 gelbe Eier und 1 Pfund Mehl nebst 2 Glas süßem Rahm, 2 Loth Zucker und ein wenig Salz daran, so daß immer 1 Eßlöffel Rahm und 1 Eßlöffel Mehl hinein kömmt, bis beide Theile darin sind muß es tüchtig gerührt werden, nun thut man 2 Löffelvoll Essighefe und den Schnee von 4 Eiern darunter und füllt ihn in eine mit Butter und Mandeln bestreute Form, läßt ihn gehen und backt ihn dann schön gelb.

## 645. Gugelhopf erprobter Art.

Rühre ¾ Pfund Butter weiß, alsdann werden

1¼ Pfund Mehl und 30 Eier wie oben hineingerührt, auch etwas Salz, 1 Glas Milch und für 3 Kreuzer Essighefe, rühre den Teig 1 Stunde lang immer auf dieselbe Seite, bestreiche eine Form mit Butter, fülle die Masse hinein und lasse sie 3 Stunden gehen, hierauf wird er gebacken. Man kann auch die Form mit geschälten und gestoßenen Mandeln bestreuen und etwas feinen Zucker in die Masse thun

## 646. Gugelhopf noch anderer Art.

½ Pfund Butter wird weiß gerührt, rühre 20 Eiergelb mit 22 Loth Mehl, immer 1 Eßlöffelvoll Mehl und 1 Eiergelb hinein, nebst 1 Glas süßem Rahm, 3 Eßlöffelvoll Essighefe, etwas Salz und Zucker; wenn die Masse 1 Stunde gerührt ist, bestreiche die Form mit Butter und gestoßenen Mandeln, fülle die Masse hinein, lasse sie einige Stunden gehen und backe sie.

## 647. Gugelhopf mit Rosinen.

Rühre 8 Loth Butter mit 8 ganzen und 8 gelben Eiern eine halbe Stunde recht schäumig, wiege alsdann 18 Loth Mehl und menge es darunter, nebst Zucker, 8 Loth gewaschenen Rosinen, 3 Eßlöffel voll Milch, 3 Eßlöffel voll Essighefe und etwas Salz; wenn die Masse noch eine halbe Stunde gerührt ist, bestreiche eine Form mit Butter, bestreue sie mit geschälten und grob gestoßenen Mandeln, fülle die Masse hinein und lasse sie 3 bis 4 Stunden gehen; alsdann wird sie gebacken.

## 648. Waffeln mit Bierhefe.

Rühre ¾ Pfund Butter weiß, rühre 8 Eiergelb und 6 ganze Eier hinein, 18 Loth feines Mehl, 1 Glas süßen Rahm oder Milch, für 4 Kreuzer Essig-

Hefe, rühre die Masse eine halbe Stunde miteinander, lasse sie an einem warmen Orte gehen, laß alsdann das Waffeleisen heiß werden, bestreiche es mit Speck, fülle von der Masse hinein, und backe sie auf beiden Seiten gelb.

## 649. Waffeln mit Mandeln.

Schäle und stoße ¼ Pfund Mandeln, nimm ¼ Pfund gestoßenen Zucker, ¼ Pfund Mehl, verrühre dies recht mit 6 ganzen Eiern, zerlasse ¼ Pfund Butter, schütte sie nebst etwas klein geschnittener Citronenschale und Zimmt dazu, verdünne es mit süßem Rahm oder Wein, so daß es die Dicke eines Spatzenteiges bekommt und backe sie wie oben.

## 650. Waffeln mit Rosinen.

Rühre ½ Pfund Butter schäumig, rühre 6 Eier hinein, alsdann wird ¼ Pfund Mehl mit Milch glatt angerührt, zu der Butter gethan; schäle und schneide ¼ Pfund Mandeln, wasche ¼ Pfund Rosinen, 2 Loth klein geschnittenen Citronat, das Abgeriebene einer Citrone, 2 Händelvoll Zucker, menge Alles wohl untereinander und backe sie wie oben.

## 651. Theestangen mit Vanille.

Man nimmt 3 Eier, so schwer Butter, ebenso viel Zucker und Mehl und etwas Vanille, die Butter wird weiß gerührt, dann der Zucker, dann die Eier und das Mehl; Alles wird recht schäumig gerührt, lange Wargeln daraus gemacht, macht einen Fächer von Papier und legt die Wargeln in die Falten und läßt sie schön backen.

## 652. Hefen-Kuchen.

Ein Mäßlein Mehl wird in eine Schüssel gethan, alsdann lasse 12 Loth Butter zergehen, schütte 1 Glas

Milch, Salz und für 4 Kreuzer Essighefe daran, rühre es an das Mehl, nebst 2 ganzen und 2 gelben Eiern; wenn es geschafft ist, daß der Löffel sich rein losschafft, bestreue ein Kuchenblech mit Mehl, formire einen hübschen Kuchen, bestreiche ihn mit Eiergelb, laß ihn 2 bis 3 Stunden gehen und backe ihn. Man kann ihn auch zu einem beliebigen Kuchen auswellen.

## 653. Ringkuchen oder Theebrod.

1 Pfund Mehl wird in eine Schüssel gethan, in der Mitte eine Vertiefung gemacht, mit 1 Eßlöffelvoll Essighefe und ¼ Schoppen Milch in der Mitte vom Mehl ein Vorteig gemacht, an die Wärme gestellt und eine Stunde gehen gelassen; alsdann lasse 10 Loth Butter zergehen, verrühre sie mit 6 Loth Zucker, 2 Eiern, ¼ Schoppen Milch, schaffe dies Alles in den Vorteig, bis der Löffel rein losgeht, mache alsdann einen großen Ring daraus, setze ihn auf ein mit Mehl bestreutes Blech, streiche ihn mit Eiergelb an, stoße 4 Loth Kandis grob, schneide 4 Loth geschälte Mandeln und Zimmt, menge Alles gut untereinander, streue es auf den Ring, lasse ihn 2 bis 3 Stunden gehen und backe ihn. Wenn er schön gebacken ist, wird er in schmale Riemen geschnitten und zum Thee aufgestellt.

## 654. Butter-Bretzeln.

Man macht einen Vorteig von 3 Löffelvoll Essighefe und ¼ Schoppen Milch, nun wird 1 Pfund Butter weiß gerührt, der Vorteig nebst 8 Eiergelb, ½ Schoppen süßem Rahm, etwas Zucker und 1 Pfund Mehl dazu genommen, recht untereinander geschafft und entweder Bretzeln oder viereckige Küchlein daraus gemacht, lasse diese noch eine Zeitlang gehen und mit Ei bestrichen backen.

## 655. Braunschweiger Kuchen.

Man nimmt 1 Pfund Mehl, thut es in eine Schüssel und macht in der Mitte einen kleinen Vorteig von 1 Eßlöffelvoll Essighefe und etwas Milch und läßt es gehen; lasse dann ¼ Pfund Butter zergehen, thue etwas Milch nebst 4 Eiern daran, für 3 Kreuzer Essighefe, etwas Salz und Zucker, rühre alles unter den Vorteig nebst dem Mehl, schaffe es dann so lange, bis der Teig vom Kochlöffel losgeht, menge etwas Zibeben, Rosinen und Citronat darunter, bestreiche ein Kuchenblech mit Butter, fülle die Masse hinein, und lasse sie an einem warmen Orte gehen, wenn sie gegangen ist, bestreiche sie mit zerlassener Butter, streue feinen Zucker darauf, und backe sie in einem nicht zu heißen Ofen.

## 656. Hannöverscher Kuchen.

½ Pfund Zucker rühre mit ½ Pfund Butter, 8 ganzen und 4 gelben Eiern schäumig, menge alsdann 1½ Pfund Mehl, ½ Pfund gewaschene Rosinen, nebst 4 Eßlöffelvoll Essighefe darunter, schaffe den Teig recht gut, bestreue alsdann ein Blech mit Mehl, setze den Kuchen darauf, laß ihn einige Stunden gehen und backe ihn; wenn er fast fertig ist, streue etwas Zucker darauf.

## 657. Leipziger Kuchen.

1½ Pfund Mehl wird in eine Schüssel gethan, in der Mitte eine Vertiefung gemacht; rühre 2 Eßlöffelvoll Essighefe und etwas Milch in die Mitte zu einem Vorteig, wenn er gegangen ist, zerlasse ½ Pfund Butter, rühre sie mit 6 ganzen Eiern, 2 Löffelvoll Essighefe, 1 Glas Milch und etwas Salz unter den Vorteig; wenn der Teig recht glatt geschafft ist, werden 10 Aepfel geschält und fein geschnitten, 1 Pfund Rosinen gewaschen, bestreiche alsdann ein Casserol, das noch einmal so groß ist als die Masse, welle einen fingerdicken Kuchen von der Masse, lege ihn auf den Boden des Casserols, alsdann eine Reihe Aepfel, eine Lage Rosinen, hierauf eine von gestoßenem Zucker und Zimmt, auch einige Löffelvoll zerlassene Butter, alsdann wieder vom Teig: so fahre fort, bis es aufgeht, doch oben muß Teig sein; stelle es an einen warmen Ort und laß es einige Stunden gehen, stelle ihn in einen mittelheißen Ofen; wenn er gebacken ist, wird er auf die Platte gestürzt.

## 658. Basen-Knöpfchen als Beilage.

Man nimmt 1 Schoppen Milch, so viel Mehl als die siedende Milch annimmt um ein dicker Brei zu werden, thue etwas Salz hinein und rühre so viel Eier daran, daß er wie ein Spatzenteig wird; dann werden die Knöpfchen in kochendem Salzwasser abgekocht, wenn sie steigen, werden sie herausgenommen; sind sie erkaltet, so werden sie in Schmalz gelb gebacken.

## 659. Bitteres Mandelbrod.

8 Loth bittere Mandeln werden geschält und gestoßen, 1/4 Pfund gestoßener Zucker, das Abgeriebene einer Citrone, 4 Loth Citronat, 4 Loth Pomeranzenschale, 4 Loth zerlassene Butter, 6 ganze Eier; dies Alles wird in eine Schüssel gethan und eine halbe Stunde gerührt, dann ein Pfund feines Mehl nebst Essighefe für 4 Kreuzer, 1 Glas laue Milch oder Rahm dazu, schaffe den Teig recht durcheinander, bestreue ein Blech mit Mehl, mache ein Laibchen von der Masse, setze es darauf, lasse es einige Stunden gehen und lasse ihn in einem mittelheißen Ofen schön gelb backen, alsdann schneide lange Stückchen daraus.

## 660. Kaffee-Brödchen.

Ein Mäßlein Mehl wird in eine Schüssel gethan, in der Mitte eine Vertiefung gemacht, mit 3 Löffel voll Essighefe und etwas lauer Milch ein Vorteig angerührt; wenn er gegangen, rühre ½ Pfund Butter weiß, thue nach und nach 4 bis 5 Eier hinein und ½ Pfund gesiebten Zucker, das Abgeriebene einer Citrone, etwas laue Milch, 2 Eßlöffel voll Essighefe; wenn Alles mit dem Vorteig gut gearbeitet ist nimm den Teig auf das Nudelbrett, mache beliebige Brödchen daraus, setze sie auf ein mit Mehl bestreutes Blech, lasse sie einige Stunden an der Wärme gehen, streiche sie mit Eiergelb an und backe sie.

## 661. Hefen-Brödchen.

½ Pfund Mehl wird in eine Schüssel gethan, in der Mitte rühre ein Teigchen von 2 Eßlöffelvoll Essighefe und etwas Milch, lasse es an der Wärme gehen, rühre alsdann 3 ganze, 2 gelbe Eier, 8 Loth zerlassene Butter, etwas Zucker und Zimmt daran, auch etwas Milch hinein, bis der Teig recht wird, lasse ihn wieder gehen, wenn er gegangen nimm ihn auf's Brett, welle ihn aus und mache viereckige Stücke, bestreue ein Blech mit Mehl, lege die Stückchen darauf, lasse sie wieder gehen, bestreiche sie alsdann mit verrührtem Ei und backe sie.

## 662. Hefen-Bretzeln.

Werden wie obiger Teig gemacht, nur formit man statt Brödchen, Bretzeln, bestreuet sie mit Ei und gestoßenem Zucker und backt sie.

## 663. Wiener Brod.

Thue 14 Loth Mehl in eine Schüssel, rühre das Innere mit 2 Eßlöffelvoll Essighefe und etwas Milch; wenn der Teig gegangen, lasse ¾ Pfund Butter zergehen, thue sie nebst 2 ganzen und 2 gelben Eiern, 4 Loth feinem Zucker, 2 Eßlöffelvoll Essighefe und etwas Salz an den gegangenen Teig, nebst 1 Glas Milch, rühre ihn so lange, bis er sich vom Löffel losschält, wasche alsdann 8 Loth Rosinen, 8 Loth Zibeben, 8 Loth geschälte und länglich geschnittene Mandeln, menge sie unter die Masse, bestreiche zwei Bogen Papier mit Butter, setze auf jeden 1 Laibchen und lasse sie einige Stunden gehen, bestreiche sie mit Eiergelb und backe sie schön gelb.

## 664. Hefen-Biscuit.

½ Pfund Butter wird weiß gerührt, nebst dem Gelben von 9 Eiern, 1 Eßlöffelvoll Essighefe, 4 Eßlöffelvoll süßem Rahm, 4 Loth feinem Zucker, ¾ Pfund Mehl, schaffe den Teig wohl untereinander; sollte er zu fest sein, thue noch ein wenig süßen Rahm hinein, lasse den Teig gehen, nimm ihn alsdann auf ein mit Mehl bestreutes Brett, welle ihn fingerdick aus, schneide lange Stückchen, setze sie auf ein mit Mehl bestreutes Blech, lasse sie wieder gehen, bestreiche sie mit Eiergelb, bestreue sie mit Zucker und Zimmt und backe sie schön gelb.

## 665. Schnecken-Nudeln.

1 Mäßlein Mehl wird in eine Schüssel gethan, in der Mitte eine Vertiefung gemacht, lasse hierauf ¼ Pfund Butter zergehen, schütte 1 Glas Milch, 2 ganze und 2 gelbe Eier nebst etwas Salz und 3 Eßlöffelvoll Essighefe dazu, rühre dies an das Mehl und schaffe den Teig so lange, bis er vom Löffel losgeht, welle alsdann lange, schmale Stückchen daraus, bestreue sie mit gewaschenen Rosinen und feinem Zucker, rolle sie schneckenartig zusammen und lasse sie drei Stunden gehen, laß alsdann in einem Geschirr Milch, Butter und Zucker kochend werden, setze eines an das andere hinein, stelle einen Deckel mit Kohlen

darauf, lasse sie eine schöne gelbe Farbe bekommen und richte sie an.

## 666. Mädchen=Zöpfe.

Es wird ½ Pfund Mehl in eine Schüssel gethan, rühre in der Mitte mit 2 Eßlöffelvoll Essighefe und etwas Milch einen Vorteig an, und laß es bei gelinder Wärme gehen, laß alsdann 8 Loth Butter zergehen, rühre 2 Eier, für 1 Kreuzer Anis, das Abgeriebene einer Citrone, 4 Loth Citronat, 4 Loth feingesiebten Zucker, 1 Glas Milch, noch 2 Eßlöffelvoll Essighefe, rühre damit den Teig vollends an und schaffe ihn bis er von dem Löffel losgeht, nimm ihn hierauf auf das Nudelbrett, mache fingerlange, dünne Wargeln daraus und flechte dreifache Zöpfe, lege sie alsdann auf ein mit Mehl bestreutes Blech, laß sie an der Wärme gehen, bis sie reif sind, bestreiche sie alsdann mit verkleppertem Ei, streue Zucker und länglich geschnittene Mandeln darauf und backe sie im Ofen schön gelb.

## 667. Schnitz=Brod.

Koche 4 Mäßlein Birnen=Schnitz mit etwas Wasser weich, und lasse sie verkühlen, doch so, daß sie noch etwas warm bleiben, thue dann für 3 Kreuzer Sauerteig in einen Hafen, verschaffe ihn mit lauem Wasser, alsdann wird 1 Mäßlein Mehl in eine Schüssel gethan, rühre den Sauerteig und für 3 Kreuzer Essighefe dazu und lasse den Teig an der Wärme gehen. Während der Zeit werden die gekochten Schnitze in einen Kübel gethan, auf die andere Hälfte 3 Mäßlein Schwarzmehl; wenn der Vorteig schön gegangen ist, wird er zum Mehl gethan, nach und nach zu den Schnitzen geschafft; wenn die Masse gut untereinander geschafft ist, werden 1 Pfund gekochte Zibeben, 1 Pfund geschnittene Mandeln, Nüsse nach Belieben, ¼ Pfund Citronat, ¼ Pfund Pomeranzenschale,

2 Loth Zimmt, ½ Loth Nelken, für 4 Kreuzer Anis, für 2 Kreuzer Fenchel, 2 Loth Salz (doch die Gewürze alle gestoßen), dies Alles unter die Masse geschafft; ist Alles gut untereinander, so wird es an die Wärme gestellt und 3 Stunden lang gehen gelassen. Wirke alsdann nach Belieben Laibchen daraus, setze sie auf ein mit Mehl bestreutes Blech und laß sie gehen, dann werden sie in einem gut geheizten Ofen gebacken.

---

# Schmalzgebackenes.

## 668. Zucker-Sträublein oder goldene Häublein.

Rühre 4 Loth Zucker, 8 Loth Mehl, 2 Löffelvoll Wein, 2 Löffelvoll Rosenwasser untereinander, schlage Eierweiß zu Schnee daran, bis es dünn genug ist durch den Trichter zu laufen, lasse Schmalz heiß werden, gieße den Teig durch den Trichter hinein, lasse es schön gelb backen. Man nimmt gewöhnlich ein kleines Geschirr dazu und läßt eines nach dem andern backen; wenn die Sträublein aus dem Schmalz kommen, werden sie über das Wellholz gekrümmt und mit Zucker bestreut.

## 669. Sträublein.

Laß 1 Schoppen Milch nebst einem Eigroß Butter kochend werden, rühre 6 Kochlöffelvoll Mehl hinein, nimm es wieder vom Feuer und laß es erkalten, rühre es alsdann mit Eiern ab, bis es läuft, alsdann werden sie gebacken wie oben.

## 670. Fastnacht-Küchlein.

1 Pfund Mehl wird in eine Schüssel gethan, in der Mitte von 1 Eßlöffelvoll Essighefe und etwas

Milch ein Vorteig gemacht; laß ihn an der Wärme gehen; wenn er reif ist, lasse ¼ Pfund Butter zergehen, 2 ganze und 6 gelbe Eier, 1 Glas Milch, 2 Löffelvoll Essighefe und etwas Salz, schaffe es in den Vorteig; wenn die Masse gut geschafft ist laß ihn gehen, dann welle den Teig fingerdick aus, schneide mit einem Rädchen viereckige Stückchen daraus, setze sie auf ein mit Mehl bestreutes Brett und laß sie noch ein wenig gehen. Laß alsdann Schmalz in einem hohen Geschirr heiß werden, stupfe die Küchlein mit einer Stricknadel 3 bis 4 Mal und lege sie verkehrt in die Pfanne; während dem Backen müssen sie öfters gerüttelt werden; wenn sie auf beiden Seiten gelb sind, werden sie auf einen Seiher gelegt, alsdann auf die Platte und mit Zucker und Zimmt bestreut.

## 671. Fastnachts-Küchlein oder Scherben.

Verrühre ½ Schoppen Milch mit 2 ganzen Eiern und 3 Löffel voll saurem Rahm, nimm Mehl auf das Nudelbrett und rühre die verrührte Milch hinein bis der Teig zum Wellen ist, dann wird er ausgewellt, 8 Loth Butter darauf geschnitten, der Teig überschlagen und wieder gewellt, wenn er 2 bis 3 Mal überschlagen ist, wird er messerrückendick ausgewellt, mache mit einem Rädchen viereckige Stückchen und backe sie in Schmalz gelb.

## 672. Reis-Würstlein.

Brühe 8 Loth Reis 3 Mal mit kochendem Wasser ab, damit er ganz aufquillt, alsdann schütte Milch daran, laß ihn weich und recht dick kochen, er muß aber ganz bleiben, thue 8 Loth Butter hinein und stelle ihn vom Feuer; wenn er erkaltet ist, rühre feinen Zucker, Zimmt, abgeriebene Citrone, etwas Salz und 1 Eiergelb hinein; wenn die Masse verrührt ist mache lange Würstlein daraus, kehre sie in verklepptertem Ei, alsdann in geriebenem Milchbrod um, hierauf wieder in Ei und Brod, damit man gar nichts mehr vom Reis sieht, laß alsdann Schmalz heiß werden, lege die Würstlein hinein und backe sie schön gelb, richte sie auf die Platte und bestreue sie mit Zucker. Gib eine Wein- oder Himbeer-Sauce dazu.

## 673. Fingerlein.

Nimm ¼ Pfund gesiebten Zucker, ¼ Pfund geschälte und zart gestoßene Mandeln, 4 Loth Citronat, 2 Loth Pomeranzenschale, Zimmt und Nelken nach Belieben, 1 Pfund Mehl, 8 Loth Butter, 3 Eier, dies Alles wird auf dem Nudelbrett zu einem Teig geschafft, alsdann lange Wargeln daraus gemacht und fingerlange Stückchen geschnitten; lasse Schmalz heiß werden und backe sie dunkelgelb.

## 674. Apfel-Küchlein.

Schäle 6 Backäpfel, schneide, so groß der Apfel ist, fingerdicke runde Scheiben, und mache alsdann folgenden Teig: ½ Mäßlein Mehl rühre mit Wein zu einem dicken Teig an, mache ein Kaffeeköpfchenvoll Rindschmalz heiß und brühe den Teig damit, verdünne ihn alsdann mit Wein, daß er die Dicke eines Omeletten-Teiges bekommt, thue auch etwas Salz dazu, schneide die Kerne aus den Aepfeln, lege sie in den Teig, lasse alsdann Schmalz heiß werden, drehe die Aepfel im Teig um, lege sie in's heiße Schmalz, und backe sie gelb.

## 675. Apfel-Knöpflein.

10 bis 12 gute Aepfel werden geschält, die Kerne herausgenommen und dann auf einem Brett fein gehackt, rühre hierauf 4 bis 5 Löffel voll Mehl mit 6 Eiergelb glatt an, thue feinen Zucker, Zimmt, das Abgeriebene einer Citrone dazu, schlage das Weiße der Eier zu Schnee, menge ihn nebst den Aepfeln und 8 Loth reingewaschenen Rosinen darunter, lege sie mit einem Löffel in's heiße Schmalz, laß sie schön

gelb backen, richte sie an und gib eine Himbeer- oder Hegen-Sauce dazu.

### 676. Mandel-Knöpflein.

Weiche 3 Milchbrod, woven die untere Kruste weggeschnitten, in Milch ein, wenn sie geweicht, drücke sie wieder aus, rühre sie mit feinem Zucker, 6 Loth geschälten und mit einem Ei gestoßenen Mandeln, 2 Loth Citronat, abgeriebener Citrone und Zimmt, rühre dies Alles mit 2 ganzen und 2 gelben Eiern, lege sie alsdann mit einem Eßlöffel in heißes Schmalz und backe sie schön gelb, richte sie auf die Platte und gib eine Hegen-Sauce dazu.

### 677. Blutpfirsiche in Dunst einzumachen.

Man nimmt ziemlich reife Blutpfirsiche, schält und steint sie aus, doch so, daß die Frucht beisammen bleibt, legt sie nun behutsam in nicht zu weite Gläser, thut so viel feingestoßenen Zucker als man hineinbringen kann, dazu, so daß alle Lücken ausgefüllt sind, bindet die Gläser zuerst mit Leinwand und dann mit Blasen so fest als möglich zu, umwindet sie mit Heu, damit sie nicht so leicht zerbrechen, stellt sie in ein Casserol, füllt dasselbe bis an den Hals der Flaschen mit kaltem Wasser, deckt die Casserol zu, stellt sie auf schwaches Feuer und läßt sie langsam kochen bis der Zucker ganz zergangen ist, lasse sie noch im Wasser stehen, bis das Wasser kalt ist, dann nimm sie heraus, verpiche sie mit Pech und bewahre sie an einem luftig trockenen Ort. Auf diese Weise kann man alle Früchte in Zucker einmachen, nur behalten die Reineclaudes, Mirabellen und ähnliche ihre Haut und Steine, wobei zu bemerken ist, daß, wenn Luft in die Gläser kommt, sie sich nicht halten.

### 678. Saure Rahm-Würstlein.

Laß 1 Schoppen sauern Rahm kochend werden,

rühre Mehl hinein, bis der Teig dick genug ist, schaffe ein Stück Butter hinein und laß den Teig auf dem Feuer trocken werden; hierauf schütte ihn in eine Schüssel, laß ihn erkalten, rühre alsdann Eier hinein, bis der Teig die Dicke eines Spatzenteiges hat; nimm den Teig auf ein Brett, mache Würstchen daraus und backe sie in heißem Schmalz schön gelb, gib eine Milch-Sauce dazu. (Siehe Saucen.)

## 679. Kartoffel-Würste.

2 Pfund Schweinefleisch vom Schlegel werden recht fein gehackt, 3 in der Milch eingeweichte Wecke und 10 bis 12 geriebene Kartoffeln, dieses wird mit der Hand recht durcheinander geschafft, Zwiebel in Butter gedämpft, Majoran, Muskatnuß, Salz, Pfeffer und ein klein wenig Nelken dazu gethan, noch recht geschafft, und mit Milch etwas verdünnt oder auch einige Eier daran geschlagen, dann wird die Masse in schöne Rindsdärme gefüllt, die Würste $^3/_4$ Stunden langsam in Wasser gekocht, man kann sie nun noch braten oder auch ungebraten zu Tische geben.

## 680. Crême in Schmalz gebacken.

Rühre 3 Kochlöffel voll Weißmehl mit 1 Schoppen süßem Rahm glatt an, rühre 8 ganze Eier nebst 4 Löffel voll feinem Zucker, das Abgeriebene einer Citrone und etwas Salz dazu, stelle es auf's Feuer und laß es unter beständigem Rühren zu einem dicken Crême kochen, bestreue alsdann eine Platte mit Mehl, streiche den Crême fingerdick darauf und laß ihn steif werden, schneide alsdann fingerlange und zweifingerbreite Stückchen daraus, kehre sie in Mehl um, backe sie in heißem Schmalz gelb, und bestreue sie mit Zucker und Zimmt.

## 681. Spiegel-Brod.

Ein altgebackenes Milchbrod wird gerieben, mit siedender Milch angebrüht, 8 Loth Mandeln geschält und fein gestoßen, 4 Loth Zucker, das Abgeriebene einer Citrone wird mit dem Milchbrod gerührt, 3 bis 4 Eier daran geschlagen, daß der Teig die Dicke eines Straubenteiges bekommt; alsdann werden von Oblaten viereckige Stückchen geschnitten, auf die Mitte dieser Oblaten eine eingemachte Kirsche oder Himbeere gelegt, gib wieder eine Oblate darauf, fasse das Gefüllte ringsherum mit der Masse, backe es in heißem Schmalz schön gelb und bestreue es mit Zucker und Zimmt.

## 682. Reis-Schnitten.

8 Loth Reis werden 3 Mal abgebrüht, daß er ganz aufquillt; alsdann wird er mit Milch dick und weich gekocht, laß ihn erkalten, rühre Zucker nach Belieben, nebst Citronat, Pomeranzenschale, Zimmt und 4 Eier daran, wenn die Masse gut gerührt ist nimm sie auf ein Brett, schneide zweifingerbreite Schnitten, kehre sie in Brod, in Ei und wieder in Brod um und backe sie in heißem Schmalz.

## 683. Mandel-Schnitten.

½ Pfund Mandeln werden geschält und fein gestoßen, 2 Milchbrode gerieben und mit siedender Milch angebrüht, die Mandeln dazu gethan, nebst Zucker, Zimmt, Citronen- und Pomeranzenschale, rühre die Masse mit 3 bis 4 Eiern ab, streiche sie auf in Milch eingeweichte Weckschnitten und backe sie schön gelb. Man kann auch eine beliebige Sauce dazu geben.

## 684. Schneeballen.

Nimm 3 Eier, 3 Löffel voll süße Milch, 1 Eigroß Butter, ein wenig Salz und Mehl, bis der Teig sich wirken läßt, welle alsdann in der Größe eines Tellers Kuchen daraus, schneide mit dem Backrädlein fingerbreite Riemen, doch nicht ganz hinaus, damit sie auf beiden Seiten aneinander bleiben, fasse alsdann mit dem Kochlöffel den ersten Riemen, dann den dritten, so fahre fort, auf die Art hänge sie in's heiße Schmalz, doch wende sie gleich um, daß sie nicht viel Farbe bekommen, richte sie auf die Platte, bestreue sie mit Zucker und Zimmt.

## 685. Crême-Schnitten.

Thue 3 Löffel voll Mehl nebst 2 Löffel voll Zucker in eine Schüssel, rühre es mit süßer Milch glatt, schlage 5 Eier hinein, dazu das Abgeriebene einer Citrone, verdünne es mit Milch, doch etwas dicker wie ein Flädleinsteig, zerlasse ein Stückchen Butter in einem Auflaufblech, fülle die Masse hinein, stelle das Blech auf ein Geschirr mit heißem Wasser, laß es stehen bis es dick ist, schneide alsdann lange schmale Stückchen, kehre sie in Mehl um, und backe sie in heißem Schmalz, bestreue sie mit Zucker und Zimmt.

## 686. Tabaks-Rollen.

Mache einen Butterteig, welle ihn aus, schneide zweifingerbreite Riemen und mache folgende Fülle: Nimm ½ Pfund geschälte und gestoßene Mandeln, ½ Pfund gewaschene Rosinen, schneide von einer Citrone die Schale klein, thue Zucker dazu, bis es süß genug ist, rühre dieß mit Eiern, bis es zum Streichen wird, streiche die Riemen Butterteig mit der Fülle, schneide 2 daumendicke Hölzchen, bestreiche sie mit Butter, rolle den Teig darum, binde sie mit Faden zu und backe sie in heißem Schmalz; wenn sie hellgelb sind nimm sie heraus, nimm den Faden und die Hölzchen davon, lege sie noch ein wenig hinein, nimm sie alsdann heraus und bestreue sie mit Zucker und Zimmt.

## 687. Zimmt-Rollen.

Nimm 1 Pfund Mehl, ½ Pfund Butter, 8 Loth geschälte und feingestoßene Mandeln, 8 Loth feinen Zucker, das Abgeriebene einer Citrone, eine Messerspitze Nelken, 1 Loth Zimmt, dies Alles schaffe mit einem ganzen und 2 gelben Eiern, 3 Löffelvoll saurem Rahm, 3 Löffelvoll Wein, wirke den Teig zusammen, welle und überschlage ihn einigemal, welle ihn zweimesserrückendick aus, schneide Stückchen davon, schneide daumendicke Hölzlein, bestreiche sie mit Butter, rolle den Teig darauf, binde Faden darum und backe sie wie oben. Man kann, wenn die Hölzchen herauskommen, Eingemachtes hinein thun.

## 688. Pfeutelein.

Lasse ½ Maaß Milch siedend werden mit einem Eigroß Butter, rühre 6 Löffelvoll Mehl hinein, laß es dick kochen und erkalten. Rühre alsdann Eier hinein, bis es wie ein Spatzenteig ist, lasse alsdann Schmalz heiß werden, lege mit einem Löffel den Teig hinein und backe sie schön gelb.

## 689. Kartoffeln-Pfeutelein.

Schäle und schneide 12 Kartoffeln in kleine Blättchen, stelle sie mit Wasser und Salz auf's Feuer und laß sie weich kochen, schütte das Wasser ab, verrühre die Kartoffeln und laß sie erkalten, rühre alsdann halb so viel Mehl wie Kartoffeln hinein, nebst 6 Eiern, Zucker, bis es süß genug ist, auch ein wenig Branntwein, lege sie wie oben in's heiße Schmalz.

## 690. Holder-Küchlein.

Mache einen Straubenteig (siehe Strauben) zopfe ein Holder-Sträußchen, lege es in den Teig, lege es dann mit dem Löffel in's heiße Schmalz und so fahre fort; wenn sie gebacken sind werden sie mit Zucker bestreut.

## 691. Gebackener Mond.

Rühre 4 Eier mit ½ Pfund gesiebtem Zucker ¼ Stunde, lasse 8 Loth Butter zergehen, rühre sie nebst

Mehl, bis es dick genug ist, hinein, nimm den Teig alsdann auf das Nudelbrett, welle ihn und formire Stücke in Gestalt eines Halb-Mondes daraus und backe sie in heißem Schmalz gelb.

## 692. Spritzengebackenes.

Lasse 1 Schoppen Wasser ein Eigroß Butter mit etwas Salz kochend werden, rühre Weißmehl hinein, bis der Teig dick ist, laß ihn trocken werden, thue ihn in eine Schüssel, rühre 12 Eier, eines nach dem andern, hinein, auch 3 Löffel voll Rosenwasser, 2 Löffel voll Branntwein, doch so, daß der Teig nicht zu dünn wird, fülle die Spritze damit, drücke sie in's heiße Schmalz und laß es gelb backen.

## 693. Gebackene Grundeln.

Rühre 8 Eidotter mit ½ Pfund Zucker und 2 Löffel voll Rosenwasser, dem Abgeriebenen einer Citrone, etwas Nelken und 1 Loth Zimmt ½ Stunde, menge 1 Pfund Mehl und 8 Loth Butter darunter, der Teig muß ganz fett sein, formire Grundeln daraus, kehre sie in Ei und geriebenem Brod um und backe sie in heißem Schmalz.

## 694. Mandel-Körbchen.

1 Pfund Mandeln werden geschält und fein geschnitten, schlage 4 Eierweiß zu Schnee, nimm ¾ Pfund gesiebten Zucker, das Abgeriebene einer Citrone, menge dies Alles untereinander, setze mit einem Löffel runde Kugeln davon in heißes Schmalz und backe sie schön gelb, nimm sie wieder heraus, thue sie einzeln in einen kleinen Mörser, stoße mit dem Stößel so darauf, daß es Körbchen werden, fülle geschlagenen Rahm hinein.

## 695. Mandel-Körbchen mit geschlagenem Rahm anderer Art.

1 Pfund geschälte Mandeln, ½ Pfund Zucker, die

Mandeln werden mit 4 Eierweiß gestoßen, dieses zusammen recht verrührt, die Förmchen gut mit Butter bestrichen, den Teig darinnen ausgedrückt; gelb gebacken und dann mit geschlagenem Rahm gefüllt. Dieser wird auf folgende Art gemacht: 1½ Schoppen süßer Rahm wird mit einem hölzernen Schneebesen geschlagen, bis er Schaum hat, dieser wird mit einem Schaumlöffel abgenommen, auf ein Haarsieb gesetzt und wenn man hinreichend hat wird er mit Zucker und Vanille vermengt und in die Mandel-Körbchen gefüllt.

## 696. Gebackene Mandeln.

4 Loth feiner Zucker wird mit 4 Eiergelb und Citronenschale ¼ Stunde gerührt, rühre Mehl hinein, bis der Teig zum Wellen wird, welle ihn fingerdick aus, stich mit der Form Mandeln daraus und backe sie in Schmalz gelb. Man kann auch ganze Mandeln hineinlegen.

## 697. Gebackene Mandeln anderer Art.

Es werden ½ Pfund Mandeln geschält und fein gestoßen, ½ Pfund feiner Zucker, ½ Pfund Mehl auf's Nudelbrett genommen, mit 2 ganzen und 2 gelben Eiern gut unter einander gemacht, welle die Masse messerrückendick aus, stich den Teig mit dem Mandel-Model aus, backe sie alsdann in heißem Schmalz gelb, bestreue sie mit Zucker und Zimmt.

## 698. Kirschen-Büschlein.

Nimm saure und süße Kirschen, binde sie in Büschlein und schneide die Stiele egal; nimm 3 bis 4 Kochlöffelvoll Mehl, rühre es mit Wein zu einem dicken Teig an, mache alsdann 3 Löffelvoll Schmalz heiß, brühe den Teig damit, verdünne ihn mit Wein, daß er die Dicke eines Straubenteiges bekommt, kehre die

Büschlein darin um, und backe sie in heißem Schmalz schön gelb, bestreue sie mit Zucker und Zimmt.

## 699. Gebackene Zwetschgen.

Die Zwetschgen werden mit halb Wein und halb Wasser, ein Stückchen Zucker, Zimmt und Citronenschale weich gekocht; wenn sie erkaltet sind, werden die Steine herausgenommen und geschälte Mandeln hinein gelegt, alsdann werden sie in obigem Teig umgekehrt (siehe Kirschen) und in heißem Schmalz gebacken.

## 700. Aepfel-Schnitze.

Die Aepfel werden geschält und in vier Theile geschnitten; nachdem die Kerne herausgenommen, kehre sie in Ei und geriebenem Brod um und backe sie in heißem Schmalz, alsdann bestreue sie mit Zucker und Zimmt.

## 701. Gebackene Zibeben.

Sie werden mit halb Wasser und halb Wein gekocht; wenn sie weich sind, laß sie erkalten, alsdann werden 6 bis 8 Zibeben in einen Faden gefaßt, in dem Teig umgekehrt (siehe Kirschenbüschlein), der Länge nach in heißes Schmalz gelegt und gelb gebacken, alsdann nimm die Fäden davon und bestreue sie mit Zucker und Zimmt.

## 702. Groß-Eier.

Es werden 4 Eier hart gesotten und geschält, hierauf in einem gebrühten Teige umgekehrt (siehe Strauben) und in heißem Schmalz gebacken, wieder im Teige umgekehrt und wieder gebacken, so fahre 3 bis 4 Mal fort; sie können mit einer Kirschen- oder Hegen-Sauce gegeben werden.

## 703. Hobelspäne.

Nimm 2 Eier, eine Nußgroß Butter, etwas feinen Zucker und Salz auf das Nudelbrett, wirke Mehl dazu, bis der Teig zum Wellen wird, welle ihn so dünn wie einen Nudelkuchen aus und laß ihn ein wenig abtrocknen, rädle alsdann zweifingerbreite Riemen, backe sie in Schmalz gelb und bestreue sie mit Zucker.

## 704. Pfälzer Küchlein.

4 Loth Butter werden weiß gerührt, rühre das Gelbe von 4 Eiern hinein, nebst 2 Eßlöffelvoll Bierhefe, einem Glas lauer Milch, einem Löffelvoll Zucker und etwas Salz, schaffe unter die gerührte Masse 1 Pfund weißes Mehl, welle den Teig zweimesserrückendick aus, laß ihn bei gelinder Wärme gehen, schneide viereckige Küchlein davon und backe sie in heißem Schmalz.

## 705. Pfirsiche zu füllen und zu backen.

Nimm 8 bis 10 Pfirsiche, schäle und schneide sie in 2 Theile, nimm die Kerne heraus und mache mit dem Messer den Raum etwas größer, schäle alsdann 6 bis 8 Pfirsiche, nimm die Steine heraus, koche sie in Zucker und Wein; wenn sie weich sind, verrühre sie, thue Zimmt und Rosinen dazu, fülle das Innere der Pfirsiche damit, lege sie wieder zusammen, kehre sie in verrührtem Eierweiß und Weißmehl herum und backe sie in heißem Schmalz.

## 706. Strauben.

6 Kochlöffel voll Mehl rühre mit kuhwarmer Milch dick an, thue einige Löffel voll sauern Rahm nebst 4 bis 5 Eiern, auch ein wenig Rosenwasser dazu, laß es durch einen Trichter in's heiße Schmalz laufen; wenn sie schön gebacken richte sie auf die Platte und bestreue sie mit Zucker und Zimmt.

## 707. Wasserbretzeln.

Man nimmt 8 Eier, 1 Schoppen Hefe und 1 Schoppen Milch in eine Schüssel, worin ungefähr 2 Pfund Mehl sind, macht davon einen Teig, der nicht zu steif ist, diesen thut man in eine Serviette, bindet sie zu wie bei einem Pudding und legt sie in einen Kübel voll recht kaltes Wasser, dann wartet man, bis sich der Teig auf der Höhe des Wassers befindet, nimmt ihn heraus und wellt ihn auseinander, dann legt man, wie beim spanischen Teig, nach und nach 1¾ Pfund Butter hinein und schlägt ihn über, bis die Butter darin ist, wellt ihn auseinander, bestreicht ihn mit Butter und legt 1 Pfund große und 1 Pfund kleine Rosinen, 8 Loth süße und 4 Loth bittere Mandeln, etwas Zimmt, etwas Citronenschale und recht fein geriebenen Zucker so viel als man für gut findet dazu; alsdann schlägt man den Teig immer um, bestreicht ihn jedoch jedesmal mit Butter oben auf, noch einmal, dann muß die Bretzel noch einmal gehen.

## 708. Brenten.

1 Pfund süße und ⅛ Pfund bittere Mandeln, 18 Loth feiner Zucker, die abgeriebene Schale von einer und der Saft von ¼ Citrone, die Mandeln geschält, mit etwas Rosenwasser gestoßen und mit dem Zucker und der Citrone geröstet, bis es sich vom Löffel löst, dann läßt man es verkühlen und verarbeitet ¼ Pfund Zucker und ⅜ Pfund Mehl damit, wellt es fingerdick aus und sticht es mit Holzformen oder andern Formen aus. Nachdem man sie 24 Stunden hat trocknen lassen backt man sie in einem nicht zu heißen Ofen und bestreicht sie, sobald sie herauskommen, mit Rosenwasser.

---

# Kleines Backwerk.

## 709. Belgrader Brod.

1 Pfund gesiebter Zucker wird mit 5 ganzen Eiern recht schäumig gerührt, dann wird 1 Pfund geschälte und überzwerch geschnittene Mandeln, ½ Viertelpfund Citronat, ½ Viertelpfund Pomeranzenschale fein geschnitten, 1 Loth Zimmt, 1 Quentchen Nelken und 2 Messerspitzenvoll Potasche daran gerührt, 1 Pfund Mehl in die Masse geschafft und dann auf dem Wallbrett ausgewellt, in viereckige Stückchen geschnitten, und auf einem mit Mehl bestreuten Blech in einem gelinden Ofen gebacken.

## 710. Zibeben-Brod.

Rühre ein halb Pfund gestoßenen Zucker mit 4 ganzen Eiern eine ½ Stunde recht schäumig, dann rühre ½ Pfund geschälte und in die Länge geschnittene Mandeln, ¼ Pfund Zibeben, ¼ Pfund Rosinen, 1 Täfelchen Chocolade, etwas Zimmt und Nelken nach Belieben, etwas Citronat oder Citronenschale und ein halb Pfund Mehl hinein. Wenn alles zusammen gerührt, wird es in ein langes Anisbrodblech gefüllt, das mit Butter gut bestrichen ist. In einem ziemlich heißen Ofen bedarf es gewöhnlich ½ Stunde, nachdem es oben aufgesprungen, ist es bald fertig. Wenn es erkaltet ist, kann man es aufschneiden wie das Anisbrod.

## 711. Theebackwerk.

½ Pfund Butter, ½ Pfund Zucker, 1 Pfund Mehl werden mit 3 ganzen Eiern durcheinander geknetet, der Teig ausgewellt, mit Formen ausgestochen oder kleine Kuchen daraus gemacht.

## 712. Berliner Pfannkuchen.

1 Schoppen süßer Rahm, 1 Schoppen Eierdotter,

1 Schoppen zerlassene Butter, an dem Maaß der Butter muß ein Fingerhoch fehlen, 8 Eßlöffelvoll Hefe, 1 Messerspitze Salz, 1/8 Loth Muskatblume, die Eier müssen in einer Schüssel zu Schaum geschlagen werden, alsdann wird die Butter und der Rahm warm gemacht und hinzugethan, das Mehl thue nach und nach hinein, schütte und mache den Teig so dick, daß er nicht vom Löffel laufen kann, dann lasse den Teig gehen, wenn er genug gegangen ist, welle ihn und formire runde Kuchen daraus, fülle sie mit Eingemachtem, dann lasse sie noch einmal gehen und backe sie in schwimmendem Schmalz.

## 713. Kleien-Küchlein.

Nimm 1/2 Pfund Mehl, 1/4 Pfund Butter, 4 Loth gesiebten Zucker, 3 Eiergelb und schaffe dieses auf dem Wirkbrett zu einem glatten Teig, welle ihn und stich ihn mit einem runden Model in der Größe eines Thalers aus, und mache folgenden Guß darauf: 1 1/2 Viertelpfund gesiebter Zucker, 1 1/2 Viertelpfund ungeschälte gestoßene Mandeln, ein wenig abgeriebene Citrone und gestoßener Zimmt wird mit dem Schnee von 3 Eierweiß untereinander gerührt, dann der Guß mit dem Kaffeelöffel auf die Küchlein gesetzt und auf einem mit Mehl bestreuten Blech gebacken.

## 714. Mandelbrod.

Man nimmt 1/2 Pfund gesiebten Zucker, 1/2 Pfund geschälte und zartgestoßene Mandeln, 1/2 Pfund Butter und 1 Pfund Mehl, etwas abgeriebene Citrone, 2 ganze und 2 gelbe Eier, und schafft dieses auf einem Brett zu einem glatten Teig, wellt ihn und sticht ihn mit beliebigen Modeln aus, streiche es dann mit Schnee von 2 Eierweiß an, wende die bestrichene Seite in Zucker und Zimmt um, bringe es auf ein mit Mehl bestreutes Blech und backe es in einem nicht allzuheißen Ofen.

## 715. Ulmer Brod.

3 Meßlein Mehl, 1 Pfund Zucker, ½ Maaß Milch, für 6 Kreuzer Essighefe, 1 Kreuzer Anis, 1 Kreuzer Fenchel wird auf dem Wirkbrette tüchtig geschafft, nachdem man zuerst einen Vorteig gemacht hat; man macht von dem Teig lange Laibchen, läßt sie gehen und backt sie in einem ziemlich heißen Ofen.

## 716. Lange Pomeranzenbrödlein.

½ Pfund gesiebter Zucker wird mit 2 ganzen und 2 gelben Eiern recht schäumig gerührt, dann werden 2 Loth Pomeranzenschale und 2 Loth Citronat, beides fein geschnitten, nebst abgeriebener Citrone und 18 Loth Mehl hineingeschafft, halbfingerlange Wargeln daraus gemacht und im Ofen langsam gebacken.

## 717. Crocant.

Es wird ½ Pfund gesiebter Zucker, ½ Pfund geschälte und ganz gelassene Mandeln, ½ Loth Zimmt, etwas Nelken und abgeriebene Citrone, nebst ½ Pfund Mehl und 2 ganzen Eiern auf dem Wellbrett zu einem Teig geschafft, ein langer Laib daraus gemacht und auf einem Backblech in einem gelinden Ofen gebacken, den andern Tag wird der Laib in fingerdicke Scheiben geschnitten und als Dessert gegeben.

## 718. Crocant von gebrannten Mandeln.

1 Pfund geschälte Mandeln werden mit einem Tuch abgerieben, dann der Länge nach ganz dünn geschnitten, hernach wird 1 Pfund fein gestoßener Zucker in einer messingenen Pfanne trocken auf schwaches Feuer gesetzt und fleißig darin gerührt, bis er geschmolzen und gelb ist, nun kommen die Mandeln darein, man rührt sie wohl, bis sie den Zucker ganz angenommen und dieser braun ist; alsdann wird die Masse in

glatte Formen gegossen, welche zuvor mit feinem Baumöl oder frischer Butter bestrichen waren; man muß aber sehr schnell damit verfahren, weil sonst die Masse kalt und steif wird; dann wird mit einem silbernen Löffel oder einer Citrone der Crocant an der Form herumgedrückt, aber nur so dick, daß er zusammenhält und keine Löcher bekommt; dann stürzt man es um und wenn die Formen verschiedener Größe sind, werden sie aufeinander gesetzt und so zum Dessert aufgestellt.

## 719. Zimmt-Stern.

2 Eierweiß werden zu Schnee geschlagen; 1/2 Pfund gesiebter Zucker, 1/2 Pfund ungeschälte und geriebene Mandeln, 1/2 Loth Zimmt und etwas Nelken werden mit dem Kochlöffel in einer Schüssel zu einem Teig geschafft, hierauf ausgewellt und mit einem Stern ausgestochen, jedoch so wenig wie möglich mit den Händen geschafft, und auf einem mit Wachs bestrichenen Blech in einem gelinden Ofen gebacken.

## 720. Baseler Lebkuchen.

1 Schoppen Honig und 3/4 Pfund Zucker kommen in einem großen Casserol miteinander auf's Feuer, bis es anfängt zu steigen, dann kommen 4 Loth klein geschnittene Pomeranzenschale, 4 Loth Citronat, 1/2 Pfund geschälte und überzwerch geschnittene Mandeln, 1 1/2 Loth gestoßener Zimmt, 1/2 Quint Nelken, 1 gestoßene Muskatnuß, 3 Messerspitzenvoll Pottasche, 3 Löffelvoll Kirschenwasser hinein; man nimmt es vom Feuer weg, schafft 2 Pfund Mehl hinein, und klopft es recht, bis es kalt ist; dann wird er über Nacht auf ein Brett gethan, ausgewellt und auf einem mit Wachs bestrichenen Blech gebacken; dann werden sie in Stückchen geschnitten und können glacirt werden, wenn man es liebt. (Glace, siehe französische Torte.)

## 721. Gute Lebkuchen anderer Art.

1 Pfund Zucker wird in einem Glas Wasser geläutert bis er hell ist, dann ½ Maß Honig hinein geschüttet, dann läßt man ihn damit einige Mal aufkochen, stellt ihn vom Feuer, rührt 1 Pfund geschälte und überzwerch geschnittene Mandeln, ¼ Pfund Citronat, ¼ Pfund Pomeranzenschale, von 2 Citronen die Schale, alles klein geschnitten, 3 Loth gestoßenen Zimmt, ½ Loth Nelken und 4 Eßlöffelvoll Kirschenwasser nebst 2 Pfund Mehl hinein und schafft ihn recht, sticht ihn heraus und läßt ihn auf einem Wirkbrett stehen; den andern Tag wellt man ihn aus, legt Wargeln von Schwarzbrodteig herum, daß er nicht herunterläuft, backt ihn in einem guten Ofen und schneidet den Lebkuchen in viereckige Stücke, so lange er noch warm ist.

## 722. Weiße Lebkuchen.

Man schlägt von 4 Eierweiß einen Schnee, rührt die 4 Eiergelb hinein, gibt 1 Pfund gesiebten Zucker, ½ Viertelpfund Pomeranzenschale, ½ Viertelpfund Citronat und von einer Citrone die feingeschnittene Schale in die Masse, nebst so viel Mehl, daß sich der Teig wellen läßt, dann schneidet man ihn in viereckige Stückchen, setzt sie auf ein mit Butter bestrichenes Blech und backt sie im Ofen weißgelb.

## 723. Springerlein.

Rühre 1 Pfund gesiebten Zucker mit 4 ganzen Eiern 1 Stunde, daß es recht schäumig wird, siebe 1 Pfund Mehl, thue es hinein, nimm hierauf den Teig auf das Wirkbrett, welle ihn aus, drücke ihn in Model, daß die gewellte Seite auf den Model kommt und lasse die Springerlein über Nacht liegen, bestreiche ein Blech mit Butter oder Wachs, streue Anis darauf, lege die Springerlein darauf und backe sie in einem gelinden Ofen.

## 724. Ungerührte Springerlein.

Zu ¾ Pfund nimmt man 1¼ Pfund Mehl, für einen halben Kreuzer Amoniaksalz, 4 Eier; dies wird alsdann auf dem Wirkbrett zu einem festen Teig zusammen geschafft, ausgewellt, mit einem Model ausgedrückt, und über Nacht in einem warmen Zimmer stehen gelassen, darauf in einem nicht zu heißen Ofen gebacken.

## 725. Hopferlein.

2 ganze Eier werden mit ½ Pfund gesiebtem Zucker, etwas Citrone, für 1 Kreuzer gestoßenen Anis recht schäumig gerührt, dann wird ½ Pfund gesiebtes Mehl hineingethan, die Masse auf einem Brett ausgewellt, mit Hopferlein-Model ausgestochen, über Nacht liegen gelassen und auf einem mit Wachs bestrichenen Blech gebacken.

## 726. Citronenbrod.

Nimm ½ Pfund gesiebten Zucker, 4 Loth geschälte und gestoßene Mandeln, dieses rühre mit dem Schnee von 2 Eierweiß und dem Saft einer halben Citrone ½ Stunde, thue das Abgeriebene von einer Citrone und 12 Loth feines Mehl dazu, dieses wird zusammengeschafft, messerrückendick ausgewellt, mit beliebigen Formen ausgestochen, über Nacht stehen gelassen und auf einem mit Wachs bestrichenen Blech gebacken.

## 727. Citronenbrod anderer Art.

½ Pfund gesiebter Zucker wird mit 2 ganzen Eiern und 2 Citronen am Feuer abgerieben, recht dick gerührt, dann wird ¼ Pfund Mehl hineingethan, die Masse zusammengeschafft, ausgewellt, mit Modeln ausgestochen, mit dem Schnee von 2 Eierweiß angestrichen, mit Zucker bestreut und auf einem mit Butter bestrichenen Blech im Ofen schön gelb gebacken.

## 728. Butterring.

½ Pfund Butter wird weiß gerührt, dann ½ Pfund gesiebter Zucker, nebst 8 Eiergelb und dem am Zucker abgeriebenen Gelben von 2 Citronen hineingethan, dieses wird mit 1 Pfund Mehl zusammengeschafft, ausgewellt, mit Ringförmchen ausgestochen, die obere Seite mit Schnee von Eierweiß angestrichen, mit Zucker und Zimmt umgekehrt und auf einem mit Mehl bestreuten Blech schön gelb gebacken.

## 729. Zuckerteig zu Obstkuchen.

6 Eier, 1 Pfund Zucker, 1 Pfund Butter, 1 Pfund Mehl, etwas Citronenschale, für 6 Kreuzer Hirschhornsalz, welches verhindert, daß der Teig die Feuchtigkeit des Obstes annimmt.

## 730. Butterbrödchen anderer Art.

6 Loth Butter werden weiß gerührt und 4 Eiergelb hineingeschlagen, dann schlägt man 2 Eierweiß zu einem steifen Schnee und rührt es auch hinein. Ferner werden 6 Loth gesiebter Zucker und die am Reibeisen abgeriebene Schale von 1 Citrone, nebst 6 Loth feinem weißen Mehl unter die Masse gerührt, in ein Tortenblech gefüllt, eben gestrichen, dann die übrigen Eierweiß zu Schnee geschlagen, die Masse damit überstrichen, mit Zucker, Zimmt und lang geschnittenen Mandeln bestreut, worauf es in einem Ofen schön gelb gebacken wird; dann wird es in beliebige Stückchen geschnitten.

## 731. Anisbrod.

Das Gelbe von 18 Eiern wird mit 1 Pfund feingesiebtem Zucker ½ Stunde gerührt, dann kommt ½ Pfund Mehl und zuletzt der Schnee von 18 Eierweiß, nebst etwas Anis hinein: die Masse wird nun leicht untereinander gemacht, die Formen mit

Butter bestrichen, die Masse zur Hälfte in jede Form gefüllt und im Ofen schön gelb gebacken; wenn das Brod erkaltet ist, wird es in dünne Scheiben geschnitten und ein wenig gebähet.

## 732. Sächsisches Brod.

1/4 Pfund feingesiebter Zucker, 1/4 Pfund geschälte und feingeschnittene Mandeln und ein zu Schnee geschlagenes Eierweiß werden mit 3 Eiergelb 1/2 Stunde gerührt, dann 1/4 Pfund Mehl hineingewirkt, dieses wird nun messerrückendick ausgewellt, zweifingerbreite und fingerlange Stückchen daraus gemacht, und auf ein mit Butter bestrichenes Blech gelegt und im Ofen schön gelb gebacken.

## 733. Sulz-Küchlein.

Nimm 3/4 Pfund gesiebten Zucker, 1 Pfund geschälte und gestoßene Mandeln, 1 Loth gestoßenen Zimmt, von 1 Citrone die Schale feingeschnitten und den Saft davon, dieses wird mit 3 Eiergelb gerührt, alsdann werden runde Stückchen Oblate geschnitten, die Masse messerrückendick darauf gestrichen und auf einem Blech in einem gelinden Ofen gebacken.

## 734. Mandel-Hippen.

Es werden 1/4 Pfund ungeschälte und überzwerch geschnittene Mandeln mit 12 Loth gesiebtem Zucker, 4 Loth Mehl, 1/4 Pfund Citronat und Pomeranzenschale, 1/4 Loth Zimmt, ein wenig am Zucker abgeriebene Citrone vermengt, thue dann von 5 Eierweiß den Schnee darunter, setze mit einem Löffel runde Küchlein, streiche sie ganz dünn auseinander auf ein mit Butter bestrichenes Blech, bestreue die Küchlein mit Zucker, backe sie schön gelb und thue sie, so lange sie noch heiß sind, über ein Holz, damit sie gekrümmt werden.

## 735. Mandel-Hippen mit Tragant.

Schlage 8 Eierweiß zu Schnee, nimm 1 Pfund gesiebten Zucker, 1 Pfund geschälte und lang geschnittene Mandeln, von einer halben Citrone den Saft und für 4 Kreuzer Tragant, rühre dies zusammen, bestreiche ein Blech mit Butter, setze die Hippen mit einem Löffel darauf, streiche jedes Häufchen auseinander, doch so, daß keines das andere berührt, backe die Hippen schön gelb und thue sie, so lange sie noch heiß sind, über ein Holz, damit sie gekrümmt werden.

## 736. Mandel-Hippen anderer Art.

1/4 Pfund gesiebter Zucker, 2 Loth feingestoßene Mandeln, 2 Loth Citronat, etwas Zimmt und Nelken, nebst einer halben am Zucker abgeriebenen Citrone, werden mit 2 ganzen Eiern und 3 Eierweiß recht stark gerührt; dann wird 1/4 Pfund Mehl hineingethan, die Masse auf ein mit Butter bestrichenes Blech gestrichen, stark mit Zucker und geschnittenen Mandeln bestreut, wenn es halb gebacken ist noch einmal mit Zucker bestreut und wenn es aus dem Ofen kommt in viereckige Stückchen geschnitten und über ein Wellholz gekrümmt.

## 737. Zucker-Hippen.

Man wiegt feingestoßenen Zucker so schwer als 3 Eier, und so viel Mehl als 2 Eier schwer sind. Die Eier werden mit dem Zucker 1/2 Stunde gerührt, sodann das Mehl darunter gethan, auf ein mit Butter bestrichenes Blech mit einem Kochlöffel gesetzt, auseinander gestrichen und schön gelb gebacken, und warm über ein Holz gekrümmt.

## 738. Orangenbrod.

Rühre 1/2 Pfund gesiebten Zucker nebst einer am

Zucker abgeriebenen Pomeranze mit 6 Eiergelb eine Stunde, menge alsdann ½ Pfund feines Mehl darunter, welle den Teig, und steche ihn in beliebige Formen aus, setze diese auf ein mit Wachs bestrichenes Blech und backe sie im Ofen schön gelb.

## 739. Soufflage.

Das Eierweiß von 4 Eiern wird zu Schnee geschlagen, und ½ Pfund feingestoßener Zucker dazu gerührt und mit zwei silbernen Gabeln ¾ Stunden lang geklopft, dann ½ Pfund geschälte und länglich-geschnittene Mandeln, oder statt diesen ¼ Pfund geriebene Chocolade dazu gethan und auf ein mit Butter bestrichenes Blech mit einem Kaffeelöffel gesetzt und in einem fast kalten Ofen gebacken.

## 740. Wiener Brödlein.

3 Eierweiß werden zu Schnee geschlagen und mit ½ Pfund Zucker ¼ Stunde gerührt, dann thue einen Kochlöffelvoll Citronensaft, nebst einer am Zucker abgeriebenen Citrone hinein, hernach werden 7 Loth Mehl darunter gemengt, mit einem Kaffeelöffel auf ein mit Butter bestrichenes Blech gesetzt, in Größe eines Sechskreuzerstückes, mit Zucker überstreut und in schwacher Hitze gebacken.

## 741. Zimmt-Waffeln.

½ Pfund Butter wird schön weiß gerührt, 20 Loth Zucker, 3 Loth Zimmt, beides feingestoßen, 4 ganze Eier nebst 1 Pfund Mehl wird nach und nach hineingerührt, dann werden Küchlein daraus gemacht und im Zimmt-Waffeleisen schön gelb gebacken.

## 742. Mandel-Waffeln.

¼ Pfund Butter, 3 Eßlöffelvoll Mehl und 3 Eiergelb werden mit etwas Wein zu einem Teig geschafft und ausgewellt, schneide nun Blättchen daraus, die genau das Maß des Waffeleisens haben, und bereite folgende Fülle: ½ Pfund Zucker wird mit ein wenig Wasser geläutert, bis er hell ist, dann kommt ¼ Pfund gestoßene Mandeln, 2 Quint Zimmt, 1 Quint Nelken, von einer Citrone die Schale, nebst etwas Citronat und Pomeranzenschale hinein, und wird gerührt, bis die Masse trocken ist; dann kommt sie vom Feuer, sodann werden 2 Eierweiß zu Schnee geschlagen und darunter gemengt. Nun wird ein Theil des Teiges mit der Fülle bestrichen, in das Waffeleisen gelegt, ein anderes Stück Teig darauf gethan, das Eisen jedoch nicht ganz fest zugemacht, und auf beiden Seiten schön gelb gebacken.

## 743. Freimaurer=Brod.

½ Pfund gesiebter Zucker wird mit 2 ganzen und 2 gelben Eiern ½ Stunde gerührt, alsdann kommt für 1 Kreuzer Anis nebst ½ Pfund Mehl hinein, mache lange Stückchen daraus, lege sie auf ein mit Butter bestrichenes Blech und backe sie in einem nicht zu heißen Ofen.

## 744. Pfälzer Brod.

1 Pfund Mehl, ½ Pfund Butter, ¼ Pfund gesiebter Zucker, 6 Eiergelb nebst ein wenig süßer Milch wird zu einem Teig geschafft; wenn er glatt ist, wellt man ihn zweimesserrückendick aus und sticht ihn in beliebige Formen, schlägt Eierweiß zu Schnee, bestreicht die Brödchen damit, taucht sie in Zucker und Zimmt um, und backt sie in einem gelinden Ofen.

## 745. Butter=Biscuitchen.

4 Eierweiß werden zu Schnee geschlagen, rühre 8 Eiergelb und ½ Pfund gesiebten Zucker hinein; wenn dieses ½ Stunde gerührt ist, gib ½ Pfund

zerlassene Butter und eine am Reibeisen abgeriebene Schale von 1 Citrone, nebst ½ Pfund Weißmehl dazu, fülle die Masse in flache runde Förmchen, und backe sie in einem nicht zu heißen Ofen.

## 746. Jägerschnitten.

½ Pfund gesiebter Zucker, ½ Pfund ungeschälte und lang geschnittene Mandeln, die Schale von einer halben Citrone feingeschnitten nebst dem Saft davon, etwas Zimmt und Anis wird mit 8 Eiergelb eine halbe Stunde gerührt, dann kommt ½ Pfund Mehl und zuletzt der Schnee von 8 Eierweiß hinein; dann wird eine Anisbrod-Form mit Butter bestrichen, die Masse hineingefüllt und schön gebacken, und wenn es erkaltet ist, wird es in Schnitten geschnitten wie Anisschnitten.

## 747. Windküchlein.

Schlage 3 Eierweiß zu Schnee, rühre ½ Pfund gesiebten Zucker, etwas Anis und 7 Loth gesiebtes Mehl hinein, schneide kleine, viereckige Stückchen Oblate, streiche von der Masse messerrückendick darauf und backe sie auf einem Blech in einem nicht zu heißen Ofen.

## 748. Mandelküchlein.

4 Eierweiß werden zu Schnee geschlagen, thue 4 Loth gesiebten Zucker dazu, rühre dies ¼ Stunde, hierauf kommen 3 Loth geschälte und lang geschnittene Mandeln nebst 6 Loth Mehl hinein, bestreue ein Blech mit Mehl, setze von der Masse kleine Häufchen darauf und backe sie gelb, schlage etwas Eierweiß zu Schnee, streiche die Küchlein damit an, streue Zucker darauf, thue sie wieder in den Ofen und backe sie schön gelb.

## 749. Hobelspäne.

1 Pfund gesiebter Zucker wird mit dem Schnee

von 4 Eierweiß gerührt, bis die Masse dick ist, dann wird von einer halben Citrone die Schale darein gerieben, schneide lange und schmale Oblaten, streiche von der Masse messerrückendick darauf, streue 2 Loth kleingehackte Mandeln und 2 Loth Citronat darauf und trockne sie in einem lauen Ofen, daß sie sich biegen.

## 750. Hobelspäne anderer Art.

So schwer als 2 Eier wird Zucker genommen und so schwer als 1 Ei Mehl, hierauf rührt man die 2 Eier mit dem Zucker nebst etwas abgeriebener Citronenschale und Zimmt eine Zeitlang recht schäumig. Nun wird ein Blech mit Wachs bestrichen, die Masse dünn darauf gestrichen und im Ofen blaßgelb gebacken; so lange sie noch heiß sind, werden fingerbreite und ¼ Elle lange Riemen geschnitten, um einen fingerdicken Stock gewickelt, wenn sie erkaltet sind wieder abgenommen und an einem trockenen Ort aufbewahrt.

## 751. Muskatzinnen.

½ Pfund Mandeln werden ungeschält gestoßen, dann rührt man 2 ganze Eier und 1 Eiweiß mit ½ Pfund gesiebtem Zucker ¼ Stunde, thut die Mandeln nebst ½ Loth gestoßenem Zimmt, 1 Quint Nelken, 1 Qint geriebener Muskatnuß, der Schale von 1 Citrone, 2 Loth Citronat und Pomeranzenschale, alles kleingeschnitten, dazu. Wenn Alles recht gerührt ist, wird die Masse auf einem Nudelbrett ausgewellt, mit beliebigen Modeln ausgedrückt, auf Oblaten gesetzt und in einem nicht zu heißen Ofen gebacken.

## 752. Chocolade-Listchen.

1 Pfund ungeschälte Mandeln, 1 Pfund Zucker, ¼ Pfund Chocolade, 1 Loth Zimmt, von 3 Eiern

das Weiße zu Schnee geschlagen, dieses wird gut untereinander geschafft, in das Förmchen gedrückt und auf einem mit Butter bestrichenen Blech in einem nicht zu heißen Ofen gebacken.

## 753. Mandelhäuflein.

Das Weiße von 4 Eiern wird zu Schnee geschlagen und mit ½ Pfund gesiebtem Zucker gerührt, bis es ganz dick ist, dann werden ½ Pfund geschälte und lang geschnittene Mandeln, 4 Loth Citronat, eben so viel Pomeranzenschale und die Schale von 1 Citrone, alles länglich geschnitten, nebst etwas gestoßenem Zimmt und Nelken dazu gethan; wenn alles wohl untereinander ist, werden nußgroße Häuflein auf Oblaten gesetzt und in einem mäßigen Ofen gebacken.

## 754. Mandelhäuflein anderer Art.

Es werden 3 Eierweiß zu einem steifen Schnee geschlagen, 12 Loth gestoßener Zucker nebst einer abgeriebenen Citrone hineingethan und solches ¼ Stunde lang wohl gerührt, alsdann 24 Loth lang geschnittene Mandeln und 4 Loth Pomeranzenschale etwas damit umgerührt, auf Oblaten Häufchen gesetzt und in schwacher Hitze im Ofen gebacken.

## 755. Mirenken.

5 Eierweiß werden zu einem ganz steifen Schnee geschlagen, ½ Pfund gesiebter Zucker nebst einer am Zucker abgeriebenen Citrone leicht darunter gemengt, aber ja nicht zu viel darin gerührt, dann wird ein Brett auf ein Blech gelegt und auf das Brett weißes Papier, auf dieses setzt man mit dem Löffel schöne runde Häufchen, überstreut sie dick mit Zucker und läßt sie in einem gelinden Ofen backen, nimmt sie dann vom Papier ab, streicht sie mit dem Kaffeelöffel innen aus und setzt sie dann noch einmal auf das

Brett auf die entgegengesetzte Seite in den Ofen, damit sie von Innen trocknen; dann kann man sie mit geschlagenem Rahm auf folgende Art füllen: 2 Schoppen süßer Doppelrahm wird in einem neuen Hafen mit einem hölzernen Schneebesen recht geschlagen, dann wird der Rahm mit einem feinen Sieb herausgenommen, auf ein Haarsieb gebracht, damit das Milchige abtropft und so fortgefahren, bis der Rahm alle ist, dann wird so viel Zucker als nöthig mit etwas Vanille gestoßen, unter den Rahm gemengt und die Mirenken damit gefüllt.

## 756. Pomeranzenbrod.

1 Pfund gesiebter Zucker wird mit 4 Eiergelb eine Stunde gerührt, dann 4 Loth Mandeln geschält und gewürfelt geschnitten, die Schale von 1 Pomeranze eben so geschnitten, das Weiße der 4 Eier zu Schnee geschlagen und hineingethan, nebst so viel Mehl, daß der Teig nicht mehr läuft; hierauf wird ein Blech mit Butter bestrichen, mit dem Kaffeelöffel Küchlein darauf gesetzt, mit Zucker überstreut und in einem gelinden Ofen gebacken.

## 757. Zimmt-Küchlein.

5 Eierweiß werden zu Schnee geschlagen, $^1/_2$ Pfund gesiebter Zucker, 1 Loth Zimmt, $^1/_2$ Pfund ungeschälte geschnittene Mandeln darunter gemengt, setze auf Oblaten runde Küchlein und backe sie in einem gelinden Ofen.

## 758. Chocolade-Küchlein.

Man schlägt 2 Eierweiß zu Schnee, rührt $^1/_2$ Pfund gesieblen Zucker, nebst so viel gestoßener Chocolade hinein, daß der Teig nicht mehr fließt, dieses wird nun recht miteinander gerührt, sodann wird ein Papier mit Zucker bestreut, die Küchlein darauf gesetzt, das Papier auf ein Blech gelegt und in einem gelinden Ofen gebacken.

## 759. Chocolade-Leckerlein.

Man rührt ½ Pfund Zucker mit 2 ganzen Eiern ½ Stunde, thut dann etwas Zimmt, 4 Loth Chocolade und ½ Mäßlein Mehl hinein, schafft es so schnell als möglich zusammen, wellt es und sticht es mit beliebigen Förmchen zusammen und setzt sie auf ein mit Mehl bestreutes Blech

## 760. Geröstete Mandeln.

½ Pfund Mandeln werden abgerieben und sauber gelesen, thue ½ Pfund gestoßenen Zucker in eine messingene Pfanne, die Mandeln nebst einem Trinkglas Wasser und ½ Loth Zimmt dazu, dieses läßt man nun so lange ruhig auf schwachem Feuer kochen, bis die Mandeln anfangen zu krachen, dann rührt man sie, bis der Zucker trocken ist, nimmt sie einen Augenblick vom Feuer und, setzt sie nun wieder unter beständigem Rühren zum Feuer, bis sie glänzend werden, schüttet sie schnell auf eine Platte, doch darf keine an der andern kleben.

## 761. Zucker-Bretzeln.

1½ Viertelpfund Butter, 1½ Viertelpfund Zucker, ¼ Pfund Mehl, 2 Citronen am Zucker abgerieben, werden mit 1 ganzen und 2 gelben Eiern zusammengeschafft, auf dem Wirkbrett zu kleinen Bretzeln gemacht, mit etwas Eiergelb, Zucker und Wasser angestrichen, und auf einem mit Butter bestrichenen Blech in einem gelinden Ofen gebacken.

## 762. Makronen.

1 Pfund gesiebter Zucker und 1 Pfund geschälte und fein gestoßene Mandeln werden mit ein wenig Wasser recht fein gestoßen, dieses kommt nun zusammen auf's Feuer und wird so lange gerührt, bis der Teig nicht mehr an der Hand klebt; er darf jedoch nicht

zu lange gerührt werden, damit er nicht zu trocken wird, hierauf laß ihn erkalten; dann werden 4 Eierweiß zu Schnee geschlagen und unter die Masse gerührt, lange oder runde Küchlein daraus gemacht, ein weißes Papier auf ein Blech gelegt, die Makronen darauf gethan, mit Zucker überstreut und in einem gelinden Ofen gebacken.

## 763. Makronen anderer Art.

½ Pfund gesiebter Zucker, ½ Pfund geschälte und mit etwas Eierweiß gestoßene Mandeln werden mit dem Schnee von 2 Eierweiß angerührt, doch muß das Eierweiß abgerechnet werden, womit die Mandeln gestoßen sind; aus dieser Masse werden nun lange oder runde Makronen gemacht, auf ein mit Papier belegtes Blech gesetzt, mit Zucker überstreut und in einem gelinden Ofen gebacken.

## 764. Blinde Makronen.

2 ganze Eier und 2 Eiergelb werden mit ½ Pfund Zucker wohl gerührt, alsdann werden 20 Loth Mehl und etwas geschnittene Citronenschale hinein gethan, davon lange Makronen gemacht, auf ein mit Butter bestrichenes Blech gesetzt, mit Zucker überstreut und im Ofen schön gelb gebacken.

## 765. Marsquitt.

Hacke ½ Pfund Butter mit ½ Pfund Mehl auf dem Wirkbrett recht fein, bis die Butter das Mehl angenommen hat, alsdann rühre 10 Eiergelb mit ½ Pfund Zucker, etwas abgeriebene Citronenschale und Rosinen recht schäumig, thue die zuvor gehackte Butter und den Schnee von 10 Eierweiß leicht unter die Masse, bestreiche eine Form mit Butter, streue sie mit Zucker aus, fülle die Masse hinein und backe sie in einem gelinden Ofen.

## 766. Offenbacher Pfeffernüsse.

1 $\frac{1}{2}$ Pfund Zucker wird mit 1 $\frac{1}{2}$ Schoppen Wasser so lange geläutert, bis er Perlen wirft, dann nimm ihn vom Feuer und lasse ihn 5 Minuten abkühlen, vermenge nun 1 Pfund ungeschälte und feingestoßene Mandeln mit $\frac{1}{2}$ Pfund Mehl, $\frac{1}{4}$ Pfund Citronat, 4 Loth Zimmt, 1 Loth Nelken und 1 Prise Pfeffer, rühre das Vermengte in den Zucker und arbeite darin, bis eins das andere angenommen, nun lasse es über Nacht ruhen, den andern Tag nimm es auf das Wirkbrett, zerschlage 4 ganze Eier mit $\frac{1}{2}$ Loth Pottasche, schütte sie an den Teig und arbeite es noch mit 3 Loth Mehl zusammen, daß er fester wird, welle ihn zweimesserrückendick, stich ihn in der Größe eines 24-Kreuzerstückes aus, lasse sie noch etwas ruhen, bestreiche alsdann ein Blech mit Butter, setze sie darauf und backe sie in einem nicht zu heißen Ofen.

## 767. Pfeffer-Nüßlein.

$\frac{1}{2}$ Pfund gesiebter Zucker und $\frac{1}{2}$ Pfund Mehl werden mit 2 ganzen Eiern auf dem Wirkbrett nebst einer Prise Zimmt und Pfeffer, ein wenig abgeriebener Citrone zusammengeschafft, hierauf zweimesserrückendick ausgewellt, mit einem Förmchen in der Größe eines Sechskreuzerstückes ausgestochen, dann läßt man sie über Nacht liegen und setzt sie den andern Tag verkehrt auf ein mit Wachs bestrichenes Blech und läßt sie in mäßiger Hitze im Ofen backen.

## 768. Kaiserbrod.

$\frac{1}{2}$ Pfund geschälte Mandeln werden würflicht geschnitten und im Backofen gelb geröstet; wenn sie erkaltet sind, werden 4 Eiergelb mit $\frac{1}{2}$ Pfund gesiebtem Zucker, etwas kleingeschnittener Citronenschale einige Zeit gerührt, dann kommen die gerösteten

Mandeln nebst dem Schnee von 2 Eierweiß und $\frac{1}{2}$ Pfund feines Mehl dazu; diese Masse wird nun ausgewellt, fingerbreite Stückchen daraus gemacht, auf ein mit Butter bestrichenes Blech gebracht und im Ofen in schwacher Hitze gebacken

## 769. Kissinger Brod.

$\frac{1}{4}$ Pfund Butter, $\frac{1}{2}$ Pfund Mehl, 6 Loth gesiebter Zucker, die abgeriebene Schale von einer Citrone und 6 Eiergelb werden auf einem Wirkbrett zusammengeschafft, hierauf fingerlange und fingerbreite Stückchen davon gemacht, 3 Ritzen eingeschnitten, in jede Ritze ein Stückchen Mandel gesteckt, auf ein mit Butter bestrichenes Blech gebracht und in einem nicht zu heißen Ofen gebacken.

## 770. Mandelbrod auf dem Feuer.

$\frac{1}{2}$ Pfund geschälte Mandeln werden mit etwas Wasser ganz fein gestoßen und mit $\frac{1}{2}$ Pfund gesiebtem Zucker auf dem Feuer so lange gerührt, bis die Masse nicht mehr an der Hand klebt; alsdann läßt man den Teig verkühlen, schafft ein Händchenvoll Mehl hinein, wellt es auf dem Wellbrett und sticht es mit beliebigen Modeln aus, setzt es auf ein mit Wachs bestrichenes Blech und backt es in mäßiger Hitze schön gelb.

## 771. Mandelbrod anderer Art.

Es werden 4 Eiergelb, $\frac{1}{4}$ Pfund gesiebter Zucker, $\frac{1}{2}$ Pfund geschälte und feingestoßene Mandeln, 1 Quint Zimmt und 1 Pfund Mehl auf dem Wirkbrett zu einem glatten Teig geschafft, ausgewellt, mit beliebigen Förmchen ausgestochen, mit verklepperten Ei bestrichen, auf ein mit Butter bestrichenes Blech gesetzt und im Ofen schön gelb gebacken.

## 772. Kleine Biscuitchen.

Man rührt ½ Pfund gesiebten Zucker mit dem Gelben von 12 Eiern so lange, bis die Masse ganz dick ist, schlägt dann das Weiße der Eier zu einem steifen Schnee, rührt die abgeriebene Schale von einer Citrone nebst ¼ Pfund gesiebtem Mehl hinein, und mengt dann den Schnee leicht unter die Masse, macht kleine Kapseln von Papier, gibt in jedes etwas von der Masse, streuet etwas verhackte Mandeln darauf, stellt die Biscuitchen nun auf ein Blech und backt sie in gelinder Hitze hellgelb.

## 773. Straßburger Zwieback.

1 Pfund Mehl, ½ Pfund gestoßener Zucker, 1 Loth Zimmt, ¼ Pfund Butter und 3 Eßlöffel Kirschenwasser werden mit etwas Milch auf dem Wirkbrett geschafft, bis man den Teig auswellen kann; dann wird er mit einem Trinkglas ausgestochen, die Küchlein mit einer Gabel gestochen, damit sie keine Blasen bekommen, und in mäßiger Hitze gebacken.

## 774. Haselnußbrod.

12 Loth Haselnußkerne werden geschält und mit einem Eierweiß recht fein gestoßen, rühre sie dann nebst 12 Loth gesiebtem Zucker mit dem Schnee von 3 Eierweiß ¼ Stunde, setze kleine Küchlein, in der Größe eines Zwölfkreuzerstückes, auf weißes Papier, überstreue sie mit Zucker, bringe das Papier auf ein Blech und backe sie in einem nicht sehr heißen Ofen.

## 775. Schwefelschnitten.

½ Viertelpfund geschälte und mit etwas Rosenwasser gestoßene Mandeln, ½ Viertelpfund gesiebter Zucker, etwas Zimmt und geschnittene Citronenschalen werden mit 2 ganzen Eiern ½ Stunde recht gerührt, dann werden Oblaten wie natürliche Schwefelschnitten geschnitten, von der Masse fingerdick darauf gestrichen, auf ein Blech gelegt und im Ofen schön gelb gebacken.

## 776. Geduldtäfelchen.

½ Pfund gesiebter Zucker, 2 Citronen am Zucker abgerieben oder etwas Vanille, der Schnee von 5 Eierweiß werden ½ Stunde mit einander gerührt, alsdann werden 8 Loth gesiebtes Mehl darunter gemengt, mit dem Löffel kleine Tröpfchen auf ein mit Butter bestrichenes Blech gesetzt und in einem nicht sehr heißen Ofen blaßgelb gebacken.

## 777. Punsch-Küchlein.

½ Pfund gestoßener Zucker wird mit dem Schaum von 5 Eierweiß, dem Saft und dem Abgeriebenen von ½ Citrone ½ Stunde gerührt, sodann 1 bis 2 Löffelvoll Arac oder Punschessenz in die Masse gethan, worauf man sie eine Weile ruhen läßt; dann werden die Küchlein auf ein mit Zucker bestreutes Papier gesetzt und wenn sie einige Zeit gestanden sind in schwacher Hitze gebacken.

## 778. Mandel-Küchlein.

½ Pfund gesiebter Zucker wird mit dem Schnee von 4 Eierweiß ½ Stunde gerührt; hierauf kommen ¼ Pfund geschälte und lang geschnittene Mandeln, 1 Quint Zimmt, eine Prise Nelken, die Schale von ½ Citrone und 2 Löffelvoll Mehl hinein, nun wird ein Blech mit Butter oder Wachs bestrichen, kleine Häufchen darauf gesetzt, doch keins zu nahe an das andere, und in einem nicht zu heißen Ofen gebacken.

## 779. Zimmtbrod.

½ Pfund gesiebten Zucker rührt man mit 3 ganzen Eiern 1 Stunde, schneidet ½ Pfund geschälte Mandeln länglich und röstet sie im Ofen gelb, dann wird die Schale von einer Citrone nebst 2 Loth Citronat eben so geschnitten, 3 Quint gestoßener Zimmt und 1 Quint Nelken dazu gethan; rühre dieses Geschnittene nun unter die Masse nebst 12 Loth weißem Mehl, nimm den Teig auf ein Brett, mache 2 lange Laibchen daraus, lege sie auf ein mit Mehl bestreutes Blech und backe sie im Ofen gelb; dann werden die Laibchen in Schnitten geschnitten und gelb geröstet.

## 780. Confect zum Glaciren.

Man nimmt 1 Pfund Mehl, ½ Pfund gesiebten Zucker, ½ Pfund geschälte und zartgestoßene Mandeln, 2 Eiergelb und ein klein wenig Wasser, schafft alles auf dem Wirkbrett zu einem festen Teig, wellt und sticht ihn mit beliebigen Modeln aus, setzt das Confect auf ein mit Wachs bestrichenes Blech und backt es in mäßiger Hitze. Glace: ½ Pfund ganz feiner gesiebter Zucker wird mit dem Schnee von 2 Eierweiß und dem Saft einer Citrone ½ Stunde gerührt, damit die Glace dick und glatt wird; sollte sie noch etwas zu dick sein, so kann man noch etwas Eierweiß dazu geben. Will man der Glace eine Rosafarbe geben, so thut man etwas Sauerbeersaft dazu, und will man sie braun haben, so wird etwas feingeriebene Chocolade und etwas Zucker mit Eierweiß so lange gerührt, bis sie recht glatt und dick ist.

## 781. Ingwer in Zucker.

1 Pfund gesiebter Zucker wird mit etwas Wasser auf dem Feuer geläutert, bis er ganz hell ist, dann kommt für 1 Kreuzer Ingwer, Zimmt, Muskatblüthe und ein klein wenig Nelken, alles gestoßen hinein, und läßt man den Zucker noch einige Mal damit aufkochen; streiche dann eine Anisbrodform mit Butter, reibe sie wieder ein wenig aus, thue die

Masse hinein und lasse sie ein wenig gestehen, alsdann schneide sie in Stückchen und lasse sie erhärten.

### 782. Quitten-Confect.

6 Stück Quitten werden geschält, in Wasser weich gesotten und auf dem Reibeisen gerieben. Zu 1 Pfund Mark nimmt man $^3/_4$ Pfund Zucker, thut ihn in eine messingene Pfanne, läutert ihn mit 1 Schoppen Wasser ganz dick, thut das gewogene Mark darein, dann die feingeschnittene Schale von 1 Citrone nebst dem Saft derselben dazu und kocht es unter beständigem Rühren auf schwachem Feuer zu einer dicken Masse, bis sie sich losschält; dann wird sie vom Feuer weggenommen. Nun wird eine Porzellanplatte mit Zucker bestreut, die Masse darauf gebracht, bis sie ein wenig erkaltet ist, hierauf auf einem mit Zucker bestreuten Brett zweimesserrückendick ausgewellt, mit kleinen Förmchen ausgestochen, auf ein mit Zucker bestreutes Papier gelegt und in der Wärme getrocknet, dann kann man auch eine Glacée darauf machen. (Siehe Confect zum Glaciren.)

---

## Gefrorenes.

### 783. Gefrorenes von Orangen.

Man nehme 2 Schoppen Wein, 1 Schoppen Wasser und $1^1/_2$ Pfund Zucker, woran 2 Stück Orangen leicht abgerieben werden, nebst dem Saft von 6 Stück Orangen; dieses lasse man ein wenig auf dem Feuer aufkochen, dann durch ein Haarsieb laufen; ist es abgekühlt, so wird es in die Büchse gefüllt, in das Eis mit 4 Pfund Salz eingesetzt und getrieben, bis es gefroren ist; dann wird es in Gläser gefüllt und servirt.

## 784. Gefrorenes von Citronen.

Dieses wird auf dieselbe Art bereitet, wie das Orangegefrorene, nur werden statt der Orangen Citronen genommen.

## 785. Gefrorenes von Punsch.

2 Pfund Zucker, woran 3 Citronen abgerieben sind, nebst dem Saft von 5 bis 6 Citronen, koche mit 1 Bouteille Wein und 1 Schoppen Wasser auf dem Feuer ein wenig auf, lasse es hernach durch ein Haarsieb laufen und wenn es verkühlt ist fülle es in die Büchse, stelle sie in einen Kübel mit verstoßenem Eis und 4 Pfund Salz, treibe es 1 Stunde herum, ehe man den Deckel öffnet; wenn es aufgemacht wird, so muß es gut durcheinander gearbeitet werden, dann wird die Büchse wieder geschlossen, und wenn es vollends ganz gefroren ist, wird 1 Schoppen Arac in die Büchse geschüttet, untereinander gerührt, in die Gläser gefüllt und servirt.

## 786. Gefrorenes von Vanille.

24 Eiergelb werden mit 3 Schoppen süßem Rahm, ½ Pfund Zucker nebst 2 Quint Vanille, welche in süßem Rahm gekocht und durch ein Haarsieb gelaufen, angerührt, auf das Feuer genommen, worauf man es unter beständigem Rühren dick werden, aber ja nicht kochen läßt, dann kommt es vom Feuer weg. Ist es nun erkaltet, so wird es in eine Büchse gefüllt, in dem Eis getrieben, bis es gefroren ist und dann in Gläser gefüllt.

## 787. Gefrorenes von Kaffee.

Brenne ¼ Pfund Kaffee und wirf ihn heiß in 4 Schoppen kochenden süßen Rahm, decke diesen dann mit einem Deckel gut zu und lasse ihn erkalten; dann nimm 12 Eiergelb und ½ Pfund gestoßenen Zucker, lasse den erkalteten süßen Rahm durch ein Haarsieb laufen, rühre die Eier und den Zucker damit an, nimm es auf's Feuer und lasse es unter beständigem Rühren dick werden, dann läßt man es erkalten, füllt es in die Büchse, treibt es im Eis herum, bis es gefroren ist, und füllt dann das Gefrorene in Gläser und servirt es.

## 788. Gefrorenes von Chocolade.

1 Pfund geriebene Chocolade wird mit etwas süßem Rahm angerührt und auf dem Feuer ganz dick gekocht, daß sie recht glatt wird; dann läßt man sie erkalten, rührt 12 Eiergelb, ½ Pfund Zucker und 4 Schoppen süßen Rahm in die Chocolade, nimmt es auf das Feuer und rührt es bis es dick ist, dann nimmt man es weg, läßt es kalt werden, füllt es in die Büchse und behandelt es wie die obigen Arten des Gefrorenen.

## 789. Gefrorenes von Ananas.

Die Ananas wird in dünne Blättchen geschnitten, in ein Geschirr gethan und mit ½ Pfund gestoßenem Zucker bestreut, dann werden 2 Schoppen Wein, 1 Schoppen Wasser, der Saft von 6 Citronen, nebst 1½ Pfund Zucker auf dem Feuer aufgekocht, über die geblättelte Ananas geschüttet und wenn dieses erkaltet ist, durch ein Haarsieb gegossen in die Büchse gefüllt, diese in das Eis gestellt und getrieben, bis es gefroren ist, dann in Gläser gefüllt und zu Tisch gegeben.

## 790. Gefrorenes von Erdbeeren.

2 Schoppen Wein, 1 Schoppen Wasser, 2 Pfund Zucker und der Saft von 6 Citronen werden auf dem Feuer ein wenig aufgekocht, dann 3 starke Händevoll Erdbeeren mit ein wenig von dem Wein durch ein Haarsieb getrieben, der übrige Wein zu dem durchgetriebenen Erdbeer-Mark geschüttet; wenn es erkaltet ist wird es in die Büchse gefüllt, diese in einen Kübel mit verstoßenem Eis und einigen Pfunden Salz gestellt, die Büchse beständig herumgedreht und nach einer Stunde zum ersten Mal geöffnet, man muß aber wohl Acht haben, daß kein Salz in die Masse kommt; nun wird es herumgearbeitet, und dann wieder getrieben, bis es ganz fest gefroren ist, hierauf wird es in Gläser gefüllt und servirt

## 791. Gefrorenes von Himbeeren.

Dieses wird wie das Erdbeeren-Gefrorene zubereitet, nur statt der Erdbeeren werden Himbeeren genommen, und ist noch zu bemerken, daß, bevor man die Masse in die Büchse füllt, sie erst zu versuchen ist, ob sie im Geschmack recht ist.

## 792. Gefrorenes von Pfirsichen.

Wird auf dieselbe Weise gemacht, wie das Erdbeeren-Gefrorene.

## 793. Gefrorenes von Aprikosen.

Wird ebenfalls wie Erdbeeren-Gefrorenes bereitet.

# Eingemachte Früchte.

## 794. Ananas-Erdbeeren einzumachen.

Man nimmt ganz große Ananas-Erdbeeren frisch vom Stock, läutert so viel Zucker als man Früchte hat, recht dick, thut dann die Erdbeeren in eine Schüssel; wenn der Zucker abgekühlt ist, gießt man ihn darüber, läßt es dann so stehen, bis es kalt ist, gießt dann den Zucker wieder ab und läßt ihn wieder dick kochen, fährt so fort, nur das dritte Mal thut man die Erdbeeren hinein und läßt einen Wall darüber gehen.

## 795. Früchte in kleine Gläschen einzumachen.

Man nimmt zu 1 Pfund von den Früchten 1 Pfund Zucker, läutert den Zucker bis er Fäden zieht, thut dann die Früchte hinein, entweder schöne Garten-Himbeeren oder rothe oder weiße Johannisbeeren; von den Johannisbeeren müssen aber die Körnchen innen mit einem Federkiel behutsam herausgenommen werden; läßt dann einige Wall darüber gehen, thut es dann vom Feuer und schäumt es behutsam ab, wenn es abgekühlt ist füllt man es in kleine Gläschen, bindet sie dann mit Papier fest zu, daß keine Luft daran kömmt und bewahrt es an einem kühlen trockenen Ort; die Früchte müssen aber frisch vom Stock sein und dürfen nicht viel mit den Händen berührt werden.

## 796. Johannisbeer- und Himbeer-Gelée.

Man nimmt die Frucht, preßt sie durch ein Tuch, stellt den Saft 24 Stunden in den Keller, schäumt ihn rein ab, man nehme zu 1 Pfund Saft 1 Pfund Zucker, läutere den Zucker und schäume ihn ab bis er Fäden zieht, thut den Saft daran, läßt ihn eine Zeit lang kochen, aber nicht zu lang, daß er die Farbe nicht verliert, schäumt es fleißig ab, thut es dann vom Feuer, wenn es abgekühlt ist fülle es in kleine Gläschen und binde es mit Papier fest zu.

## 797. Pfirsiche in Zucker.

Die Pfirsiche werden mit einem Tuch abgerieben, ein wenig aufgeschnitten und die Steine herausgedrückt, wornach man sie in siedendem Wasser einmal aufstoßen läßt, dann werden sie behutsam auf ein Tuch gelegt, damit sie abtropfen und ganz bleiben. So schwer nun die Pfirsiche sind, wird Zucker gewogen (zu jedem Pfund Zucker 1 Glas Wasser), dieser mit Wasser geläutert, jedoch nicht ganz dick, die Pfirsiche hineingelegt und mit dem Zucker langsam ½ Stunde gekocht, nun legt man sie über Nacht auf Porzellanplatten, gießt den Zucker darüber, kocht sie dann den andern Tag wieder und fährt so 3 bis 4 Tage fort; das letzte Mal legt man die Pfirsiche sehr behutsam mit einem silbernen Löffel in das Casserol, läßt den Saft dick einkochen und legt sie, nachdem sie erkaltet sind, in ein Glas, schüttet den Saft darüber, bindet das Glas mit Papier zu, sticht mit einer Stecknadel einige Löcher hinein und bewahrt sie an einem trockenen Ort auf.

## 798. Blutpfirsiche in Zucker.

Diese werden auf dieselbe Art zubereitet wie die weißen Pfirsiche, nur werden diese, nachdem sie aus dem Wasser kommen, geschält.

## 799. Pfirsiche in Branntwein.

Die Pfirsiche dürfen nicht allzureif sein, sie werden mit einem Tuch abgerieben, damit das Wollige davon kommt, setze sie nun mit kaltem Wasser in einem passenden Geschirr zum Feuer; wenn das Wasser siedet, nimmt man sie behutsam mit einem silbernen Löffel heraus, legt sie auf ein Tuch, damit sie abtrocknen. Zu 1 Pfund Pfirsichen wird ½ Pfund Zucker genommen, dieser wird mit 1 Glas Wasser ein wenig gekocht, die ganzen Pfirsiche hinein gethan; nachdem sie zuvor mit einer Stecknadel bis auf den Stein durchstochen sind, läßt man sie 5 bis 6 Mal damit aufkochen, schäumt sie wohl ab, legt sie behutsam auf porzellanene Platten, damit die Haut nicht abgeht, schüttet den Saft darüber und läßt sie bis zum andern Tag stehen, dann werden sie wieder auf das Feuer genommen und langsam fertig gekocht, hierauf legt man sie über Nacht wieder auf Platten, setzt sie behutsam in ein Glas, mengt unter den Saft ½ Schoppen Branntwein, gießt den Saft darüberr, so, daß die Früchte damit bedeckt sind, und bindet das Glas mit einer Schweinsblase fest zu und stellt sie an einen kalten, aber trockenen Ort.

## 800. Aprikosen in Branntwein.

Bei diesen wird auf dieselbe Art verfahren, wie bei den Pfirsichen in Branntwein.

## 801. Aprikosen in Zucker.

Die Aprikosen werden abgerieben, ein kleiner Schnitt hinein gemacht, die Steine herausgedrückt, aber ganz gelassen; dann werden sie in kochendes Wasser gelegt und in diesem einmal aufgekocht, nun setzt man sie auf ein trockenes Tuch, damit sie abtrocknen. Dann wiegt man zu 1 Pfund Aprikosen ¾ Pfund Zucker, läutert diesen mit 1 Glas Wasser, legt die ganzen Aprikosen hinein und kocht sie damit ½ Stunde langsam auf dem Feuer, dann werden sie über Nacht auf eine Platte gelegt, den andern Tag etwas stärker gekocht und so 3 bis 4 Tage fort, das letzte Mal wird der Saft dick eingekocht, die Aprikosen über Nacht auf Platten gelegt, den andern Tag werden sie in ein Glas gebracht, der Saft darüber geschüttet, mit Papier zugebunden, einige Löcher mit Stecknadeln eingestochen und an einem trockenen Ort aufbewahrt.

## 802. Aprikosen=Mark.

Ganz reife Aprikosen werden in kochendes Wasser gelegt, darin einmal aufgekocht, dann herausgenommen, die Haut und Steine abgenommen und durch ein Haarsieb getrieben, dann wiegt man zu ¾ Pfund Zucker 1 Pfund Mark, läutert ihn mit 1 Glas Wasser, giebt das Mark neben der feingeschnittenen Schale von ½ Citrone dazu, kocht es zu einer dicken Masse auf schwachem Feuer und rührt es öfter mit einem Kochlöffel um, damit es nicht anhängt, läßt es dann erkalten, füllt es in Porzellan= oder Glas=Gefäße und bindet es mit Papier zu.

## 803. Quitten=Mark.

Einige Quitten werden geschält und in Wasser so lange abgekocht, bis man mit dem Finger einen Eindruck machen kann, nun werden sie auf dem Reibeisen gerieben, das Steinige aber zurückgelassen. Auf 1 Pfund Mark wird ¾ Pfund Zucker gerechnet, der Zucker mit 1 Glas Wasser geläutert, das Mark nebst der feingeschnittenen Schale von einer Citrone hineingethan; man läßt dieses auf schwachem Feuer zu einer dicken Marmelade kochen, stellt es dann kalt und füllt es in Gläser, bindet diese mit Papier zu, sticht mit einer Stecknadel einige Löcher hinein, und bewahrt es auf.

## 804. Quittenmark mit Aepfel.

Wenn die Quitten geschält sind, kocht man die

Schale in Wasser ab, nimmt solche alsdann heraus und kocht die Quitten in demselben Wasser so weich, das man sie reiben kann, nimmt nun dasselbe Wasser und kocht die geschälten Aepfel darin, doch darf man nicht zu viel Wasser daran thun, damit sich die Aepfel gut verrühren lassen, man nimmt gleiches Gewicht Quitten wie Aepfel, auf jedes Pfund Obst kommt ½ Pfund Zucker, dieser wird geläutert, dann das Obst hinein gethan und so lange gekocht, bis es ziemlich dick eingekocht ist.

## 805. Quitten-Schnitze.

Die Quitten werden geschält, in dicke Schnitze geschnitten, das Steinige herausgenommen und in Wasser ein wenig abgekocht, nimm sie dann heraus und lege sie auf ein Tuch, damit sie abtrocknen. Man wiegt dann auf jedes Pfund rohe Schnitze ¾ Pfund Zucker, läutert ihn mit 1 Glas Wasser, gibt die Schnitze nebst etwas kleingeschnittener Citronenschale darein, kocht sie, bis sie schön roth und kurz eingekocht sind; wenn sie erkaltet, legt man sie in ein Glas, thut den Saft darüber, bindet das Glas mit Papier zu und bewahrt sie an einem kalten, aber trockenen Ort auf.

## 806. Hegen-Mark.

Thue die Hegen in einen steinernen Hafen, drücke sie mit der Hand recht zusammen und lasse sie so einige Tage im Keller stehen, bis sie teig sind. Alsdann drücke man die Hegen mit etwas wenigem Wein durch ein Haarsieb und wiege zu jedem Pfund Mark 1 Pfund Zucker, läutere diesen mit 1 Glas Wasser auf dem Feuer, lasse ihn ein wenig erkalten, und rühre dann das Mark nebst etwas feingeschnittener Citronenschale hinein, lasse das Mark noch etliche Mal damit aufkochen, bis es dick ist, man muß aber sehr Acht geben, daß es nicht anhängt, dann nimmt man es vom Feuer, läßt es erkalten, füllt es hierauf in ein Glas und bewahrt es an einem trockenen Ort auf.

## 807. Reineclaudes in Zucker.

Die Reineclaudes werden mit den Stielen abgebrochen, dürfen aber nicht zu reif sein, von den Stielen wird ein wenig abgeschnitten; dann legt man sie in kochendes Wasser, läßt sie einmal damit aufkochen und nimmt sie behutsam mit einem silbernen Löffel heraus und setzt sie auf ein trockenes Tuch, damit sie abtrocknen. Zu 1 Pfund Zucker nimmt man 1 Pfund Reineclaudes, der Zucker wird mit 1 Glas Wasser geläutert, welcher aber geschäumt sein muß, legt die Frucht hinein und läßt sie das erste Mal nur ein wenig damit kochen, dann nimmt man sie auf Porzellan-Platten nebst dem Saft und kocht sie auf diese Art 2 bis 3 Mal; das letzte Mal aber müssen sie vollends weich und dick eingekocht werden, jedoch muß man Acht geben, daß die Haut nicht weggeht. Nun läßt man sie erkalten, bringt sie den andern Tag sorgfältig in ein Glas und schüttet den Saft darüber.

Anmerkung. Man kann die Reineclaudes auch in Branntwein, wie die Pfirsiche, einmachen; auf alle die Früchte kann man, wenn sie vergährt haben, ein mit Wachs bestrichenes Papier legen.

## 808. Mirabellen in Zucker.

Mit den Mirabellen verfährt man auf dieselbe Art, wie mit den Reineclaudes.

## 809. Johannisbeeren in Zucker.

Die Früchte werden von den Stielen gezupft und

so schwer die Frucht ist, wird Zucker gewogen, dieser mit 1 Glas Wasser geläutert und gut abgeschäumt, gib dann die Frucht hinein und lasse sie auf schwachem Feuer unter beständigem Abschäumen dick einkochen, schütte sie hierauf in ein porzellanenes Geschirr, lasse sie kalt werden und fülle sie dann in ein Glas, binde es mit Papier zu, stelle es an einen trockenen Ort und bewahre es auf; wenn die Frucht vergährt hat, so lege ein mit Wachs bestrichenes Papier darauf.

## 810. Himbeeren in Zucker.

Schöne reife Himbeeren werden gelesen und zu jedem Pfund Himbeeren wird 3/4 Pfund Zucker mit 1 Glas Wasser geläutert, bis er Fäden zieht, dann giebt man die Früchte dazu und kocht sie auf schwachem Feuer unter beständigem Abschäumen dick ein, schüttet sie hierauf in ein feines Geschirr, läßt sie erkalten und füllt sie dann in ein Glas und bewahrt sie an einem kalten, aber trockenen Ort auf.

## 811. Heidelbeeren in Zucker.

Die Heidelbeeren werden auf dieselbe Weise zubereitet, wie die Himbeeren, nur wird zu 1 Pfund Heidelbeeren 1 Pfund Zucker gerechnet.

## 812. Kirschen in Zucker.

Schöne reife Weichsel- oder eine andere Art großer Kirschen werden behutsam ausgesteint und so viel 1/2 Pfund Zucker gewogen, als man Pfund Kirschen hat; dieser Zucker wird mit 1 Glas Wasser geläutert, und dabei oft abgeschäumt, bis er Fäden zieht, dann kommen die Kirschen dazu, diese werden auf langsamem Feuer gekocht, bis sie dick eingekocht sind. Sobald sie nun kalt sind, werden sie in Gläser gefüllt, mit Papier überbunden, dieses mit einer Stecknadel ein wenig durchlöchert und an einem trockenen Ort aufbewahrt; nach einigen Tagen kann man auch ein mit Wachs bestrichenes Papier auf die Frucht legen, damit sie oben nicht schimmelt.

## 813. Kirschen in Dunst einzumachen.

Man nimmt grüne dicke Flaschen mit flachem Boden und nicht zu engem Hals, damit die Früchte gut hinein und heraus gehen. Schöne schwarze Kirschen werden abgezupft, gereinigt und mit einem Tuch gut abgetrocknet, dann füllt man die Gläser mit Kirschen ganz voll und füllt alle Lücken mit gestoßenem Zucker aus bis oben hin, bindet dann die Flaschen mit Schweinsblasen und Bindfaden gut zu, so daß der Faden oben kreuzweis geht, wickelt Heu um die Flaschen, und thut sie in einen Kessel, der die Höhe der Flasche hat, und stellt sie mit kaltem Wasser auf ein schwaches Feuer bis das Wasser kocht, läßt es dann langsam 1/4 Stunde kochen. Sollte der Zucker noch nicht vergangen sein, so läßt man es noch so lange am Feuer bis er vergeht, thue den Kessel vom Feuer, und laß die Flaschen darin stehen bis das Wasser kalt ist, thue sie dann heraus und bewahre sie an einem trockenen und kühlen Ort, doch müssen die Flaschen 14 Tage lang täglich ein wenig herumgeschüttelt werden, damit der Saft sich mit dem Zucker bindet und über die Früchte geht.

Anmerkung. Auf diese Art werden Aprikosen, Pfirsiche, Mirabellen, Zwetschgen und Reineclaudes eingemacht, doch müssen bei Aprikosen und Pfirsichen die Steine zuvor herausgenommen, und Blutpfirsiche auch noch geschält werden.

## 814. Blutpfirsiche auf beste Art einzumachen.

Man nimmt schöne reife Blutpfirsiche, schält sie, läutert dann Zucker (3/4 Pfund Zucker auf 1 Pfund

Pfirsiche) recht dick, thut die Pfirsiche hinein, läßt sie langsam kochen bis sie recht weich sind, nimmt sie behutsam heraus, läßt den Saft dick einkochen, füllt dann die Pfirsiche sammt dem Saft in Gläser, doch nicht ganz voll, bindet sie mit Schweineblasen fest zu, umwickelt die Flaschen mit Heu, stellt sie mit kaltem Wasser auf's Feuer und läßt es ¼ Stunde kochen, thut es dann vom Feuer und läßt die Flaschen im Wasser stehen bis es kalt ist.

## 815. Trauben in Zucker.

Die Trauben werden abgezupft und zu jedem Pfund Traubenbeeren ¾ Pfund Zucker mit 1 Glas Wasser geläutert, bis er Fäden zieht; dann werden die Beeren dazu genommen und so langsam eingekocht, bis sie dick sind, das Abschäumen darf aber dabei nicht versäumt werden; wenn sie ganz fertig sind, läßt man sie erkalten, füllt sie in Gläser, bindet sie zu und bewahrt sie an einem kühlen aber trockenen Ort auf.

## 816. Trauben in Branntwein.

Reife Trauben werden abgeschnitten, so daß an jeder Beere ein wenig Stiel bleibt, in ein Glas gethan, welches ungefähr 3 Schoppen hält, 12 Loth gestoßener Zucker daran gethan, nebst ½ Loth ganzem Zimmt und Nelken; hierauf wird das Glas mit Branntwein angefüllt, mit einer Blase überbunden und an einem trockenen Ort aufbewahrt. Auf dieselbe Art können auch Kirschen zubereitet werden.

## 817. Zwetschgen in Zucker.

Auf 1 Pfund Zwetschgen werden ¾ Pfund Zucker mit 1 Glas Wasser geläutert, bis er Fäden zieht, dann werden die Zwetschgen mit einer Stecknadel bis auf den Stein durchstochen, in den Zucker gelegt und unter öfterem Abschäumen einigemal aufgekocht, dann werden sie mit einem silbernen Löffel vorsichtig auf Platten gelegt, der Saft darüber geschüttet, den andern Tag wieder etwas stärker gekocht, bis sie nicht mehr schäumen; sollte der Saft noch nicht gehörig eingekocht sein, so läßt man ihn ohne die Zwetschgen dick kochen; dann nimmt man sie vom Feuer, läßt sie in einer Schüssel erkalten und füllt sie in Gläser oder Töpfe, bindet sie zu und bewahrt sie an einem kühlen Ort auf. Die geschälten und ausgesteinten Zwetschgen werden auf dieselbe Art bereitet.

## 818. Maulbeeren in Zucker.

Ganz reife Maulbeeren werden gelesen und auf jedes Pfund Frucht 3/4 Pfund Zucker mit 1 Glas Wasser geläutert, bis er dick ist; dann werden die Beeren dazu gethan und damit eingekocht, bis sie nicht mehr schäumen und die gehörige Dicke haben; darnach nimmt man sie vom Feuer weg, läßt sie erkalten, füllt sie in Gläser, bindet sie mit Papier zu, durchlöchert dieses ein wenig mit einer Stecknadel, wenn es vergohren hat, legt man ein mit Wachs bestrichenes Papier auf die Frucht und bewahrt sie an einem trockenen Ort auf.

## 819. Melonen in Zucker.

Die Melonen werden geschält und in dicke Schnitze geschnitten, hierauf in kochendes Wasser gelegt und damit einmal aufgekocht, dann nimmt man sie heraus, legt sie auf ein trockenes Tuch, damit sie abtrocknen, läutert dann zu jedem Pfund Schnitze 3/4 Pfund Zucker mit 1 Glas Wasser, bis er Fäden zieht, gibt die Schnitze darein und läßt sie eine Zeitlang langsam damit kochen, dann legt man sie über Nacht auf Platten, den Saft darüber und kocht sie den andern Tag vollends ein; wenn nun der Zucker nicht mehr schäumt, nimmt man sie vom Feuer, läßt sie erkalten, legt sie hierauf behutsam in ein Glas, schüttet den Saft darüber, überbindet das Glas mit einem durchstochenen Papier, stellt es an einen trockenen Ort und legt nach einigen Tagen ein mit Wachs bestrichenes Papier darauf.

## 820. Drei Obstsorten zusammen in Zucker.

Man nimmt 3 Pfund schwarze ausgesteinte Kirschen, 2 Pfund gelesene Himbeeren und 2 Pfund abgezupfte Johannisbeeren; zu jedem Pfund Früchte läutert man 1/4 Pfund Zucker mit 1 Glas Wasser, bis er dick ist, giebt dann das Obst dazu und läßt es so lange damit kochen, bis es nicht mehr schäumt und dick eingekocht ist; man muß aber dabei achtsam sein und es öfters aufrühren, damit es nicht anhängt; dann schüttet man es in eine Schüssel, läßt es erkalten, füllt es in Gläser oder Töpfe, bindet sie mit Papier, welches mit einer Stecknadel durchlöchert ist, zu, und bewahrt sie an einem trockenen Ort auf; nach einigen Tagen kann man ein mit Wachs bestrichenes Papier auf das Eingemachte legen.

## 821. Zwetschgen-Marmelade.

Ganz reife Zwetschgen werden ausgesteint und in einem passenden Geschirr weich gekocht; sollte es nöthig sein, so wird ein wenig Wasser daran geschüttet und öfter darin gerührt, dann werden sie vom Feuer genommen und durch ein Sieb getrieben. Auf jedes Pfund Mark nimmt man 1/4 Pfund Zucker, thut es zusammen auf das Feuer nebst etwas grüner Nußschale, die dem Ganzen einen sehr angenehmen Geschmack gibt; dieses lasse nun auf schwachem Feuer unter beständigem Abschäumen und Rühren dick einkochen, nimm es alsdann vom Feuer weg, rühre nach Belieben gestoßenen Zimmt und Nelken nebst einigen Löffelnvoll Kirschenwasser hinein und lasse es erkalten, alsdann fülle es in steinerne Töpfe, binde es mit einem durchstochenen Papier zu, bewahre es an einem trockenen Ort und lege in einigen Tagen ein mit Wachs bestrichenes Papier darauf. Man kann die Zwetschgen auch schälen, wodurch sie viel zarter werden.

## 822. Grüne Nüsse in Zucker.

Man nimmt um Johanni frische, grüne Nüsse, schneidet oben und unten ein wenig ab, durchsticht sie mit einem spitzigen Hölzchen mehreremal, und schüttet während acht Tagen täglich frisches Wasser daran; nun werden die Nüsse mit kaltem Wasser an das Feuer gestellt, ist es siedend, schüttet man es ab und fährt 4 bis 5 Mal so fort, bis man sie leicht durchstechen kann. Läutere so viel Zucker als die Nüsse wiegen, lege die Nüsse hinein und lasse sie eine Zeitlang darin kochen, dann lege sie über Nacht auf eine Platte, schütte den Saft darüber und fahre so 2 bis 4 Tage fort; ehe sie das letzte Mal gekocht werden, spicke sie mit Citronat und Pomeranzenschale und lege etwas ganzen Zimmt und ganze Nelken dazu, laß sie erkalten, fülle sie in ein Glas und binde sie mit einem Papier zu, das mit einer Stecknadel durchlöchert ist. Nach einigen Tagen lege ein mit Wachs bestrichenes Papier darauf und stelle sie an einen trockenen Ort.

## 823. Preiselbeeren, als Beilage zum Ochsenfleisch.

Zu 4 Schoppen Preiselbeeren nimmt man 1 Glas guten rothen Wein, stelle sie in einem Casserol auf ein schwaches Feuer; wenn sie anfangen zu kochen, thut man 1 Pfund Zucker, 1 Loth gestoßenen Zimmt, 1 Quint Nelken hinein und läßt dieses ½ Stunde zusammen kochen, schäumt es dabei fleißig ab und sollten sie noch zu viel Brühe haben, so schöpft man diese davon ab und läßt sie allein noch einkochen; dann läßt man sie in einer Schüssel erkalten, füllt sie hierauf in steinerne oder gläserne Gefäße, bindet diese mit Papier zu, stellt sie an einen trockenen Ort und gibt nach einigen Tagen ein Wachspapier darauf. Wenn man es liebt, kann man auch etwas weniger Wein nehmen und statt dessen etwas Essig dazu thun; auf die erste Art sind sie aber sehr empfehlenswerth.

## 824. Melonen in Essig.

Ganz reife Melonen werden geschält, in dicke Schnitze geschnitten, in eine Schüssel gelegt und so viel guter Wein darüber geschüttet, daß sie damit bedeckt sind. Dann lasse sie so 24 Stunden stehen, miß nun zu jedem Pfund Schnitze 1 Schoppen Essig und ½ Pfund Zucker, lasse den Essig und Zucker kochen, bis er ganz hell abgeschäumt ist, nimm die Melonen nebst ½ Loth Zimmt und einigen Nelken dazu, und koche sie halb weich, lege sie nun über Nacht auf ein Porzellan-Geschirr und lasse sie den andern Tag vollends weich kochen, wenn sie erkaltet sind lege sie in ein Gefäß, binde es mit Papier zu, stelle es an einen trockenen Ort und lege nach einigen Tagen ein mit Wachs bestrichenes Papier darauf.

## 825. Zwetschgen in Essig.

Die Zwetschgen werden vorsichtig mit den Stielen vom Baum genommen, damit die blaue Farbe nicht abgeht, und dann in eine Schüssel gelegt. Nun wird zu 1 Pfund Zwetschgen 1 Schoppen guter Weinessig mit ½ Pfund Zucker, ½ Loth Zimmt und 1 Quint Nelken gekocht und abgeschäumt, bis er ganz hell ist; man schüttet dann den Essig über die Zwetschgen, deckt sie über Nacht zu, schüttet den Essig den andern Tag wieder ab, macht ihn wieder kochend, gibt ihn wieder über die Zwetschgen und zum dritten Mal stellt man sie mit dem Essig auf das Feuer und läßt sie wie ein hartes Ei kochen, dann nimm sie vom Feuer, lasse sie erkalten; sollte der Essig noch nicht ganz dick sein, so kann man ihn noch allein kochen; dann werden die Zwetschgen in Gläser gethan, der Essig mit dem Gewürz darüber gegossen und zugebunden.

## 826. Kirschen in Essig.

Große reife Weichselkirschen, wovon die Stiele halb abgeschnitten sind, werden in ein porzellanenes Geschirr gelegt. Zu 1 Pfund Kirschen nimmt man 1 Schoppen guten Weinessig, ½ Pfund Zucker, 1 Loth ganzen Zimmt und ½ Loth ganze Nelken, und läßt dieses zusammen kochen, bis es hell abgeschäumt ist, dann läßt man den Essig kalt werden und schüttet ihn über die Kirschen, läßt ihn über Nacht stehen; das zweite Mal macht man ihn wieder kochend und gibt ihn dann lauwarm über die Frucht; den andern Tag kocht man den Essig etwas mehr ein und schüttet ihn wieder lau daran, am folgenden Tag legt man die Kirschen in ein Glas, schüttet den Essig nebst Gewürz darüber, bindet das Glas mit Papier zu, sticht mit einer Stecknadel einige Löcher hinein, und stellt es nun an einen kühlen, aber trockenen Ort. Wenn die Kirschen in die Höhe steigen muß der Essig abgeschüttet und mit etwas Zucker eingekocht werden.

## 827. Girlitzen oder Judenkirschen in Essig.

Zu 1 Pfund Girlitzen nimmt man 1 Schoppen guten Weinessig, ½ Pfund Zucker, 1 Loth ganzen Zimmt und 1 Quint Nelken, kocht den Essig sammt Zucker und Gewürz, bis er hell und abgeschäumt ist, läßt ihn ein wenig abkühlen und gießt ihn über die Girlitzen; den andern Tag macht man den Essig wieder siedend, läßt die Früchte einige Mal damit aufkochen, füllt sie hierauf in Gläser, schüttet den Essig darüber, bindet sie mit einem durchstochenen Papier zu, und bewahrt sie an einem trockenen Ort auf.

Bei allen eingemachten Früchten ist es gut, wenn der Saft die Früchte bedeckt, damit sie nicht trocken liegen, auch muß bei allen, ohne Unterschied, beim Kochen der Schaum abgenommen werden, ein Papier, mit Wachs bestrichen, verhütet, daß das Eingemachte sich oben mit Schimmel besetzt, und das Papier, mit welchem es zugebunden ist, muß im Anfang mit einer Stecknadel gestochen sein, damit die Frucht beim Gähren etwas Luft hat.

## 828. Charlotten in Essig.

Die Charlotten müssen mit einem silbernen oder hölzernen Messer geschält, alsdann mit gutem Weinessig, etwas ganzem Pfeffer und einigen Nelken gekocht werden, bis die Charlotten aufspringen wollen; nimm sie vom Feuer, laß sie erkalten, fülle sie in ein Gefäß, binde sie mit einer Blase zu, und stelle sie an einen trockenen Ort.

## 829. Gurken in Essig.

Die Gurken werden gewaschen, alsdann in ein hohes Gefäß gethan, 3 bis 4 Händevoll Salz daran geschüttet nebst Wasser, daß es darüber geht, decke die Gurken zu und stelle sie 2 Tage in den Keller, schütte alsdann das Wasser davon ab, trockne sie mit einem reinen Tuche ab, lasse alsdann guten Weinessig kochend werden und wieder erkalten, lege in das bestimmte Gefäß ein Lage Gurken, eine Lage geschälte Charlotten, dann eine Lage Fenchel, Estragon, Lorbeerblatt, ganzen Senf, Pfeffer und Nelken, hierauf wieder Gurken, und so fahre fort, bis das Gefäß voll ist, oben darauf lege Rebblätter und binde es mit einer Blase zu. Man kann auch noch Kapern und Kapuziner dazu thun.

## 830. Gurken in Essig anderer Art.

Große, ausgewachsene, grüne Gurken werden geschält, in 4 Theile der Länge nach geschnitten, das Mark und die Kerne herausgenommen, lege sie in ein Geschirr, streue einige Händevoll Salz daran, lasse sie 3 bis 4 Stunden stehen, nimm sie heraus und trockne sie wieder ab, lege sie alsdann nach der Ordnung (siehe oben Gurken) in ein Glas und binde sie mit einer Blase zu.

## 831. Gurken in Salz.

Es werden halbgewachsene Gurken 24 Stunden in's kalte Wasser gelegt, alsdann herausgenommen und abgetrocknet, lege sie 1 Stunde in die Luft. Hierauf nimm 4 bis 5 Maß Wasser, je nach der Größe der Gurken, zu jeder Maß eine Handvoll Salz und 1 Glas guten Essig, thue dies zusammen in ein Geschirr und klopfe es mit einem hölzernen Besen 1½ Stunden. Zu diesen Gurken ist ein eigenes Fäßchen nothwendig; an dem einen Boden muß es in der Mitte eine Oeffnung haben, durch welche man mit der Hand hinein kommen kann; wenn dies Fäßchen gehörig ausgebrüht ist, lege eine Lage Traubenlaub, Fenchel, Pimpinell, Lorbeerblatt, alsdann eine Lage Gurken, wieder Traubenlaub ꝛc., so fahre fort, bis das Fäßchen voll ist, gieße den geschlagenen Lack darüber, laß das Fäßchen einige Tage offen stehen, schlage es alsdann fest zu. Auf diese Art halten sich die Gurken über ein Jahr.

## 832. Gurken geschält und geblättelt.

Man nimmt schöne halbgewachsene Gurken, schält und blättelt sie, salzt sie sehr stark mit feinem Salz, läßt sie hierauf 3 Stunden stehen, dann werden sie fest ausgedrückt, mit gutem Essig und Oel angemacht, wie ein Salat, etwas ganzer Senf und grobgestoßener weißer Pfeffer dazu gethan, füllt sie in steinerne Töpfe, gießt noch gutes Oel darauf, doch müssen sie so viel Brühe haben, daß sie alle in der Brühe liegen, bindet sie alsdann mit Leinwand und Blasen zu, und bewahrt sie an einem kühlen trockenen Ort auf.

## 833. Bohnen in Essig eingemacht.

Kleine Bohnen werden geputzt, ganz gelassen, dann koche sie 5 Minuten im Salzwasser ab, lege sie hernach auf ein Tuch bis sie trocken sind. Den Hafen belegt man mit Reblaub und Bohnenkraut, legt dann die Bohnen hinein, nebst etwas Salz, Nelken und Pfeffer und gießt kochenden Weinessig darüber, ist dieser kalt, so gießt man ausgesottenes Ochsenfett darüber und stellt es in den Keller

## 834. Welschkorn in Essig.

Die Welchkornkolben werden, wenn sie fingerdick sind, abgebrochen und 3 bis 4 Tage in einen Hafen mit Salzwasser gelegt, gieße alsdann das Wasser ab, belege ein Glas mit Lorbeerblatt, Basilikum, Pimpinell und gostoßenem Pfeffer, alsdann eine Lage Welschkorn, dann wieder eine Lage von den Kräutern, mache so fort, bis das Glas gefüllt ist, gieße weißen, guten Essig darüber und binde das Glas zu.

## 835. Kapuziner.

Die Kerne werden, wenn sie noch grün sind, vom Stock abgebrochen, mache alsdann Essig kochend, laß ihn wieder erkalten, lege die Kerne in das Gefäß nebst geschälten Charlotten, Pfeffer und Nelken, gieße den Essig darüber, lege Rebblätter darauf, binde eine Blase darüber und stelle sie in den Keller.

## 836. Sauerkraut einzumachen.

Man nimmt große, feste Weißkrautköpfe, läßt sie

einige Tage im Keller liegen, nimmt alsdann die grünen Blätter ab, reinigt die Köpfe von den Dorschen, hobelt sie recht fein in ein hölzernes Gefäß, vermengt es mit etwas Kümmel und nimmt zu einem Kübel geschnittenem Kraut ¾ Pfund Salz, nun nimm einen gut ausgebrühten Ständer, belege den Boden mit reinen Krautblättern, gib das geschnittene Kraut lagenweise darauf, drücke es zuerst mit der Hand und dann mit einem hölzernen Stampfer zusammen, zwischen jede Lage lege einige halbe Borsdorfer Aepfel und fahre nun so fort bis das Kraut zu Ende ist, bedecke es auch oben wieder mit Krautblättern, lege passende Brettchen und einen ziemlich großen Stein darauf; sollte es in 24 Stunden keine Brühe haben, so muß es mehr beschwert oder Salzwasser darauf gegeben werden, nach 14 Tagen kann man davon kochen, doch muß zuerst die Unreinigkeit nebst Blättern und Brühe abgenommen und statt der Blätter ein reines Tuch darauf gelegt werden, dann kann man auch ½ Maß Wein daran schütten, was ihm einen guten Geschmack gibt und wenn man es liebt, kann man auch Wachholderbeeren daran thun.

## 837. Weiße Rüben einzumachen.

Man schäle und wasche die Rüben, schneide sie ein, hierauf salze sie und bringe sie in den Ständer, lege unten und oben reine Krautblätter und beschwere sie wie das Kraut.

## 838. Bohnen einzumachen.

Langen, zarten Bohnen werden von beiden Seiten die Fäden abgeschält und fein geschnitzt, sodann in ein rundes Körbchen gethan und in diesem in kochendes Wasser gesetzt, worin sie 7 Minuten bleiben können, übergieße sie mit kaltem Wasser, schütte sie alsdann auf eine große Tafel bis sie kalt sind, belege nun den Boden des Ständers mit gewaschenen Rebblättern, bringe einen Kübelvoll Bohnen und zwei Händevoll Salz und etwas Bohnenkraut dazu und fahre so fort bis der Ständer voll ist, dann belege sie mit Rebblättern, lege Blättchen und einen Stein darauf und wasche sie nach 14 Tagen ab und lege ein Tuch darauf.

## 839. Bohnen in Salz.

Diese werden auf dieselbe Art gereinigt wie vorhergehende und der Ständer mit Rebblättern ausgelegt, nimm zu einem Korbvoll Bohnen 6 Pfund Salz, menge es unter die Bohnen, lege etwas Bohnenkraut dazu, oben Rebblätter und ein Brettchen nebst einem Stein darauf; dabei muß bemerkt werden, daß die Brühe nie abgehoben, sondern nur gereinigt werden darf, auch beim Gebrauch muß man zuerst die Brühe hinunter laufen lassen und sie dann, ehe man sie kocht, mit heißem Wasser einigemal abbrühen.

## 840. Erbsen in Dunst einzumachen, beste Art.

Man brockelt ganz junge Erbsen aus, verliest sie recht rein, nimmt zu 5 Mäßlein unausgebrockelten Erbsen ein starkes ¼ Pfund Butter, läßt diese zuerst aus, gießt sie durch ein Tuch, damit die Buttermilch davon abgeht, thut dann die ausgebrockelten Erbsen daran, nebst einem schwachen ½ Glas Wasser und Salz, läßt sie dann weich dämpfen bis der Saft eingekocht und die Butter klar daran ist; sie müssen aber schnell gekocht werden, damit sie schön grün bleiben, dann läßt man sie ein wenig abkühlen, füllt sie in Gläser, gießt noch etwas von obiger frisch ausgelassener Butter, von welcher man vorher so viel zurückläßt, darauf, bindet sie mit Schweinsblasen fest zu, bindet sie in Heu ein, stellt sie in kaltem Wasser auf's Feuer; wenn es anfängt zu kochen läßt man sie ¼ Stunde fort kochen, thut sie dann vom Feuer; wenn sie erkaltet sind nimmt man die Flaschen heraus, verpicht sie recht gut und stellt sie in trockenen Sand in Keller.

## 841. Erbsen in Dunst einzumachen, anderer Art.

Man nimmt Champagnerflaschen, schwefelt sie aus, füllt sie dann mit jungen grünen Erbsen, nebst einer Handvoll Salz, pfropft sie fest zu, bindet eine Blase darüber, umwindet die Flasche mit Heu, stellt sie mit kaltem Wasser auf ein schwaches Feuer und läßt sie ½ Stunde kochen; dann läßt man sie im Wasser stehen bis sie erkaltet sind, verpicht die Flaschen und bewahrt sie in trockenem Sand im Keller.

## 842. Trüffeln einzumachen.

Zu 3 Pfund geputzten Trüffeln nimmt man vier Kalbsfüße, schneidet sie auseinander und setzt sie mit frischem Wasser auf's Feuer bis zum Kochen, gießt die Brühe ab, füllt sie mit frischem Wasser wieder auf und läßt sie einen ganzen Tag kochen, so daß die Füße ganz verkocht sind, lasse die Brühe nun durch ein Haarsieb laufen und über Nacht stehen, nimmt das Fett ab und setzt es mit 1 Schoppen rothem Wein, etwas ganzem Gewürz, ¼ Citronenschale, etwas Nelken, ganzen Pfeffer, einigen Lorbeerblättern, 3 ganzen und 3 weißen Eiern, wenn es recht durcheinander geschlagen ist, zum Feuer und rührt beständig bis es kocht; sieht man, daß es sich klärt, so schüttet man es durch eine Serviette und läßt es kalt werden. Dann nimmt man die Trüffeln, dämpft sie in 1 Schoppen rothen Wein gut durch, nimmt sie auf ein Tuch heraus, läßt sie abkühlen und legt sie dann in ein Glas, gießt den wieder flüssig gemachten Stand darüber, so daß die Trüffeln ganz bedeckt sind, schmelzt sie mit Rindschmalz zu, überbindet sie mit einer Blase und bewahrt sie an einem kühlen trockenen Ort auf.

### 843. Champignons einzumachen.

Man nimmt kleine geschlossene Champignons, schält sie recht rein und wäscht sie durch frisches Wasser; dann nimmt man so viel Champignons als in eine weite ½ Maß-Flasche gehen; wenn die Champignons gekocht sind, thut man zu einer solchen Flasche ¼ Pfund Butter, den Saft von 2 Citronen und etwas Salz daran, läßt sie auf dem Feuer gut durchkochen, läßt sie verkühlen, füllt sie in die Flasche, bindet sie mit Schweinsblasen gut zu, bindet sie in Heu ein und stellt sie mit kaltem Wasser auf's Feuer; wenn sie anfangen zu kochen, läßt man sie ¼ Stunde fortkochen, thut sie dann vom Feuer, wenn sie erkaltet sind picht man die Flasche zu und stellt sie an einen kühlen trockenen Ort.

### 844. Champignons zum Rindfleisch einzumachen.

Ganz kleine Champignons werden geputzt und gewaschen, im Salzwasser weich gekocht, dann das Wasser abgeschüttet und auf ein Tuch gelegt, damit sie trocken werden, nun wird Essig kochend gemacht und abgeschäumt. Lege die Champignons in ein Glas, schütte den Essig, wenn er erkaltet ist, nebst etwas Gewürz darüber, gieße ein wenig Oel darauf, binde die Gläser fest zu und bewahre sie an einem kühlen Ort.

---

## Warme und kalte Getränke.

### 845. Chocolade mit Milch.

6 Täfelchen Chocolade werden in Stücke gebrochen, in ein Casserol gethan und etwas Milch daran gegossen, lasse es alsdann ganz verkochen, so daß

man keine Stückchen mehr darin sieht, schütte ½ Maß Milch daran und laß es unter immerwährendem Sprügeln kochen; wenn es ½ Stunde gekocht hat, verrühre 6 Eiergelb in einem Hafen mit etwas kalter Milch, rühre die Chocolade daran und sprügle es auf dem Feuer, bis sie dick ist, gieße sie hierauf in die Kanne und servire sie.

## 846. Chocolade mit Wasser.

12 Täfelchen Chocolade werden in Stücke gebrochen, mit etwas Wasser auf's Feuer gestellt, laß die Chocolade recht gut verkochen, schütte alsdann 1 Maß Wasser daran, lasse sie 1 bis 1½ Stunden langsam kochen, bis es auf ½ Maß eingekocht ist; sollte sie nicht süß genug sein, so thue noch Zucker dazu.

## 847. Grüner oder schwarzer Thee.

Eine kleine Handvoll Thee wird mit etwas kochendem Wasser 4 bis 5 Minuten angebrüht, alsdann das Wasser wieder abgeschüttet, thue dann nach Belieben Vanille an den Thee, gieße 3 Schoppen kochendes Wasser darauf und laß ihn ¼ Stunde stehen, gieße ihn in die Kanne, servire ihn mit kaltem oder warmem Rahm.

## 848. Reformirter Thee.

Brühe 1 Loth grünen Thee mit ½ Glas Wasser an, lasse ihn einige Minuten stehen, lasse alsdann ½ Maß Milch, etwas Vanille und ein Stück Zucker kochend werden, gieße das Wasser vom Thee dazu, wenn es einigemal aufgekocht ist verrühre 4 bis 6 Eiergelb in einem Hafen, gieße den Thee daran, sprügele ihn recht schäumig und gieße ihn in die Kanne.

## 849. Kaffee mit Milch.

Der Kaffee muß hell gebrannt werden, mahle hierauf 3 Loth Kaffee, thue ihn in einen Hafen nebst einem Stückchen Hausenblase, gieße ½ Maß siedende Milch daran und laß ihn ¼ Stunde kochen, stelle ihn vom Feuer und laß ihn hell werden, gieße ihn in die Kanne.

## 850. Mandelade.

Reibe 8 Loth Mandeln mit einem Tuch ab und röste sie dunkelgelb, stoße sie alsdann in einem Mörser, laß ½ Maß Milch mit einem Stückchen Zucker und ganzem Zimmt kochend werden, thue die gestoßenen Mandeln hinein und laß es ½ Stunde kochen, laß es alsdann durch eine Serviette laufen, und wieder kochen, verrühre 4 bis 5 Eiergelb, schütte unter beständigem Strudeln das Gekochte daran, gieße es in die Kanne und servire es.

## 851. Reis-Content.

½ Pfund Reis wird gelesen und fein gestoßen, 8 Loth Zucker auch gestoßen, alsdann wird beides durch ein Haarsieb gesiebt, menge 1 Loth gestoßenen Zimmt, 1 Quint Nelken, 2 Täfelchen Chocolade am Reibeisen gerieben darunter (man kann dies Pulver ½ Jahr aufheben). Zu 2 Schoppen Milch nimm 3 Eßlöffelvoll von dem Pulver und laß es einigemal aufkochen; beim Anrichten rühre 3 Eiergelb daran.

## 852. Reis-Content, anderer Art.

Röste 4 Loth Reis hochgelb, hierauf wird er fein gestoßen und gesiebt, laß alsdann 2 Schoppen Milch mit einem Stückchen Zucker kochen, rühre den feinen

Reis hinein, laß ihn eine Zeitlang kochen, richte ihn mit 3 Eiergelb an.

## 853. Hoppel-Poppel.

Stoße 4 Loth Candis recht fein, rühre 4 Eiergelb daran, nebst einigen Löffelnvoll Kirschenwasser. Man kann auch Wollblumenthee, Wein oder Rum nehmen. (Es ist ein gutes Mittel gegen Heiserkeit.)

## 854. Warmes Bier.

½ Maaß Bier, eine Nußgroß Butter, ½ Glas Milch, ½ Pfund Zucker, etwas ganzer Zimmt wird auf's Feuer gestellt; laß es unter beständigem Rühren kochen, verrühre alsdann 4 Eiergelb, rühre das Bier daran und gib es in Gläser.

## 855. Punsch von Orangen.

Läutere 3 Pfund Zucker mit 2 Schoppen Wasser, brühe etwas grünen Thee an, thue den Zucker, den abgeschütteten Thee, 6 Schoppen Wein, 4 Schoppen Wasser zusammen in ein Casserol, und lasse dies zusammen kochen, gieße es in die Schüssel, den Saft von 8 Orangen nebst 1 Orange am Zucker abgerieben und eine Bouteille Arac daran.

## 856. Champagner-Punsch.

1½ Pfund gestoßener Zucker, das Abgeriebene einer Citrone und einer Orange, den Saft von 3 Orangen und 1 Citrone stelle mit 2 Schoppen Wasser und 2 Flaschen Champagner auf's Feuer, wenn es recht heiß ist schütte es in eine Schüssel und thue einen Schoppen Rum dazu.

## 857. Schotto.

4 ganze und 6 gelbe Eier werden mit 1 Schoppen Wein, Zucker bis es süß genug ist und der Schale einer Citrone in einem Kessel recht geschlagen, dann auf's Feuer genommen und mit dem Schneebesen fort geschlagen, bis es anfängt zu kochen, dann vom Feuer genommen und zu beliebigen Speisen verwendet.

## 858. Glühwein.

2 Schoppen guter rother Wein wird mit ½ Pfund Zucker, ½ Loth ganzem Zimmt, 3 ganzen Nelken auf's Feuer gestellt und heiß gemacht, gieße dies durch ein Haarsieb und richte es in Gläser an.

## 859. Bischoff.

Nimm 4 süße und 2 bittere Orangen und brate sie auf dem Rost, stelle eine Bouteille Burgunder oder andern starken rothen Wein auf's Feuer, stupfe die Orangen mit einer Nadel, lege sie in den Wein, nebst Zucker, Zimmt und Nelken, wenn es eine Zeitlang gekocht hat schütte den Wein in eine Schüssel; der Zimmt, die Nelken und Orangen bleiben zurück.

## 860. Pabst.

1 Bouteille Champagner, 1 Bouteille Rheinwein (Deidesheimer oder Nierensteiner), 3 in Schnitze geschnittene Citronen nebst Zucker, Zimmt und Nelken werden gekocht, schütte es in eine Schüssel nebst 1 Schoppen Arac.

## 861. Mandelmilch.

½ Pfund Mandeln wird geschält und fein gestoßen, hierauf in eine Schüssel gethan, mit zwei Schoppen Wasser durcheinander gerührt und durch eine reine Serviette gepreßt, stoße alsdann die Mandeln mit etwas Wasser noch einmal und presse sie wieder durch das Tuch, thue Zucker nach Belieben daran.

## 862. Mandelmilch-Essenz.

1 Pfund geschälte und feingestoßene Mandeln werden mit ½ Pfund Zucker und 4 Schoppen Wasser auf's Feuer gestellt, laß es unter beständigem Rühren kochen, laß es durch ein reines Tuch laufen, fülle es in Bouteillen, mache sie fest zu und stelle sie in den Keller; beim Gebrauche wird ein Eßlöffelvoll der Essenz in ein Trinkglas frisches Wasser gethan.

## 863. Limonade.

Drücke den Saft von 4 bis 5 Citronen durch ein reines Tuch, schütte alsdann 1 Maß (4 Schoppen) frisches Wasser daran, nebst Zucker, bis es süß genug ist; man kann auch Orangensaft nehmen.

## 864. Johannisbeer-Wein.

Von sehr reifen rothen Johannistrauben werden die Beeren abgezupft, mit der Hand in einem Gefäß zerdrückt, presse sie alsdann durch ein reines Tuch. Zu 1 Maß Saft wird ½ Maß Quellwasser genommen, auf 3 Schoppen von diesem Saft 1 Pfund Zucker (wenn man den Wein einige Jahre gut erhalten will, sonst könnte auch 1 Pfund Zucker zu einem guten Getränk wirken) darin aufgelöst, dieser

Saft wird in ein Fäßchen gethan (doch muß von dem Saft 1 bis 2 Maß zurückbehalten werden), wegen der Gährung darf es aber nicht ganz voll gemacht werden, lege es in den Keller auf ein festes Lager und verspunde es leicht; den nächsten Tag wird der Most zu gähren anfangen, hat der Most völlig ausgegohren, dann gieße den zurückgelassenen Saft darauf; spunde das Fäßchen nicht ganz fest zu, bis die Gährung ganz vorüber ist. Dieser Wein bleibt bis in's nächste Jahr im Fäßchen, und in der Mitte oder Ende Februar gieße man ihn in Champagner-Flaschen und legt sie auf ein Holzlager; das Trübe wird durch doppeltes Fließpapier filtrirt. Dieser Wein kann Morgens getrunken werden und hat den Geschmack von Malaga.

## 865. Himbeersaft in Zucker.

Die Himbeeren werden in ein Gefäß gethan und 2 bis 3 Tage in den Keller gestellt; jeden Tag müssen sie geschüttelt werden, bis sie sich aufwerfen, alsdann werden sie durchgepreßt und wieder 24 Stunden in den Keller gestellt, dann läßt man sie durch ein Tuch laufen; auf den Schoppen Himbeersaft wird ¾ Pfund Zucker genommen, mit einander auf's Feuer gesetzt, der Schaum abgehoben und eine Zeitlang eingekocht, bis der Saft etwas dick ist; hierauf laß ihn erkalten, fülle ihn in Bouteillen, binde ein Papier darauf und durchlöchere es mit einer Nadel. Zu 1 Glas frischem Wasser werden 2 bis 3 Löffelvoll Saft genommen.

## 866. Himbeer-Essig.

So viel Maß Himbeeren, so viel Maß guter Weinessig werden zusammen 3 bis 4 Tage in ein Gefäß gestellt, das Geschirr fest zugebunden; alsdann werden sie durch ein Tuch gepreßt, 24 Stunden wieder in den Keller gestellt, das Helle davon abgeschüttet; miß alsdann den Saft. Nimm zu jedem Schoppen ½ Pfund Zucker, stelle ihn zusammen auf's Feuer, schäume ihn fleißig ab und laß ihn ½ Stunde kochen; den andern Tag wird er in Bouteillen gegossen und wie Champagner verpicht und aufbewahrt.

## 867. Kirschen-Saft.

Nimm halb schwarze und halb sauere Weichselkirschen, stoße sie mit den Kernen recht fein, presse sie durch ein dichtes, reines Tuch und lasse sie über Nacht im Keller stehen, laß alsdann den Saft durch ein gespanntes Tuch laufen; zu 1 Maß Saft wird 1 Pfund Zucker genommen; stelle den Saft und den Zucker miteinander auf's Feuer, schäume ihn ab, und laß ihn nebst ½ Loth ganzen Zimmt und 1 Quint Nelken ¼ Stunde kochen; wenn er erkaltet, fülle ihn in Bouteillen und bewahre ihn im Keller auf.

## 868. Maulbeer-Saft.

Die Maulbeeren werden durch ein Tuch gepreßt, stelle den Saft über Nacht in den Keller, schütte das Helle ab, läutere alsdann auf 1 Schoppen Saft ½ Pfund Zucker mit 1 Glas Wasser, gieße den Saft hinein und laß ihn durch öfteres Schäumen dick kochen, schütte ihn in ein Gefäß von Porzellan, laß ihn erkalten und fulle ihn in Bouteillen. Dieser Saft ist als ein sehr auflösendes Mittel beim Husten zu empfehlen. Es ist auch ein angenehmer Trank mit Wasser vermischt.

## 869. Nuß-Liqueur.

Die Nüsse müssen gerade um Johanni gebrochen werden. Zu 1 Maß Zwetschgenwasser werden 30 bis 40 Nüsse in kleine Würfel geschnitten, 2 Loth ganzer

Zimmt, 1 Loth Nelken, 1 Loth Muskatblüthe, dies zusammen wird in eine große Flasche gethan und 6 Wochen in die Sonne gestellt, läutere alsdann 1 Pfund Zucker in 1 Schoppen Wasser, das Zwetschgenwasser schütte alsdann von den Nüssen ab, menge den Zucker darunter, filtrire ihn durch einen Filzhut, schütte ihn alsdann in Bouteillen nebst etwas süßer Milch, die Milch macht den Liqueur hell. Nach einigen Tagen wird der Liqueur behutsam abgeschüttet, so daß das Satzige in der Bouteille bleibt.

## 870. Quitten-Liqueur.

Man nimmt Quitten, reibt solche sammt der Schale auf dem Reibeisen, preßt sie durch eine Serviette und thut zu 1 Schoppen Saft 1 Schoppen Zwetschgenwasser, und zu einer Maß von dieser Mischung die Schale von einer Citrone und Pomeranze fein geschnitten, 40 bittere Mandeln fein geschnitten, 1 Pfund gestoßener Kandiszucker, einige Nelken und 1 Loth feinen Zimmt; thue dies in eine gut gestöpselte Flasche und lasse es 4 Wochen stehen. Rühre es jeden Tag mit einem Kochlöffel und filtrire es nach 4 Wochen durch ein Fließpapier.

# Speise-Zettel

## für alle Monate des Jahrs.

---

Anmerkung. Die Verfasserin ist bemüht gewesen, den nachstehenden Speisezettel sowohl der reicheren als auch der gewöhnlichen bürgerlichen Tafel möglichst anpassend zu machen; die umsichtige Hausfrau wird es verstehen, je nach ihrem Bedürfniß, die Zahl der Gerichte abzukürzen oder zu vermehren.

## Januar.

Mittagessen. Pfanzerlsuppe, Ochsenfleisch mit Sardellensauce, bairisches Kraut mit Schweinecoteletten, Cabeljau mit Kartoffeln, Mandelpudding mit Hegensauce, Rehbraten mit Endiviensalat.

Nachtessen. Nudelsuppe mit Huhn, geröstete Kartoffeln mit Coteletten in Sauce, Hasenbraten, Schinken, Kartoffelsalat und Omeletsouflé.

Mittagessen. Duchgeschlagene Kräutersuppe, Ochsenfleisch mit Meerrettig, Weißkraut mit Kastanien und Bratwürsten, Brieslein in einem vol-au-vent, Reisauflauf mit einer Himbeersauce, Poularden mit Salat.

Nachtessen. Reissuppe, Blumenkohl mit Croquett von Kalbfleisch, Hecht à la hollondais, aufgezogene Flädlein, Lummelbraten und Salat.

Mittagessen. Suppe à la Reine, Ochsenfleisch mit Kapernsauce, Gelberüben mit Kalbscoteletten, Tauben in einer braunen Morchelsauce, Aepfelschalot, Nierenbraten und Salat.

Nachtessen. Gerstensuppe, Endivien mit gebackenen Brieslein, Zunge in Sauce, gebackene Crême, Kapaun und Brunnenkressensalat.

Mittagessen. Hirnsuppe, Ochsenfleisch mit Melonen, gefülltes Weißkraut mit gesalzener Zunge, wilde Ente mit Sardellensauce, Humbes, Lummelbraten und Salat.

Nachtessen Einlaufsuppe, Schwarzwurzeln mit französischem Omelet, Poularden in Sauce, Reiswürstchen in Sagosauce, Fricando von Kalbfleisch mit Salat.

Mittagessen. Grüne Kernensuppe, Ochsenfleisch mit Zwiebelsauce, Sauerkraut mit Würsten, Wildpretragout, Kaiserkuchen, Welscher Hahn mit italienischem Salat.

Nachtessen. Griessuppe, Beefsteaks mit Sardellensauce und Kartoffeln, Hecht in Sauce, Rahmstrudeln, Entenbraten und Salat.

Mittagessen. Verlorene Eiersuppe, Roastbeef mit gebohrten Kartoffeln, Wirsching mit Ochsenzunge en papillotes, Hecht mit Sauce, Weinmocken, gefüllte Gans und Salat.

Nachtessen. Mehlsuppe, Schwarzwurzeln mit gebackenen Hirnschnitten, wilde Ente in Sauce, Sagoauflauf, gebratene Hahnen und Salat.

Mittagessen. Schildkrötensuppe, Roastbeef mit Kartoffeln, Sardellensauce und Melone, Pastetchen von Kalbshirn, Sauerkraut mit Fasan und Blumenkohl mit gebackenen Brieslein, gespickter Karpfen, Macaroni in einem vol-au-vent, Brandpudding und Pfentelein, welscher Hahn und Rehziemer, Endiviensalat, Sandtorte und Punschgefrorenes.

Nachtessen. Flädleinsuppe, eingemachte Brockelerbsen mit gebackenen Hahnen, geröstete Kartoffeln mit Beefsteaks, Feldhühner in Sauce, Kartoffelauflauf und Vanille-Crême, Kapaun, gesalzene Zunge und italienischer Salat.

# Februar.

Mittagessen. Eiergerste, Ochsenfleisch mit Gurken, Linsen mit geräuchertem Schweinefleisch, gebratene Gans und Salat.

Nachtessen. Wecksuppe, Kalbsgekrös und geröstete Kartoffeln und Griesnockerln.

Mittagessen. Baumwollsuppe, Ochsenfleisch mit Meerrettig, eingemachte Bohnen mit Kalbscoteletten, Froschschenkel, Dampfnudeln mit Vanillesauce, gefüllte Kalbsbrust und Salat

Nachtessen. Linsensuppe, Ochsenfleisch mit eingemachten Kapuzinern, gefüllte Kartoffeln mit Göttinger Wurst, Granat von Kalbfleisch, Chocolade-Auflauf Rehschlägel mit Salat.

Mittagessen. Rahmsuppe, Spinat mit Omelet, Kalbsroulade, Kapaun und Salat.

Nachtessen. Suppe mit Eierklösen, Schwarzwurzeln mit Coteletten, Mandelbrei, Hahnenbraten und Salat.

Mittagessen Kartoffelsuppe, Ochsenfleisch mit Zwiebelsauce, weiße Bohnen mit geräucherten Würsten, Schellfisch mit kleinen Kartoffeln, Schwarzbrodpudding mit Kirschensauce, gedämpfte Rindsrippen und Salat

Nachtessen Kerbelsuppe, Rehragout mit geschmelzten Nudeln, Aepfelauflauf, Kalbsbraten und Salat.

Mittagessen. Französische Suppe, Ochsenfleisch mit eingemachten Zwetschgen, Weißkraut mit Coteletten en papillotes, Kalbshirn in Sauce, gebackene Eiergerste, wilder Gansbraten und Salat.

Nachtessen Schwarzbrodsuppe, Reis mit Kalbfleisch, Omeletsoufléc, Rehbraten und Salat

Mittagessen. Aufgezogene Suppe, Ochsenfleisch mit Meerrettig, Erbsen mit Würstchen, Karpfen in Sauce, Flädlein mit einer Zimmtkruste, gefüllte Kalbsbrust und Salat.

Nachtessen. Reissuppe, Endivien mit Croquette von Gansleber, Weckpudding mit Schotto, gebratene Ente und Salat.

Mittagessen. Suppe mit Markknödel, Ochsenfleisch mit Selleriesalat und Meerettig, Pastetchen von Brieslein, Kartoffeln mit Häring, gefüllte Kohlraben mit gebackener Gansleber, Turbot, Kalbskopf mit Trüffeln, Nudeln à la Demidoff, Schneeballen, Fasan, Spanferkel, italienischer Salat, Kaffee-Crême, Orangengelée, Linsentorte, Vanille-Gefrorenes.

Nachtessen. Kastaniensuppe, Endivien mit Rissolen von Fisch, eingemachtes Kalbfleisch mit Kartoffeln, Griesauflauf mit Obst, Kapaun und Salat.

## März.

Mittagessen. Fastenbretzelsuppe, Ochsenfleisch mit Kirschen, Hopfen mit verlornen Eiern, Käsklöse, gebackener Karpfen, welscher Hahnenbraten, Salat.

Nachtessen. Griessuppe, Spinat mit Coteletten, Zunge in Sauce, Kapaun und Salat.

Mittagessen. Fischsuppe, Ochsenfleisch mit Zwiebelsauce, Erbsenpurée mit Dürrfleisch, Stockfischpastete, Himbeerauflauf, Hammelsbraten, Salat.

Nachtessen. Geröstete Milchbrodsuppe, Schwarzwurzeln mit gesalzener Zunge, Kalbfleisch-Ragout, Reisbrei, Poulardenbraten, Salat.

Mittagessen. Suppe à la Reine, Ochsenfleisch mit Gurken, Sauerkraut mit Schweinecoteletten, Fricando von Kalbfleisch, Rahmstrudeln, Entenbraten, Salat.

Nachtessen. Einlaufsuppe, geröstete Kartoffeln mit Coteletten in Sauce. Mandelpudding mit Himbeersauce, Kapaunbraten, Salat.

Mittagessen. Sagosuppe, Ochsenfleisch mit Meerrettig, Maultaschen mit Göttinger Wurst, Hecht à la hollandais, Weinschnitten mit Sauce, Lummelbraten, Salat.

N a c h t e s s e n. Gerstenschleim, Hopfen mit Kalbsfricando, gebackene Crême, Entenbraten und Salat.

M i t t a g e s s e n. Hirnsuppe, Ochsenfleisch mit Kapuziner, Rosenkohl mit Hirnschnitten, gebackene Bürsching, Kartoffeltörtchen, Nierenbraten und Salat.

N a c h t e s s e n. Rahmsuppe, eingemachtes Kalbsfleisch und geschmelzte Nudeln, Schinken und Kapaun, Salat.

M i t t a g e s s e n. Reis mit Erbsenpurée, Ochsenfleisch mit Gurken, gedämpftes Weißkraut mit Dürrfleisch, wilde Ente, Krebsstrudeln, Hammelsbraten und Salat.

N a c h t e s s e n Kartoffelsuppe, Schwarzwurzeln mit Croquet von Gansleber, Rehragout, Crême mit Karmel, Lendenbraten mit Häringsalat.

M i t t a g e s s e n. Krebssuppe mit Butterklösen, Ochsenfleisch mit Kapernsauce und Meerrettig, Hachies-Pastetchen, Rothkraut mit Bratwürsten, Spargeln mit Croquet von Fischen, Poulard mit Gansleber gefüllt, Schwarzwildpret, Flädlein mit einer Zimmtkruste und Sagoauflauf, Auerhahn, Taubenbraten und Lattigsalat, Chocolade-Crême, Brunnenkressen-Gelée, Punschtorte.

N a c h t e s s e n. Italienische Nudelsuppe, gebratene Spätzlein mit Brieslein in Sauce, Fleischvögel mit Morcheln-Sauce, Schnitten mit rothem Wein, Kapaunbraten und Salat.

## April.

M i t t a g e s s e n. Durchgeschlagene Kräutersuppe, Ochsenfleisch mit kalter Sauce, Kartoffelblättchen mit gedämpfter Kalbsleber, Kaiserkuchen, Schnepfenbraten und Salat.

N a c h t e s s e n. Flädleinsuppe, Hopfen mit französischem Omelet, Kalbfleisch-Ragout, Humbes, Hammelsbraten und Salat.

Mittagessen. Pfanzerlsuppe, Ochsenfleisch mit Preiselbeeren, Spinat und Kalbscoteletten en papillotes, Karpfen mit rothem Wein, Reisauflauf, Lummelbraten und Lattigsalat.

Nachtessen. Kerbelsuppe, geröstete Kartoffeln mit Hammelszungen in Sardellensauce, gefüllte Weck, Nierenbraten und Salat.

Mittagessen. Grüne Kernensuppe, Ochsenfleisch mit Meerrettig; Stockfisch und Sauerkraut mit Coteletten, Kalbsfüße in Morchelnsauce, Pomeranzenauflauf, Becasinenbraten und Salat.

Nachtessen. Eiergerste, Rosenkohl mit Hirnschnitten, Griesklöse, Kapaunbraten und Salat.

Mittagessen. Aufgezogene Suppe, Ochsenfleisch mit Melonen, Wirsching mit Coteletten, Salmen en papillotes, Dampfnudeln mit Vanillsauce, Rehbraten und Salat.

Nachtessen. Rahmsuppe, Spinat mit Coteletten, Mandelbrei, gebratene junge Hühner und Salat.

Mittagessen. Suppe mit Weckknöpflein, Ochsenfleisch mit Sardellensauce, Bohnen mit Dürrfleisch, Forellen in Sauce, Aepfelküchlein, Schnepfenbraten und Salat.

Nachtessen. Geröstete Milchbrodsuppe, Schwarzwurzeln mit Zunge, Mandelknöpflein mit Hegensauce, Nierenbraten und Salat

Mittagessen. Baumwollsuppe, Ochsenfleisch mit Meerrettig, Sauerkraut mit Hecht, Granat von Kalbfleisch, Nudeln à la Demidoff, gefüllte Tauben, Rübenkeimsalat.

Nachtessen. Griessuppe, gebratene Spätzlein, Schwarzwildpret, Schnepfen, gebackene Crême, gefüllte Kalbsbrust und Salat.

Mittagessen. Gerstensuppe, Roastbeef mit Kartoffeln, Sardellensauce und eingemachte Zwetschgen, Pastetchen von Kalbshirn, Spargeln, Kalbsrippen mit feinen Kräutern, gelbe Rüben, gebackene Nierenschnitten, Forellen in Sauce, junge Tauben in einem vol-au-vent, Flädlein mit Aepfeln gefüllt, Sagoauflauf mit einer Hegensauce, welscher Hahn mit Trüffeln, Schnepfen, Wildpretpastete, Lattigsalat, Compot von Orangen, Crême von Reis, Gelée von Punsch, französische Torte, Mandelbriefe.

Nachtessen. Einlaufsuppe, Spargeln mit Schinken, Cotteletten in Sauce, Mandelschnitten mit Himbeersauce, junge Hahnenbraten mit Salat.

## Mai.

Mittagessen. Suppe à la Reine, Ochsenfleisch mit Sauce, Spinat mit Eiern, fricasirte junge Hähne, Plumpudding mit Sauce, Hasenbraten und Salat.

Nachtessen. Kartoffelsuppe, Morcheln mit gedämpften Tauben, Kalbsroulade, Pfannenkuchen mit Rosinen, Lammbraten und Salat.

Mittagessen. Krebssuppe, Ochsenfleisch mit Lattich, Kartoffeln mit Häring, Kalbsfricando mit Sauerampfer, saure Rahmwürstlein, Taubenbraten und Salat.

Nachtessen. Kerbelsuppe, geschmelzte Nudeln mit Coteletten in Sauce, Wein-Crême, Hasenbraten und Salat.

Mittagessen. Hirnsuppe, Ochsenfleisch mit Meerrettig, junge Gelberüben mit gebackenen Hühnern, Forellen in Sauce, Mandelpudding mit Kirschensauce, welscher Hahnbraten und Lattichsalat.

Nachtessen. Rahmsuppe, Spargeln mit Croquett von Kalbfleisch, Karpfen in Sauce, Reißauflauf, Taubenbraten und Salat.

Mittagessen. Durchgeschlagene Kräutersuppe, Ochsenfleisch mit Kressen, Sauerkraut mit Hecht, junge Hühner mit Morcheln, Reis-Würstlein, mit Weinsauce, Hasenbraten und Salat.

Nachtessen. Suppe von Eierklösen, Sauerampfer mit Kalbsfricando, gebackene Crême, Hahnenbraten und Salat.

Mittagessen. Reissuppe, Ochsenfleisch mit Gurkensalat, Laubfrösche mit Göttingerwurst, Brieslein in einem vol-au-vent, Krebsstrudeln, Rehbraten und Salat.

Nachtessen. Geröstete Milchbrodsuppe, Spargeln mit gebackenen Hühnern, Humbes, Kalbsbraten und Salat.

Mittagsessen. Pfanzerlsuppe, Ochsenfleisch mit Kapernsauce. Gelberüben mit gebackenen Brieslein, Salmen à la hollandais. Schwarzbrodauflauf mit Kirschensauce, Lummelbraten und Salat.

Nachtessen. Flädleinsuppe, Hasenragout mit gerösteten Kartoffeln, Mandelbrei, Taubenbraten, Salat.

Mittagessen. Sagosuppe, Ochsenfleisch mit Gurkensalat und Zwiebelsauce, Pastetchen von Krebsen, junge Kohlraben mit Hammelscoteletten, Brockelerbsen mit Hirnschnitten, junge Tauben in einem vol-au-vent, Karpfen in einer braunen Sauce, Flädleinauflauf, Reispudding, Rehbraten, Hahnenbraten und Salat, Crême von Mandeln, Gelée von Erdbeeren, Kirschenkuchen.

Nachtessen. Griessuppe, Spinat mit Kalbshirn, junge Hühner in Sauce, Omelettes-Souflée. Hasenbraten und Salat.

## Juni.

Mittagessen. Schildkrötensuppe, Ochsenfleisch mit Kresse, Spinatpudding mit gesalzener Zunge, Hecht in Sauce, Kirschencompot und Pfeutelein, Gansbraten und Salat.

Nachtessen. Nudelsuppe, Sauerampfer mit Kalbsfricando, gefüllte Weck, gebratener Rehziemer, Spargelsalat.

Mittagessen. Französische Suppe, Ochsenfleisch mit Sauce, Spargeln mit Omeletten, Tauben mit Morcheln, Breipudding mit Hexensauce, Hammelsbraten und Salat.

Nachtessen. Eiergerstsuppe, Brockelerbsen mit Croquetten von Brieslein, Flädlein in der Milch, Entenbraten und Salat.

Mittagessen. Gerstensuppe, Ochsenfleisch mit Rettig, Kartoffelklöße mit Coteletten in Kräutersauce, Bürsching in Sauce, Griespudding, Hahnenbraten und Salat.

Nachtessen. Einlaufsuppe, Steinpilze mit Brieslein, Ragout von Hasen, Kalbsbraten und Salat.

Mittagessen. Verlorene Eiersuppe, Ochsenfleisch mit Lattich, Zuckerschefen mit Omeletten, Salmen mit Sauce, Griesnockerln mit Kirschen, Rehbraten und Salat.

Nachtessen. Sauerampfersuppe, Salatgemüs mit Coteletten, Rahmstrudeln, gefüllte Kalbsbrust und Salat.

Mittagessen. Krebssuppe, Ochsenfleisch mit Gurken, Spinat mit Rissolen von Krebsen, Kalbszunge in Sauce, Nudeln à la Demidoff, Taubenbraten und Salat.

Nachtessen. Italienische Nudelsuppe, Brockelerbsen mit gebackenen Hühnern, Mandelknöpflein mit Hexensauce, Lummelbraten und Salat.

Mittagessen. Hirnsuppe, Ochsenfleisch mit kalter Sauce, Kohlraben mit Bratwürsten, Hecht in Sauce, Krebsstrudeln, Gansbraten und Salat.

Nachtessen. Reissuppe, Brockelerbsen mit Croquett von Eiern, Kalbsroulade, Aepfelomeletten, junge Hahnen und Salat.

Mittagessen. Suppe à la Reine. Roastbeef mit Senfsauce und Gurken, Pastetchen von Reis, gefülltes Weißkraut mit gesalzener Zunge, Blumenkohl mit Coteletten, Enten mit Gurken und Macaroni in einem Timbul, Kartoffelauflauf mit Malagasauce und Flädlein mit einer Zimmtkruste, Hammelsbraten und Hasenbraten mit Salat, Gelée von Kirschen, Rahmtorte und Mirenken

Nachtessen. Einlaufsuppe, Gelberüben mit gebackenen Hahnen, Kirschen-Omeletten, Kalbsbraten und Salat

# Juli.

Mittagessen. Grüne Kernensuppe, Ochsenfleisch mit Rettig, Brockelerbsen mit Croquetten von Hühnerfleisch in Sauce, gebackene Eiergerste, Gansbraten und Salat.

Nachtessen. Kerbelsuppe, Salatgemüse mit Coteletten, Compot von Aprikosen, Hahnenbraten und Salat.

Mittagessen. Grüne Erbsensuppe, Ochsenfleisch mit Sauce, Spargeln mit Omeletten, Karpfen in Sauce, Sagoauflauf, Rehbraten und Salat.

Nachtessen. Geröstete Milchbrodsuppe, Laubfrösche mit Schinken, Omelettensouflée, Tauben in Sauce.

Mittagessen Französische Suppe, Ochsenfleisch mit Melonen, grüne Bohnen mit Hammelscoteletten, Kalbsfüße mit Morchelsauce, Käsklöse, Entenbraten und Salat.

Nachtessen. Kartoffelsuppe, Spinat mit Coteletten, Griesbrei, Kalbsbraten und Salat.

Mittagessen. Gerstensuppe, Ochsenfleisch mit Preiselbeeren, Blumenkohl mit Göttingerwürsten, Krebsstrudeln, Fricando mit Sauerampfer, Hammelsbraten und Salat.

Nachtessen. Eiergerstensuppe, Kartoffeln mit eingemachtem Kalbfleisch, Taubenbraten und Kirschencompot.

Mittagessen. Pfanzerlsuppe, Ochsenfleisch mit Gurken, Wirsching mit gefülltem Kalbsherz, Bürsching in Sauce, Dampfnudeln mit Sauce, Rehbraten und Salat.

Nachtessen. Rahmsuppe, Salatgemüs mit grillirter Zunge, Kalbshirn mit Sauce, Kirschenkuchen mit Weck, Hahnenbraten und Salat.

Mittagessen. Nudelsuppe, Ochsenfleisch mit Melonen, Schnittkohl mit gebackenen Milchbrodschnitten, eingemachte Tauben, Wein-Mocken, gefüllte Kalbsbrust und Salat.

Nachtessen. Suppe mit Kartoffelklösen, Erbsen mit Coteletten, Kalbfleisch-Ragout, Citronen-Auflauf, Hammelsbraten und Salat.

Mittagessen. Reissuppe mit einem Huhn, Roastbeef mit Sardellensauce und Kartoffeln, Pastetchen von Kalbfleisch, Bohnen mit Coteletten, gefüllte Kartoffeln mit gesalzener Zunge, junge Hahnen mit Krebsen garnirt, Karpfen gespickt, Schwarzbrodpudding und Reiswürstchen, Rehbraten und farcirter Kapaun, Kopfsalat mit Eiern, Vanille-Crême, Aprikosen-Gelée, Reistorte.

Nachtessen. Schwarzbrodsuppe, Kartoffeln mit Zunge in Sauce, Wein-Crême und Hahnenbraten mit Salat.

## August.

Mittagessen. Fischsuppe, Ochsenfleisch mit Gurken, gedämpftes Weiskraut mit gebackenen Brieslein, Bürsching in Sauce, Käsklöse, Gansbraten und Salat.

Nachtessen. Verlorene Eiersuppe, Reis mit Tauben, Kirschen-Compot mit Griesknödeln, Kalbsbraten und Salat.

Mittagessen. Krebssuppe, Ochsenfleisch mit Sauce, Blumenkohl mit Coteletten, Kalbsfüße in Trüffelsauce, Aprikosenauflauf, Hirschziemer mit einer Zimmtkruste.

Nachtessen. Geriebene Milchbrodsuppe, Kartoffeln mit Sauce und Feldhühner, Omeletsouflée, Hammelsbraten, Salat.

Mittagessen. Aufgezogene Suppe, Ochsenfleisch mit Meerrettig, Bohnen mit Hammelsrippen, Forellen in Sauce, Griesauflauf mit Kirschen, Lummelbraten und Salat.

Nachtessen. Kerbelsuppe, Champignons mit Kalbsfricando, Humbes, Hahnenbraten und Salat.

Mittagessen. Sagosuppe, Ochsenfleisch mit Rettig, Wirsing mit grillirter Zunge, Aal in gelber Sauce, Reisauflauf, Rehbraten und Salat.

Nachtessen. Flädleinsuppe, Sauerampfer mit Eiern, junge Hahnen in Sauce, Kirschenomeletten, Kalbsbraten und Salat.

Mittagessen. Durchgeschlagene Kräutersuppe, Ochsenfleisch mit Sauce, Kartoffeln mit Häring und Croquetten von Kalbfleisch, Enten mit Gurken, Krebsstrudeln, Schweinebraten und Salat.

Nachtessen. Einlaufsuppe, Erbsenpurée mit Coteletten, Mandelklöse mit Hegensauce, Hahnenbraten und Salat.

Mittagessen. Baumwollsuppe, Ochsenfleisch mit kalter Sauce, gefüllte Kohlraben mit aufgeschnittener Wurst, Hecht mit Sardellensauce, gefüllte Weck, Hasenbraten und Salat.

Nachtessen Hirnsuppe, Enten mit Gurken, Birnen-Compot mit Omeletten, Hammelsbraten und Salat.

Mittagessen. Französische Suppe mit Knödeln von Hühnerfleisch, Ochsenfleich mit Gurken und Sauce, Pastetchen von Krebsen, Artischocken mit gebackenen Hühnern, Bohnen mit Hammelsrippen, Kalbszungen mit Trüffelsauce, Salmen **à la hollandais**, Himbeerauflauf, Schnitten mit rothem Wein, Fasanenbraten, Lummelbraten, Reis-Crême, Aprikosentorte, Erdbeerengefrorenes.

Nachtessen. Eiergerste, Kartoffeln mit Hasenragout, Mandelpudding, Kapaunbraten und Salat.

## September.

Mittagessen. Grüne Kernensuppe, Ochsenfleisch mit Kressen, frisches Sauerkraut mit Kartoffelbrei und Schweinerippen, Tauben in Sauce, Mandelschnitten, Hasenbraten und Salat.

Nachtessen. Griessuppe, Brockelerbsen mit Hirnschnitten, Wein-Crême, Feldhühner und Salat.

Mittagessen. Nudelsuppe, Ochsenfleisch mit Sardellensauce, Kohlraben mit gebackenen Bricslein, Lungenmus, gefüllte Flädlein, Schnepfen und Salat.

Nachtessen. Kartoffelsuppe, Steinpilze mit Hahnen, Aepfelauflauf, Nierenbraten und Salat.

Mittagessen. Suppe mit Marknödeln, Ochsenfleisch mit Zwiebelsauce, Gelberüben mit Pastetchen von Kalbshirn, Karpfen in Sauce, Sagoauflauf, gebratene Lerchen und Salat.

Nachtessen. Gerstensuppe, Blumenkohl mit gebackenen Hahnen, Omelettsouflée, Hasenbraten und Salat.

Mittagessen. Suppe à la Reine, Ochsenfleisch mit Rothrüben, gefülltes Weißkraut mit gesalzener Zunge, Kalbsfüße in Sauce, Zwiebelmus, Rehschlägel und Salat.

Nachtessen. Geröstete Milchbrodsuppe, Mangoldstiele mit gefüllten Enten, Crême von Mandeln, Krammetsvögel, Kopfsalat.

Mittagessen. Lerchensuppe, Ochsenfleisch mit Meerrettig, Artischocken mit Cotteletten, Bürsching in Sauce, Nudeln à la Demidoff, Gansbraten und Salat.

Nachtessen. Schwarzbrodsuppe, Salatgemüs mit Omeletten, Rahmstrudeln, Kalbsbraten und Salat.

Mittagessen. Fischsuppe, Ochsenfleisch mit Rotherüben, Kartoffeln mit Milch und Bratwürsten, Kalbsohren mit Champignons, Eierschnee, Feldhühner und Salat

Nachtessen. Griessuppe, Gurken mit Kalbsfricando, Zwetschgencompot mit Omeletten, Hasenbraten und Salat.

Mittagessen. Schildkrötensuppe, Roastbeef mit Kartoffeln, Trüffelsauce, Kapuziner, Pastetchen von Brieslein, Blumenkohl mit Croquetten von Eiern, Rothkraut und Schweinerippen, Granat von Kalbfleisch, Forellen in Sauce, Aepfelscharlotten und Schwarzbrodauflauf, Krammetsvögel und Hammelsbraten, Salat, Crême von Chocolade, Aprikosen-Gelée, Traubenkuchen.

Nachtessen. Flädleinsuppe, Champignons mit Enten, Zunge in Sauce, Pfannkuchen mit Rosinen, Lummelbraten und Salat.

## Oktober.

Mittagessen Reissuppe mit Erbsenpurée, Ochsenfleisch mit Kapernsauce, Bohnen mit Hammelsrippen, Aal in Sauce, Dampfnudeln mit Vanillesauce, Becassinen und Salat.

Nachtessen. Kerbelsuppe, Laubfrösche, junge Hahnen, Reisauflauf, Schinken und Salat.

Mittagessen. Kastaniensuppe, Ochsenfleisch mit Sauerampfersauce, gefüllte Kartoffeln mit gesalzener Zunge, wilde Enten mit Sardellensauce, Rahmstrudeln, Schweineschlägel und Salat.

Nachtessen. Suppe mit Codiveauxknödeln, Endiviengemüs mit Fricadellen, Sagoauflauf, Lendenbraten und Salat.

Mittagessen. Grüne Kernensuppe, Ochsenfleisch mit Meerrettig, Wirsing mit Coteletten, Aal mit Trüffeln, gebackene Eiergerste, Wildbraten und Salat.

Nachtessen. Rahmsuppe, Schwarzwurzeln mit Croquetten von Kalbfleisch, Zwetschgenbrei und Omeletten, Lerchen und Salat.

Mittagessen. Pfanzerlsuppe, Ochsenfleisch mit Kirschen, Kohl mit Kastanien und gesalzenem Schweinefleisch, Bürsching in Sauce, Plumpudding, Kapaunbraten und Salat.

Nachtessen. Einlaufsuppe, Gelberüben mit Rissolen von Fischen, Mandelklöse in Sauce, Kalbsbraten und Salat.

Mittagessen. Wildentensuppe, Ochsenfleisch mit Rothrüben, Sauerkraut mit Schnecken, Hahnen in Sauce, Mandelwaffeln, Wildentenbraten und Salat.

Nachtessen. Fastenbretzelnsuppe, geschmelzte Nudeln mit Wildragout, Aepfelomeletten, Lummelbraten und Salat.

Mittagessen. Durchgeschlagene Kräutersuppe, Ochsenfleisch mit Gurken, Gelberüben mit Kalbszunge, Rehragout, Kaffeebrödlein, Hahnenbraten und Salat.

Nachtessen. Kartoffelsuppe, Spinat mit Croquetten, Tauben in Sauce, Rehbraten und Salat.

Mittagessen. Feldhuhnsuppe, Ochsenfleisch mit Sardellensauce und Kapuziner-Pastetchen von Hirn, gefülltes Weißkraut mit aufgeschnittener Wurst, Schwarzwurzeln mit Coteletten en Papillots, Brieslein in einem vol-au-vent und Schwarzwildpret in Sauce, Mandelklöse in Sauce, Biscuitpudding, Schnepfen und Gansleberpurée mit Salat, Gelée von Pomeranzen, Reineclaude-Torte, Gefrorenes von Pfirsichen

Nachtessen. Gerstenschleim, Endivien mit Omeletten, Roulade von Kalbfleisch, Birnencompot, Griesnockerln, Kapaunbraten und Salat.

## November.

Mittagessen. Sagosuppe, Ochsenfleisch mit Zwiebelsauce, Kartoffelblättchen mit Bratwürsten, Enten mit Gurken, Rahmstrudeln, Krammetsvögel und Salat.

Nachtessen. Geriebene Milchbrodsuppe, Gelberüben mit Coteletten; Kalbsfüße in Sauce, gefüllte Flädlein, Nierenbraten und Salat.

Mittagessen. Nudelsuppe, Ochsenfleisch mit Gurken, Erbsenpurée mit Dürrfleisch, junge Hahnen in Sauce, gebackene Eiergerste, Hammelsbraten und Salat.

Nachtessen. Griessuppe, Endiviengemüs mit Omeletten, Milchmocken, Hasenbraten und Salat.

Mittagessen. Lerchensuppe, Ochsenfleisch mit Selleriesalat, Sauerkraut mit Schnecken, Hecht mit Sardellen, Kartoffelauflauf, Lerchen, Salat.

Nachtessen. Hirnsuppe, Kartoffelbrei mit Fricando von Kalbfleisch, Omelettsouflée, gebratene Hühner und Salat.

Mittagessen. Französische Suppe, Ochsenfleisch mit Sauce, weiße Rüben mit gebackener Gansleber, Granat von Kalbfleisch, Mandelschnitten, gefüllte Gans und Salat.

Nachtessen. Eiergerstsuppe, Schwarzwurzeln mit gebackenen Brieslein, Taubenragout, Flädlein in der Milch, Nierenbraten und Salat.

Mittagessen Erbsensuppe, Ochsenfleisch mit Meerrettig, Wirsing mit gebackenen Hahnen, Kalbsfricando mit Champignons, Dampfnudeln mit Sauce, Rehbraten und Salat.

Nachtessen. Flädleinsuppe, Laubfrösche mit Coteletten, Aepfelcompot und Omeletten, gefüllte Kalbsbrust und Salat.

Mittagessen. Baumwollsuppe, Ochsenfleisch mit Zwiebelsauce, eingemachte Bohnen mit Hammelsrippen, Rehragout, Käsklöse, Wildentenbraten und Salat.

Nachtessen. Schwarzbrodsuppe, geröstete Kartoffeln mit Kalbsgekröse, Griespudding mit Kirschen, junge Hühner und Salat.

Mittagessen. Schildkrötensuppe, Roastbeef mit Kapernsauce und Melonen, Hachies-Pastetchen, gefüllte Kartoffeln mit gesalzener Zunge, Würsing mit Croquetten von Capaun, Macaroni in einem vol-au-vent, Feldhühnerragout, Plumpudding und Aepfelküchlein, wilder Gansbraten und farcirter Kapaun, Crême mit Karmel, Punschgelée, spanische Torte.

Nachtessen Reis mit Huhn, Beefsteak mit Kartoffeln, Taubenragout, Reisauflauf, Kalbsbraten und Salat.

## Dezember.

Mittagessen. Aufgezogene Suppe, Ochsenfleisch mit Sauce, Blumenkohl mit französischem Omelet, Granat von Kalbfleisch, Pomeranzenauflauf, Welscherhahn mit Trüffeln und Salat.

Nachtessen. Einlaufsuppe, Endivien mit Cotelletten, Flädlein in der Milch, Nierenbraten und Salat.

Mittagessen. Pfanzerlsuppe, Ochsenfleich mit Gurken, gedämpftes Weißkraut mit Gansleber, Rehragout, Kartoffelpudding, Feldhühner mit Trüffeln und Salat.

Nachtessen. Italienische Nudelsuppe, Schwarzwurzeln mit gebackenen Brieslein, Sagoauflauf, Lummelbraten und Salat.

Mittagessen. Grüne Kernensuppe, Ochsenfleisch mit Rothrüben, Kohl mit gesalzenem Schweinefleisch, Karpfen in Sauce, Citronatauflauf, Poulardenbraten und Salat.

Nachtessen. Griessuppe, Blumenkohl mit Cotelletten, Schnepfenragout, Mandelbrei, Gansbraten und Salat

Mittagessen. Gerstensuppe, Ochsenfleisch mit Selleriesalat, Kohlraben mit Kalbsfilet von gehacktem Fleisch, Schwarzwildpret in Sauce, Reispudding, Hasenbraten und Salat.

Nachtessen. Rahmsuppe, Kartoffelbrei mit Kalbsfricando, Tauben in Sauce, gebackener Crême, Wildentenbraten und Salat.

Mittagessen Dürre Erbsensuppe, Ochsenfleisch mit Meerrettig, Schupfnudeln mit Hasenragout, Kabeljau mit Kartoffeln, Rahmtörtlein, Kapaunbraten und Salat.

Nachtessen Kerbelsuppe, Endivien mit Rissolen von Fischen, Mandelschnitten mit Sauce, Kalbsbraten und Salat.

Mittagessen. Flädleinsuppe, Ochsenfleisch mit Sauce, weiße Rüben mit Schweinecoteletten, Schwarzwildpret in Sauce, Aepfelknöpflein in Sauce, Gansbraten mit Kastanien gefüllt und Salat.

Nachtessen. Eiergerstensuppe, Beefsteak mit Kartoffeln, gebackene Crême, Hasenbraten und Salat.

Mittagessen. Nudelsuppe mit Huhn, Ochsenfleisch mit Meerrettig und Preiselbeeren, Pastetchen von Kalbshirn, Rothkraut mit Bratwürsten, Kartoffelblättchen mit Coteletten en Papillots, Laperdan, Brieslein in Sauce, Rahmstrudeln und Aepfelauflauf, Gansleberpastete, Hirschziemer mit einer Zimmtkruste und Salat, Gelée von Punsch, Crême von Reis, Rahmtorte.

Nachtessen. Reissuppe, Schwarzwurzeln mit Omeletten, junge Hahnen in Sauce, Griesauflauf, Feldhuhnbraten und Salat.

# Anhang.

## Haus- und Wirthschaftsmittel.

### Aepfel aufzubewahren.

Man bringe die frisch gebrochenen Aepfel in Kisten, die härtesten nach unten, lege eine Handvoll Wollblumen dazu und verschließe die Kiste möglichst fest und stelle sie in einen trockenen Keller.

### Trauben für den Winter.

Man nehme die dünnbeerigsten Trauben, versehe jeden mit einer Schleife von Zwirn und hänge sie so an Stangen oder Seile an einem trockenen Ort auf, jedoch so, daß keine die andere berührt, auch kann man eine tiefe Grube in die Erde machen, hängt die Trauben an Stangen hinein, doch dürfen sie sich auch nicht berühren, deckt die Grube mit Brettern zu und bedeckt diese mit Stroh und Erde.

### Trüffeln aufzubewahren.

Die Trüffeln werden geputzt, geschält und in eine Flasche, die ungefähr ½ Maß faßt, gethan, ½ Trinkglas Madera darüber gegossen, fest zugepfropft, mit Bindfaden überbunden, damit keine Luft dazu kommt. Umwinde die Flasche mit Heu, setze sie in einen Kessel, fülle diesen mit kaltem Wasser auf, bis sie ¾ bedeckt ist, stelle ihn auf's Feuer und lasse sie 3 Stunden kochen, aber langsam, damit sie nicht springt, lasse sie dann über Nacht in dem Wasser abkühlen, nimm die Flasche heraus und bewahre sie gut auf

## Bodenwichse.

Man gießt 14 Schoppen starke Lauge von Regenwasser in einen Kübel; weicht Abends vorher 5 Loth Goldocker, 4 Loth weichen Orleans, 4 Loth arabischen Gummi, 5 Loth Pottasche, für 6 Kreuzer Leim, jedes Theil in 1 Schoppen Lauge ein. Den andern Tag stellt man die übrige Lauge auf's Feuer, bindet ¾ Pfund gelbes Wachs in ein Tuch und läßt es mit der Lauge ½ Stunde kochen. Dann kommen die obengenannten Sachen dazu und läßt man das Ganze noch ¼ Stunde kochen, schüttet es dann in ein Gefäß. Sollte sich am andern Tag eine Wachsscheibe gebildet haben, so hebe man diese ab, verrühre sie mit ½ Schoppen Weingeist in einer Schüssel und thue sie wieder zu dem Uebrigen.

## Bohnen zu dörren.

Man nehme junge Bohnen, befreie sie von den Fäden, thue sie in kochendes Wasser und lasse sie darin 2 Mal aufwallen, nehme sie sodann heraus und lasse sie abtrocknen, bringe sie auf Horden und stelle diese in einen abgekühlten Backofen. Wenn sie dürr sind bewahre sie in leinenen Säckchen an einem trockenen Ort. Am Abend, ehe man sie kocht, müssen sie in Wasser eingeweicht werden.

## Der Bouillon die Säure zu nehmen.

Man lasse sie nochmals kochend werden und werfe einige Holzkohlen hinein, lasse diese etwas mitkochen und nehme sie dann wieder heraus. Ueberhaupt ist die Holzkohle ein Schutzmittel gegen Fäulniß.

## Bouteillen oder Flaschen zu reinigen.

Man zerschlage einige Eierschalen, deßgleichen Holzkohlen und Salz, bringe dieses in die Flaschen, gieße Wasser dazu und rüttle die Flaschen recht stark damit, schütte alsdann das Wasser ab, gebe wieder frisches dazu und lasse es über Nacht darin stehen, rüttle, wenn es nöthig ist, den andern Tag wieder, so werden sie rein und von jedem Geruch befreit sein.

## Mittel gegen Brandwunden.

Man nimmt ein Stück Leinwand von einem alten Männerhemd, läßt dieses schwarz brennen, jedoch nicht zu Asche, man muß es zudecken, damit man Pulver davon machen kann, oder auch der Lappen ganz bleibt, dieser wird mit Baumöl getränkt und auf die Brandwunde gelegt bis er nicht mehr kühlt, dann wieder ein frischer darauf gelegt, und so fortgefahren, bis die Wunde geheilt ist, oder man zerreibt den Lappen zu Pulver und macht es mit Baumöl an zu einem Sälbchen.

## Brod gegen Schimmel zu bewahren.

Sobald das Brod aus dem Ofen kommt, bringt man es in Mehlsäcke, unterbindet jeden Laib, damit keiner den andern berührt und hängt solche auf den Speicher oder sonst an einen luftigen Ort, sollte es wider Erwarten etwas Schimmel ansetzen, so wärme man es auf und bringe es wieder in die Mehlsäcke.

## Dinte zu bereiten.

Man nehme 4 Schoppen Essig, eben so viel Regenwasser, 8 Loth Eisenvitriol und lasse es kochen, wenn sich alles aufgelöst hat, so nehme man den Topf vom Feuer und schütte 1 Pfund gestoßene Galläpfel, 6 Loth arabischen Gummi hinein und lasse es 14 Tage lang in einem steinernen Krug stehen, schüttle dasselbe täglich einigemal um, fülle dann die Dinte in Krüge und bewahre sie vor Kälte.

## Eier für den Winter aufzubewahren.

Man nimmt ganz frische Eier, bringt solche in einen steinernen Topf, jedoch sehr behutsam, damit keines zerspringt, nun nimmt man eine Schüssel voll abgelöschten Kalk, schüttet einen Kübel voll kaltes Wasser daran, rührt den Kalk recht auf, dann läßt man ihn wieder etwas ruhen und schüttet alsdann das klare Kalkwasser über die Eier, so erhalten sie sich über den Winter. — Man kann sie auch auf Hurten, welche für jedes Ei ein Loch haben, so daß das Ei auf die Spitze eingesetzt wird und die Hurten an einem luftigen Orte stehen, aufbewahren.

## Endivien aufzubewahren.

Man ziehe ihn mit der Wurzel aus und lege ihn so lange auf Hurten in den Keller, bis man ihn gebrauchen will, dann binde man ihn und schlage ihn in Sand ein, bis er gelb wird.

## Essig zu bereiten.

Man nimmt ein Fäßchen, welches an beiden Boden ein Loch hat, das nur mit Leinwand überzogen sein darf, damit die Gährung sich leichter entwickeln kann. Nach folgender Ordnung kommen die Zusätze in's Faß: 1 Pfund Schwarzbrod ohne Rinde wird mit ½ Maß gutem Weinessig angefeuchtet, 1½ Pfund Honig dazu, dann werden 18 Maß Flußwasser oder Obstmost heiß gemacht, darin ¾ Pfund fein pulverisirter Weinstein aufgelöst, schüttet dieses zum Andern in's Fäßchen und thut 3 Schoppen Weingeist dazu. Nun bringe man das Fäßchen an einen warmen Ort oder in die Nähe eines Ofens; in 8 bis 10 Wochen ist der Essig fertig zum Abzapfen, derselbe wird nun abgelassen, zu dem Satz kommen wieder 18 Maß warmes Wasser oder Obstmost, ¾ Pfund präparirter Weinstein ganz, und 3 Schoppen Weingeist, das Uebrige läßt man weg, dann werden die Löcher mit Stöpsel versehen und so kann man noch mehrere Mal auf gleiche Weise ansetzen.

## Estragonessig.

Man thut in eine gewöhnliche Flasche Essig eine starke Handvoll Estragon, füllt sie mit gutem Essig auf und läßt sie mehrere Wochen in der Sonne stehen.

## Fleisch einige Tage im Sommer aufzubewahren.

Man lege solches in gestandene Milch, so, daß es ganz davon bedeckt ist, und gebe ihm jeden Tag frische; auch kann man es in pulverisirte Holzkohlen (Kohlenstaub) legen, und es beim Gebrauch wieder recht abwaschen.

## Kopfsalat gegen das Aufschießen zu schützen.

Man ziehe ihn mit den Wurzeln aus und schlage ihn aufrecht in Sand im Keller ein. Auf diese Art kann man alle Sorten Wurzelwerk oder Suppenkräuter aufbewahren, nur müssen solche von ihren verdorbenen Blättern gereinigt werden.

## Kraut aufzubewahren.

Dieses wird mit seinen grünen Blättern auf den Speicher auf Stroh gelegt, sollte jedoch die Kälte groß werden, so bringe man es auf dieselbe Art in den Keller.

## Kastanien aufzubewahren.

Diese werden in nicht zu feuchten Sand in den Keller gegraben, sie halten sich dann ziemlich lange. Oder man schält und dörrt sie, dann ersetzen sie im Winter die frischen.

## Maitrank.

Man nimmt 1 Handvoll Waldmeister, 10 Stengel weiße Taubnesseln, 10 Herzchen Walderdbeeren, 10 Blättchen Schafgarben, 10 Herzchen von dem Hagenbuttenstrauch, 10 Blättchen von den schwarzen Johannisbeeren, den Saft und die Schale von 2 Orangen. Dieses wird in ein Gefäß gethan und mit 6 Flaschen gutem Wein übergossen, 1½ Pfund Zucker dazu genommen und einige Stunden zugedeckt stehen lassen, alsdann durchgeseiht und gebraucht.

## Meerrettig aufzubewahren.

Er wird von allen Fasern gereinigt und in den Keller in feuchten Sand gesetzt, so daß die Herzblätter, welche nicht abgeschnitten sein dürfen, daraus hervorschauen.

## Nüsse aufzubewahren.

Die Nüsse werden sammt ihrer grünen Schale in trockenen Sand in den Keller gelegt und damit zugedeckt, auf diese Art bleiben sie lange frisch. Hat man dürre Nüsse, so lasse man sie einige Stunden in Salzwasser aufkochen, dann werden sie wieder frisch.

## Orangen und Citronen aufzubewahren.

Man steckt neue Besen von Birkenreis in den Keller in Sand, so daß die Spitzen nach Oben gerichtet sind, legt die Citronen oder Orangen hinein, daß sie zwischen den Reisern sind; so halten sie sich sehr lange.

## Prunellen zu trocknen.

Man läßt die besten Zwetschgen so lange auf dem Baume, bis sie anfangen zusammen zu schrumpfen, dann zieht man ihnen die Haut ab, sollte sie nicht bei allen abgehen, so brühe man sie mit heißem Wasser ab, bringe sie hierauf auf Hurten in einen schwach warmen Backofen, beim ersten Herausnehmen drücke man ihnen oben am Stiele die Steine heraus, bringe sie in einen wärmeren Ofen und lasse sie vollends trocken werden.

## Punsch-Essenz.

Man nimmt den Saft von 20 Orangen, worunter einige Citronen sein dürfen, läutert 6 Pfund Zucker, thut den Saft dazu und läßt ihn ein wenig mitkochen, läßt dieses nun erkalten, gießt 2 Bouteillen

Arac dazu, füllt es in Flaschen, verwahrt solche recht gut mit Stöpseln und stellt sie an einen trockenen Ort. Man kann auch 2 Orangen am Zucker abreiben und dazu nehmen.

## Ostereier zu färben.

Für einige Kreuzer Blauspäne werden mit Wasser gekocht, dann durchgeseiht und mit etwas Leim dickgekocht, alsdann werden die Eier hart gesotten und so lange sie warm sind mit der Farbe bestrichen und getrocknet.

## Mittel gegen Verletzungen durch Quetschung oder Uebertreten.

Weißer venetianischer Terpentin und Seifenspiritus werden vermengt, auf einen wollenen Lappen gestrichen und auf die wunde Stelle gelegt.

## Seidenzeug zu waschen.

¼ Schoppen Hefenbranntwein, 1 starker Eßlöffelvoll Honig, für 2 Kreuzer Schmierseife, für 2 Kreuzer gestoßener Gummi, werden über Nacht in ein Geschirr gethan, den andern Tag lege den Seidenzeug auf einen reinen Tisch, nimm eine Bürste, tauche sie in die Masse, bürste den Seidenzeug damit auf der rechten und auf der Kehrseite, schwenke den Zeug sogleich einige Mal im Regenwasser, winde ihn nicht aus, sondern schlage ihn in ein trockenes Tuch und bügle ihn gleich mit einem heißen Stahl.

## Grüne Seife zu machen.

In ½ Maß Ochsengalle schüttet man 1 Pfund geschnittene Seife, 3 Loth weißen Zucker, 2 Loth

Honig und 1½ Loth Terpentin, man läßt alles zusammen unter beständigem Rühren auf einem gelinden Feuer so lange kochen, bis es anfängt vom Löffel abzulaufen, schüttet es in einen Schachteldeckel und läßt sie steif werden, schneidet sie in Stücke und gebraucht sie zum Waschen der Seidenzeuge und um Flecken herauszubringen.

## Kölnisches Wasser zu bereiten.

Man nimmt 2 Schoppen reinen Spiritus, darein schüttet man ¼ Schoppen Wasser, ½ Unze Bergamotöl, 1½ Unzen Citronenöl, 8 Tropfen Nelkenöl, 1 Drachme Neroliöl und ¼ Drachme Rosmarinöl, wenn nun Alles untereinander geschüttet, filtrirt man es durch ein Fließpapier.

## Senf zu bereiten.

Nimm ½ Pfund weißen feinen Senf und ½ Pfund feinen gelben Senf, thue 2 Eßlöffelvoll gestoßenen Zucker daran, rühre ihn mit kaltem Estragon-Essig an, bis er ganz dünn ist, nun lasse ihn 8 Tage lang aufgedeckt stehen, dann kann man ihn brauchen. Man kann auch ⅛ Pfund feingestoßene Sardellen dazu thun.

## Rübenpflaster.

Zu einem Pfund unverfälschtem grünen Baumöl nimmt man 3 Händevoll ganz frische Blätter von hundertblätterigen Rosen, welches man in einem irdenen Topf ein wenig miteinander aufsieden läßt, ist es abgekühlt, so schüttet man das Oel mit den Blättern in eine Bouteille mit einem weiten Hals, bindet sie mit einem Papier zu und stellt solche den Sommer über in die Sonne. Im Herbst nimmt man 4 starke weiße Rüben und preßt davon den

Saft aus, das Baumöl mit den Rosenblättern läßt man in einem breiten irdenen Topf sieden, schüttet den Rübensaft dazu und läßt es unter beständigem Rühren ¼ Stunde kochen, thut es sodann vom Feuer und läßt es etwas abkühlen. Hierauf wird ½ Pfund rother Männing hineingethan (dabei muß man sich in Acht nehmen, daß nichts in die Augen kömmt, auch steigt es leicht), wieder auf das Feuer gethan und unter beständigem Rühren dick gekocht, bis es beim Probiren auf einem Zinnteller gesteht, dann wird es vom Feuer genommen, wenn es abgekühlt ist thut man 3 Loth gestoßenen Kampfer, 3 Löffelvoll Baumöl und 1 Loth peruvianischen Balsam dazu, rührt dieses recht durcheinander und gießt es mit einem Löffel in Schachteln, die man einige Tage offen läßt, bis es gestanden ist

## Flecken aus Weißzeug zu bringen.

Man vermenge für einige Kreuzer Pottasche mit Unschlitt, bestreiche die Flecken damit, lege sie einige Tage in die Sonne und wasche es dann mit warmer Lauge, in welcher Seife gekocht ist, aus. — Schawellenwasser ist auch gut.

## Flecken aller Art zu vertilgen.

Wollene, seidene und baumwollene Zeuge, die Fettflecken haben, werden mit Seifenspiritus angefeuchtet, etwas gerieben und mit frischem Wasser ausgewaschen, bei gefärbten Zeugen ist Terpentinspiritus sehr zu empfehlen, auch kölnisches Wasser und mit grauem Löschpapier leicht abgerieben. Theer- oder Pechflecken vertilgt man mit Rosmarin- oder Terpentinöl, lege etwas graues Löschpapier oben und unten, darauf einen heißen Stahl, ist er noch nicht völlig verschwunden, so wende man noch Seifenspiritus an. Dintenflecken in leinenen, baumwollenen und wollenen Zeugen werden in Milch getaucht, ein wenig gerieben und so herausgewaschen, wenn die Milch unrein ist, so nimmt man frische, bis sie weg sind. Flecken von Siegellack werden mit Kölnischem Wasser vertilgt. Schmutzflecken aus dem Boden werden mit Seifenspiritus vertilgt.

## Mittel gegen Frostbeulen.

1 Handvoll Senfmehl, 1 Prise Salz, 1 Handvoll Kleie, 1 Nußgroß Stückchen Seife wird mit einem Schoppen kochendem Essig angebrüht und die erfrorenen Theile so warm wie möglich darin gebadet, das einigemal wiederholt und es wird gut werden. Wenn schon Wunden da sind, mache man Schweineschmalz heiß und dämpfe eine Handvoll Epheublätter darin, dieses wird geseiht und mit dem Sälbchen die Wunde geschmiert.

## Eine sehr heilsame Salbe.

Es werden 3 bis 5 Deckelschnecken in einem Mörser ganz fein gestoßen, so daß es ein Sälbchen gibt.

## Stiefelwichse.

6 Loth gebranntes Elfenbein, 4 Loth Syrup, 1½ Loth Salzgeist, 1½ Loth Schwefelsäure werden mit zwei Eßlöffelvoll Baumöl verrührt, wie die Ingredienzen folgen.

## Borsdorfer Pomade.

Man nimmt 16 Loth Borsdorfer Aepfel, die geschält sind und das Innere herausgeschnitten, 2 Loth fein gestoßene Benson, 2 Loth Zimmt, 1½ Loth Gewürznelken, 4 Loth weißes Wachs, 2 Pfund Schweine-Schmeerfett, ½ Maaß Rosenwasser, eine

Handvoll Lavendelblüthe. Nun werden die Aepfel mit dem Zimmt und Nelken gespickt, in einen neuen irdenen Topf gethan und mit dem Rosenwasser übergossen, daß es darüber geht und so 4 Tage an einem temperirten Ort wohl zugedeckt stehen lassen. Man kann den Deckel noch mit Schwarzbrodteig umschlagen, damit keine Luft eindringt. Dann wird das Schweinefett klein geschnitten zu den Aepfeln gethan und Alles mit einander auf gelindem Kohlenfeuer eine Stunde kochen lassen, dann die Masse durch ein Tuch geseiht, das Wachs dazu gethan und wieder auf das Feuer gesetzt, bis dasselbe geschmolzen ist. Hernach läßt man es erkalten, hebt die Pommade vom Wasser ab und läßt sie wieder vergehen, um sie in Töpfchen füllen zu können.

---